计算、智能与传播

# 智能时代的信息与沟通

徐 翔 主编

同濟大學出版社
TONGJI UNIVERSITY PRESS
·上海·

**图书在版编目(CIP)数据**

智能时代的信息与沟通 / 徐翔主编. —上海：同济大学出版社，2024.1

ISBN 978-7-5765-0763-8

Ⅰ.①智… Ⅱ.①徐… Ⅲ.①数据处理—应用—传播学 Ⅳ.①G206-39

中国国家版本馆 CIP 数据核字(2023)第 018279 号

**智能时代的信息与沟通**

徐 翔 主编

出 品 人 金英伟 责任编辑 尚来彬 责任校对 徐春莲 封面设计 陈益平

出版发行 同济大学出版社 www.tongjipress.com.cn

(地址：上海市四平路 1239 号 邮编：200092 电话：021-65985622)

经 销 全国各地新华书店、网络书店

排版制作 南京展望文化发展有限公司

印 刷 苏州市古得堡数码印刷有限公司

开 本 710 mm×1000 mm 1/16

印 张 17.25

字 数 280 000

版 次 2024 年 1 月第 1 版

印 次 2024 年 11 月第 2 次印刷

书 号 ISBN 978-7-5765-0763-8

定 价 88.00 元

# 编委会

# 目录

# 计算传播学与新型媒介社会

# 社交网络中沉默的真相

## ——基于主体仿真建模的“沉默的螺旋”研究*

叶婷婷　吴　瑛**

**摘要**：“沉默的螺旋”理论自 1974 年提出后就饱受争议，互联网“去中心化”的特点更对其在新媒体环境中的适用性提出了挑战。本文基于主体建模的模拟仿真方法，引入阈值理论，观察在模拟的社交网络环境下，“沉默的螺旋”理论的新适用边界以及意见领袖、个人表达阈值、主流媒体对意见市场的影响。研究发现，“沉默的螺旋”现象产生具有一定的前提。随着个体的表达阈值增强，意见市场中沉默的人数将增加；意见领袖数量增多会为意见市场带来更多愿意发声的人数，产生更加多元化的意见派别。在该模拟环境中，主流媒体的影响并不显著。此外，当模拟环境中出现“反沉默的螺旋”现象时，环境中意见派别趋向单一化，出现“众声喧哗，但舆论寡头化”的趋势。

**关键词**：“沉默的螺旋”；基于主体建模方法；ABM；模拟仿真

20 世纪 70 年代，德国学者伊丽莎白·诺埃尔-诺依曼（Elisabeth Noelle-Neumann）提出了“沉默的螺旋”理论。随着网络时代的到来，网络话语呈现虚拟性、匿名化、去中心化等特点，该理论在新媒体尤其是社交媒体中的适用性受到挑战。诸多学者认为“沉默的螺旋”现象将日渐式微甚至不复存在，但也有学者坚守人的从众本质，认为“沉默的螺旋”理论在网络时代尤其是面对政治、民族等争议性

---

* 国家社会科学基金后期资助重点项目“重大突发事件舆论引导与提升中国国际话语权研究”（20FXWA001）阶段成果。

** 叶婷婷，上海外国语大学新闻传播学院硕士生；吴瑛，上海外国语大学新闻传播学院教授、中国国际舆情研究中心副主任。

话题时依旧奏效，双方争论至今不休。这不禁令人思考，互联网究竟是给网民带来更多的说话自由，促进意见市场的多元，还是反其道，迫使更多人噤若寒蝉？在离诺依曼的时代已经有九十年之久的今天，社交网络是否依旧会重现“沉默的螺旋”现象？其背后的影响因素又有哪些？

本文基于主体建模（Agent-based model）方法，引入阈值理论来研究传统的“沉默的螺旋”理论在当今社交网络环境中的适用边界，以及除了害怕孤立的恐惧因素之外，其他有可能对“沉默的螺旋”产生影响的变量。该研究既有助于弥补计算传播学中利用模拟仿真研究传播理论的不足，也将推进“沉默的螺旋”理论在新媒介环境下的适用性研究。

## 一、研 究 背 景

### （一）“沉默的螺旋”理论

“沉默的螺旋”理论由德国学者伊丽莎白·诺埃尔-诺依曼首次在《沉默的螺旋：一个关于公共舆论的理论》（*The Spiral of Silence: a Theory of Public Opinion*）一文中提出[1]，并在其后出版的《沉默的螺旋：舆论——我们的社会皮肤》中完善[2]。在该书中，诺依曼提出了“双重意见气候”的概念，她认为，“由于人们对传媒使用的不同，便会感知到不同的意见气候（opinion climate）”，强调了大众媒体对个人意见表达的影响。个体通过“准统计的感觉官能（quasi-statistical organ）”来形成对于社会意见气候的认知理解。出于对孤立的恐惧（fear of isolation），个体会调整自己的意见，产生与社会上“多数”或“优势”意见趋同的行为[3]。于是，多数派的声音越来越多，少数派则愈来愈少，由此形成一种螺旋式上升的现象，该现象被称为“沉默的螺旋”理论。不过“沉默的螺旋”并非适合全部情况，其仅适用于与道德相关的争议性话题，且时间因素以及大众媒体扮演的角色也

[1] Noelle-Neumann E:“The spiral of silence: a theory of public opinion”, *Journal of Communication*, 1974, 24, pp. 43 - 51.

[2] 伊丽莎白·诺埃尔-诺依曼：《沉默的螺旋：舆论——我们的社会皮肤》，北京大学出版社，2013 年。

[3] 刘建明：《受众行为的反沉默螺旋模式》，《现代传播》2002 年第 2 期，第 39 - 41 页。

在其形成条件之内[1]。

"沉默的螺旋"理论自提出以来,便受到了国内外学界学者们的诸多质疑,使得该理论成了传播学最具争议的理论[2]。目前,国内外对于"沉默的螺旋"理论本身的争议主要是以下几大方向。

一是在关键概念的问题上,有学者批判"沉默的螺旋"理论将"害怕孤立"作为个体保持沉默的唯一动机,忽视了人性的复杂性,存在过于单一化的问题。故除了"害怕孤立"这一因素,还有学者在后续研究中补充了人们在公开场合愿意表达意见的诸多因素,例如个体的认知、性别、教育以及对政治的兴趣、问题的突出性、媒体使用的程度等因素[3]和"自我审查"因素[4]。

"参考群体"是否能够影响个人意见的表达也受到诸多质疑。对于"参考群体"这个概念,诺依曼仅将其定义为"异常的环境形势或远景"[5],这也使得缺乏对参考群体分析的"沉默的螺旋"饱受争议[6],例如 Salmon 和 Kline 称诺依曼"沉默的螺旋"忽略了那些支持少数派意见者的小参考群体的作用[7]。Oshagan 研究发现,当参考群体和社会多少意见同等重要时,参考群体会对个人意见表达发挥更重要的影响[8];而王成军、党明辉等人采用多主体建模方法,发现虽然引进参考群体,但这并不能保证"沉默的螺旋"必然出现[5]。

二是"沉默的螺旋"过程中一些关键变量的测量也成为学者批判的主要方面,

---

[1] Scheufle D A, Moy P:"Twenty-five years of the spiral of silence: a conceptual review and empirical outlook", *International Journal of Public Opinion Research*, 2000, 12(1), pp. 3 - 28.

[2] 郭小安:《舆论的寡头化铁律:"沉默的螺旋"理论适用边界的再思考》,《国际新闻界》2015 年第 37 卷第 5 期,第 51 - 65 页。

[3] Lasorsa D L:"Political outspokenness: factors working against the spiral of silence", *Journalism Quarterly*, 1991, 68(1 - 2), pp. 131 - 140.

[4] Matthes J, Hayes A:"Dispositional fear of social isolation and willingness to self-censor — international communication association", Paper presented at 2009 Annual Meeting, pp. 1 - 26.

[5] 王成军、党明辉、杜骏飞:《找回失落的参考群体:对沉默的螺旋理论的边界条件的考察》,《新闻大学》2019 年第 4 期,第 13 - 29 页,第 116 - 117 页。

[6] Glynn C J, Park E:"Reference groups, opinion intensity, and public opinion expression", *International Journal of Public Opinion Research*, 1997, 9(3), pp. 213 - 232.

[7] Salmon C T, Kline F G:"The spiral of silence ten years later: an examination and evaluation", Paper presented at Annual Meeting of the International Communication Association, 1983, Dallas, USA.

[8] Oshagan H:"Reference group influence on opinion expression", *International Journal of Public Opinion Research*, 1996, 8(4), pp. 335 - 354.

尤其是诺依曼提出的“准统计的感觉官能”(quasi-statistical organ),即个体对意见气候的认知。该概念可能是“沉默的螺旋”理论中被批判最多的一大概念[1]。有学者对此质疑。如 Mutz 认为,个体因为有限的理性、第三人效应和认知不协调等机制存在,准确评估其意见气候是有难度的[2];Salwen、Lin 以及 Matera 三位学者指出,“准统计的感觉官能”只是人们对于意见气候的认知与评估,并非“真实”的意见气候[3]。

三是由于诺依曼的“沉默的螺旋”所取样本在德国,缺乏跨文化的实证研究,这使得“沉默的螺旋”能否适用于不同的社会文化背景一直存在争议。早在 1984 年,Donsbach 和 Stevenson 就提出,在人们表达意愿上,相同指标可能不适用于不同文化[4]。相关实证研究如 Salmon 和 Kline 分析了美国、中国、德国、法国等多个国家的调查对象在害怕孤立、愿意自我审查两个特质与“沉默的螺旋”之间的相关性。该调查发现,和其他文化相比,中国文化背景下的被调查者拥有更高的自我审查意愿,以及更低的对被孤立的恐惧。

**(二) 新媒体环境下“沉默的螺旋”理论**

虽然“沉默的螺旋”提出后,其一些关键概念在学术界饱受质疑,不过面对社交媒体以及新媒介的快速发展,“沉默的螺旋”理论又在新媒体环境下焕发出新的活力。“沉默的螺旋”是否适用于新媒体环境,成为近年来的研究热点。

部分学者认为,具有匿名性、即时性、互动性等特征的互联网能够在一定程度上削弱大众媒体所营造的“意见气候”,即网民可以在虚拟环境中畅所欲言,不用害怕被孤立,从而使“沉默的螺旋”理论失效,甚至出现“反沉默的螺旋”现象。例如 Chaudhry 与 Gruzd 分析了加拿大广播公司 Facebook 主页上 119 条关于种族、种族主义或族裔新闻报道的 51 991 条评论,结果发现:少数派观点者乐于在

---

[1] Scheufle D A, Moy P:“Twenty-five years of the spiral of silence: a conceptual review and empirical outlook”, *International Journal of Public Opinion Research*, 2000, 12(1), pp. 3 - 28.

[2] Mutz D C:“*Impersonal Influence: How Perceptions of Mass Collectives Affect Political Attitudes*”, New York: Cambridge University Press, 1998.

[3] Salwen M B, Lin C, Matera F R:“Willingness to discuss ‘official English’: a test of three communities”, *Journalism Quarterly*, 1994, 71(2), pp. 282 - 290.

[4] Donsbach W, Stevenson R L:“Challenges, problems, and empirical evidence of the theory of the spiral of silence”, Paper presented to the Annual Convention of the International Communication Association, San Francisco, 1984.

Facebook 上表达不受欢迎的观点[1]。该结论挑战了“沉默的螺旋”在网络社交媒体环境下的解释力。

但另一部分学者认为,互联网存在“主流观点”,而网民的从众心理普遍存在,所以群体压力依旧存在,“沉默的螺旋”并不会在新媒体环境下消失。例如谢新洲通过对大学生的 BBS 使用状况以及行为方式进行问卷调查,并结合社会心理学的视角,对“沉默的螺旋”理论的基本理论前提和核心关键概念进行实证分析,研究结果表明该现象并未在网络空间里消失[2]。

### (三) 基于主体模型方法建模

近些年来,将仿真模拟方法(stimulation)引入对网络舆论演化以及引导机理的探索等传播领域一直是网络舆论研究的一大热点。朱毅华等人对我国网络舆论研究中仿真方法的应用状况做了文献梳理和评述,发现目前国内对于网络舆论的仿真对象大多集中在舆论的演化过程,以及对该舆情的态势评估、引导和控制效果仿真[3]。

本文运用的基于主体模型(agent-based model,ABM)是以上所述仿真方法中重要的一种。ABM 中文翻译有代理人基模型、个体为本模型[4]、基于 Agent 模型[5]、多主体建模[6]等。但是以上翻译都存在圈外人认知门槛比较高的缺陷,多主体建模又更偏向 multi-agents model,因此本文将 ABM 翻译为“基于主体模型”。

为了更全面地展现 ABM 的具体实施过程,Nikolic 和 Ghorbani 两位学者将 ABM 的应用分为五大阶段:系统分析—模型设计—细节设置—模型实现—结果

[1] Chaudhry I, Gruzd A A:“Expressing and challenging racist discourse on facebook: how social media weaken the ‘spiral of silence’ theory”, *Policy and Internet*, 2019, 12(1), pp. 88 - 108.

[2] 谢新洲:《“沉默的螺旋”假说在互联网环境下的实证研究》,《现代传播》2003 年第 6 期,第 17 - 22 页。

[3] 朱毅华、郭诗云、张超群:《网络舆情研究中的仿真方法应用综述》,《情报杂志》2013 年第 32 卷第 10 期,第 29 - 35 页。

[4] 周中林、李金雷:《基于个体为本模型的中国碳排放核算模型构建》,《科技进步与体制改革暨〈科技进步与对策〉创刊 30 周年学术论坛论文集》,科技进步与对策杂志社,2014 年。

[5] 王春政、胡明华、杨磊、赵征、单晶:《基于 Agent 模型的机场网络延误预测》,《航空学报》2020 年 12 月 02 日,第 1 - 15 页。

[6] 王成军、党明辉、杜骏飞:《找回失落的参考群体:对沉默的螺旋理论的边界条件的考察》,《新闻大学》2019 年第 4 期,第 13 - 29 页,第 116 - 117 页。

评估[1]。

将 ABM 运用在社会科学领域内较为著名的是谢林的隔离模型[2]。通过简单的种族隔离模型的设置，谢林描述了同质性对于空间隔离的影响，并且揭示了种族和收入隔离背后的原理。

在传播学领域，ABM 已经被用来论证螺旋式过程的理论，并探索了相关宏观现象出现的边界条件。例如，Sohn 和 Geidner 探索了舆论氛围和诺依曼提出的“沉默的螺旋”现象出现的相关性[3]。利用 ABM 建模方法，该研究调查了个人网络规模的分布是如何影响螺旋过程，从而影响他们预估整体舆论氛围的准确性。研究结果表明，当人们对总体舆论氛围的观点不那么极化时，全球范围内的舆论螺旋过程更有可能发生。国内学者中，王成军等人的研究发现，引进参考群体后，并不能保证“沉默的螺旋”必然出现，“沉默的螺旋”是否可以稳定出现也要依赖于大众媒体对其参考群体的影响力[4]；虞鑫等人的研究则是基于全通网络和无标度网络的网络结构，模拟了群体讨论过程是否会造成“沉默的螺旋”和“群体极化”现象[5]。

不过目前针对“沉默的螺旋”的仿真模拟研究还是多聚焦于意见气候、参考群体、群体讨论这几个方面。对于“沉默的螺旋”理论本身受争议的部分，例如跨文化因素、个人因素、意见领袖等变量的相关研究依旧存在可研究的空间。本文的创新之处在于将计算模拟自然科学和新闻传播的“沉默的螺旋”理论相结合，利用计算机仿真模拟方法来模拟社会科学中的现象，有助于更好地观察微观个体与宏观层面之间的联系，以及填补数据与理论之间的鸿沟。

[1] Nikolic I, Ghorbani A: “A method for developing agent-based models of socio-technical systems”, 2011 International Conference on Networking, Sensing and Control, 2011, pp. 44 - 49.

[2] Schelling T C: “Dynamic models of segregation”, *Journal of Mathematical Sociology*, 1971(1), pp. 143 - 186.

[3] Sohn D, Geidner N: “Collective dynamics of the spiral of silence: the role of ego-network size”, *International Journal of Public Opinion Research*, 2016, 28(1), pp. 25 - 45.

[4] 王成军、党明辉、杜骏飞：《找回失落的参考群体：对沉默的螺旋理论的边界条件的考察》，《新闻大学》2019 年第 4 期，第 13 - 29 页，第 116 - 117 页。

[5] 虞鑫、许弘智：《意见领袖、沉默的螺旋与群体极化：基于社会网络视角的仿真研究》，《国际新闻界》2019 年第 41 卷第 5 期，第 6 - 26 页。

## 二、研究问题与设计

“沉默的螺旋”理论自提出后就饱受争议，面临时代局限性的挑战。而当今互联网社交环境是否依旧会诞生“沉默的螺旋”现象？带着这些疑问，本文采用基于主体模型方法，利用 NetLogo 软件模拟社交网络的环境，并且对可能会对“沉默的螺旋”现象造成一定影响的几个变量开展模拟仿真研究。

### （一）研究问题

在提出“沉默的螺旋”理论时，诺依曼引用了“准统计的感觉官能”作为测量个体对周围意见气候感知的关键变量。个体的复杂性被忽略，这也导致该部分广受争议。故本文使用“个人意见表达阈值”变量来表示个人表达其沉默或发声态度的意愿强度。意见表达阈值指的是个体表达意见时所需要公共支持的最低限度，其大小会随着个人自身因素以及社会大环境而改变。那么不同的意见表达门槛是否会影响“沉默的螺旋”现象产生？个体意见表达阈值越低，是否越容易产生“沉默的螺旋”现象？基于该设想，本文提出了第一个研究问题：

Q1　个人意见表达阈值对个体意见表达态度与所持意见派别有何影响？

随着互联网的快速发展，一些以自媒体达人或微博大 V 为首的意见领袖在公共舆论场发挥着不可或缺甚至推波助澜的作用。而诺依曼最初提出“沉默的螺旋”时，并未考虑到“意见领袖”在该现象产生过程中的影响。将“意见领袖”纳入“沉默螺旋”理论的文献更是寥寥无几。那社交网络中意见领袖是否会影响个人意见的表达情况，加剧/减缓或者是抑制“沉默的螺旋”现象？基于此，本文提出第二个研究问题：

Q2　意见领袖如何影响社交网络中个体意见表达态度与所持意见派别？

“沉默的螺旋”理论认为，由于人们对传媒使用的不同，便会感知到不同的意见气候，因此主流媒体在对个体所持意见的影响上发挥着重要作用。不过不同国家社会对大众媒体的干预差异很可能会影响大众媒体的意见表达。例如葛岩等人认为，无论社会是否稳定以及社交媒体是否存在，对主流媒体的强干预策略可能助推舆论极化倾向，弱干预则更有可能抑制或逆转极化倾向[1]。因此本文引用"主流媒体的意见气候"变量来描述社会对主流媒体的干预。在该模拟环境中，主流媒体的意见气候的多元程度取决于社会对主流媒体的干预程度：干预越强，则主流媒体的意见气候越趋于单一。基于以上背景，本文提出第三个研究问题：

Q3　主流媒体的意见气候如何影响个体意见表达态度与所持意见派别？

**(二) 模型变量设置条件以及规则**

目前相关的仿真平台有 NetLogo、Starlogo、Swarm、Vensim、Netica、Matlab、Delphi，前三者是基于主体模型原理的仿真平台。其中，由西北大学教授尤里·威廉斯基以 Logo 语言创建的 NetLogo 软件更为简便、易上手，深受社科学者青睐。因此本文使用 NetLogo 软件来对模型进行模拟仿真实验。

在模型中，瓦片(patches)用来模拟现实生活中的社交网络环境。因此本研究中的模拟环境由 10 000 个大小一致的方格瓦片组成，其坐标维度为 X∈[－50，＋50]，Y∈[－50，＋50]。

在 NetLogo 软件中，海龟(turtles)被视作仿真主体(agents)，形状为人形，用来模拟现实社会中的普通网民、中坚分子以及意见领袖等角色。其中，在仿真主体的颜色设置方面，绿色代表"公开表达意见"，红色代表"保持沉默"。每一个仿真主体本身具备一定的属性(特点)，相互之间能够交互。该交互规则用来模拟现实社会社交网络中人与人之间的沟通交流以及相互影响的行为。观察者(observer)指的是可以操控该模拟环境变量的人，即笔者本人。

1. 普通网民

普通网民的数量范围在 100 至 1 000 之间，具体数值由观察者调控，为了还原网民在社交网络中"去中心化"可随时移动，在该环境中将其设置为可向 360°方向随机移动。

一个普通网民是否发声主要受两个因素影响：个人意见值以及意见表达阈值。本实验中，个人意见值(普通网民、意见领袖、中坚分子、主流媒体都拥有该变量)用变

[1] 葛岩、秦裕林、赵汗青：《社交媒体必然带来舆论极化吗：莫尔国的故事》，《国际新闻界》2020 年第 42 卷第 2 期，第 67－99 页。

量意见值表示，其范围为[—1, 1]。其中意见值被分为三个派别，即[—1, 0]视为A派别，[0]视作B派别，[0～1]视作C派别，意见值取浮点数后一位。

意见表达阈值则为主体在公开表达意见前可以接受其邻居内和主体意见一致的最小邻居数量。若某主体公开表达意见的邻居中，和其意见一致的邻居数低于该意见表达阈值，则该仿真主体保持沉默，反之则公开表达其个人意见。

最后，受上述因素影响，普通网民所表现出的沉默或是发声状态用意见表达规则来表示。当普通网民每一次移动到一个新群体内时，他会根据当前所在的舆论气候判断自己的意见是否处于劣势地位，以此来决定自己是否要公开表达意见。假设每个普通网民的邻居范围内，和他保持意见一致且公开表达意见的仿真主体数量占其邻居内所有公开表达意见的仿真主体的比例超过其意见表达阈值，则仿真主体（仅普通网民）公开表达意见（颜色：绿色），反之保持沉默（颜色：红色）。

网民个人意见值决定其自身所持意见，受参考群体、主流媒体意见、意见领袖以及自身原先所持意见几个因素影响。

参考群体对普通网民的意见影响表现为网民在模拟环境中对于邻居意见的从众。据Oshagan研究，参考群体对个人意见表达有重要影响[1]。因此本文将仿真主体受到其邻居的观点影响值表示为：一个普通网民的意见值为其10个邻居意见值的算数平均数。

为了模拟现实社交网络环境中如大V这样的意见领袖对网民的影响，本实验为每一个意见领袖变量设置了意见值影响范围。此外还借鉴刘怡君的研究，设置了意见距离（opinion distance，即两方意见值的差额）这一概念，如果网民与意见领袖的意见值相差太大，那么网民比较倾向不改变自己观点[2]。在其影响范围内，如果意见领袖和某一个普通网民的意见距离小于1，则该网民的意见值朝着该意见领袖的意见值的方向，接近0.1；若意见距离大于1，则该网民的意见值不受其影响，个人意见值保持不变。

对于主流媒体的影响，与意见领袖做类似的应用，只不过主流媒体的影响范围

---

[1] Oshagan. H："Reference group influence on opinion expression"，*International Journal of Public Opinion Research*，1996，8(4)，pp. 335－354.

[2] 刘怡君：《基于多主体的舆论建模与仿真研究》，《上海理工大学学报》2011年第33卷第4期，第331－336页。

远大于意见领袖。根据刘怡君的研究，在其影响范围内，如果主流媒体和某个网民的意见距离差额小于1，则该网民的意见值朝着该主流媒体的意见值方向，更接近0.1；否则，该网民个人意见值保持不变。

综上所述，网民现时间点上的意见值受到其上一个时间点以及参考群体环境内从众心理的影响，为此，本文将一个普通网民移动到一个较新的社交网络环境中，并将其对舆论气候作出态度判断之后的意见值改变公式描述为：

现时间点上的意见值＝仿真主体上一个时间点上的意见值与参考群体影响值的算数平均数

2. 中坚分子

诺依曼指出，中坚分子是那些即使意识到自己处于弱势，也不畏孤立恐惧而保持公开意见表达的人，通常由持异端论者、先锋者、局外者组成。其个人意见值从始至终保持不变，形状为人形，颜色保持绿色，移动规则和普通网民一致。

3. 意见领袖

意见领袖指的是在社交网络中拥有话语权比较大的人，例如一些大V，其数量范围在[0～100]之间，具体数值由观察者控制。形状较此前的普通网民以及中坚分子大，为人形，且颜色始终保持绿色。为了模拟意见领袖在社交网络中对网民意见的影响，本文设置了意见领袖的影响范围，即以某个意见领袖为中心，半径为10个瓦片数量范围内的普通网民。为了模拟意见领袖在社交网络中位置的相对独立性，故意见领袖位置在移动规则上从始至终保持一致。

4. 主流媒体

为了将对主流媒体的模拟与其他仿真主体的模拟区别开来，本文随机选择NetLogo中的瓦片来模拟主流媒体的角色。主流媒体的数量范围由0到100，由观察者来调节。而本实验中主流媒体的影响范围（以媒体为中心、半径为20个瓦片数量）内的网民均视为主流媒体的影响范围。

为了模拟“沉默的螺旋”现象在不同社会政治文化背景下的差异，本文参考葛岩等人[1]的研究，在模拟环境中增加“主流媒体的意见气候”变量，用来模拟社会

---

[1] 葛岩、秦裕林、赵汗青：《社交媒体必然带来舆论极化吗：莫尔国的故事》，《国际新闻界》2020年第42卷第2期，第67－99页。

对主流媒体的干预,以及主流媒体的意见气候多元程度受社会对主流媒体的干预强度影响。表1是对三种干预强度的具体描述:

表1 主流媒体的意见气候变量设置规则

| 社会对主流媒体的干预 | 主流媒体的意见气候 | 变量设置规则 |
|---|---|---|
| 无干预 | 主流媒体气候中允许三种派别的意见出现 | 主流媒体的意见值在[-1~0]、[0]、[0~1]三个范围区间内平均分布,各范围内的值则随机分布 |
| 弱干预 | 主流媒体气候中允许两种派别的意见出现 | 主流媒体的意见值只在[0],[0~1]两个派别中随机分布 |
| 强干预 | 主流媒体气候中只允许一种派别的意见出现 | 假设一种情景,即所有的主流媒体的意见值都在[0~1]内分布 |

综上所述,以本文研究问题为基础,该模型由观察者控制的变量主要包括:普通网民的数量、意见领袖的数量、主流媒体的数量、社会对主流媒体的干预以及普通网民的意见表达阈值。该模型主要观察以上变量的改变对于该模拟环境中是否会产生"沉默的螺旋"现象的影响。

本文主要集中检测的数据是:公开表达意见和保持沉默的仿真主体数量对比,仿真主体中A、B、C三个派别意见的数量对比。

## 三、研 究 发 现

### (一) 意见表达阈值影响发声人数

为了测试个体意见表达阈值对"沉默的螺旋"现象产生的影响,本文在该模块设置衡量条件为500名普通网民、10名意见领袖、20名主流媒体且社会对主流媒体无任何干预。在此基础上,本研究通过调整意见表达阈值的数值大小以观察在控制变量的前提下,意见表达阈值如何影响模拟环境的意见变化。本文将意见表达阈值设定为10%、30%、50%、70%和90%五种情况,分别代表仿真主体可以接受其邻居和他本人意见一致的最低人数比例(图1、图2)。

结果表明,在迭代100次后,沉默人数只有在意见表达阈值为70%和90%时的短暂开始阶段，才会有明显超过发声人数的趋势。但随着意见表达阈值的不断增加，模拟环境中红色海龟数量（即保持沉默的人数）也越来越多。经过皮尔森相关系数分析，可以发现意见表达阈值与沉默人数相关系数值为 0.906（$p<0.05^{**}$），二者显著正相关；而意见表达阈值与公开发声人数相关系数为 −0.929（$p<0.05^{**}$），二者显著负相关。

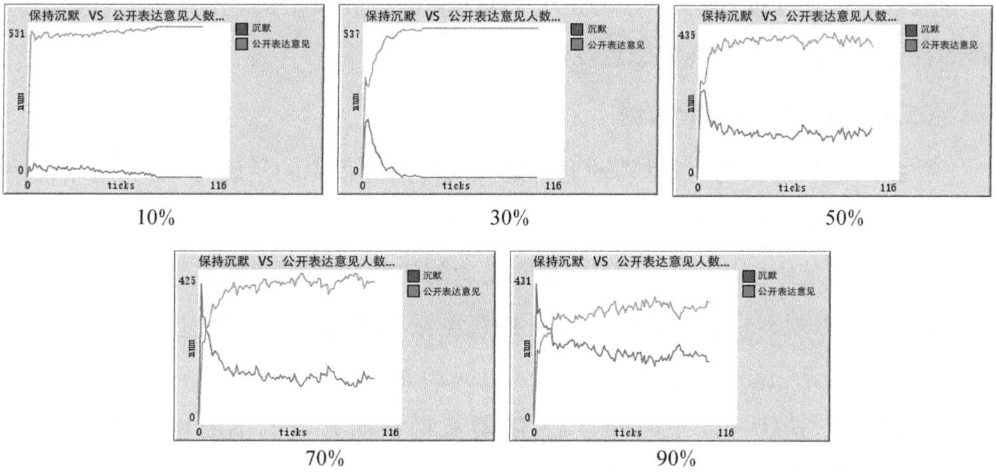


图 1　不同意见表达阈值下沉默与公开表达意见人数对比图

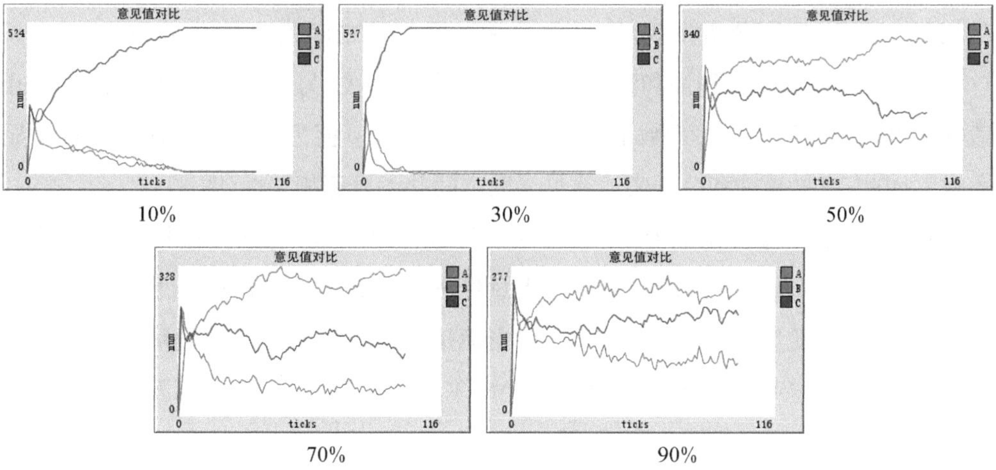


图 2　不同意见阈值之下仿真主体所持意见派别对比

经过实验数据验证，并未发现个人意见表达阈值与其所持意见派别之间的显著相关性。不过，当意见表达阈值提高，整个模拟环境中的意见派别更加呈现多元化。

在现实社会中，为了建立一个更加健康多元的社交网络公开讨论空间，应该力求降低整个社交网络环境中个人意见表达阈值，让更多的人愿意公开表达意见。因个人意见表达阈值受其邻居和其本人意见一致的人数比例影响，故建议可以采取如下措施以降低环境中整体意见表达阈值：提高社会对异见者的容忍度，降低对异见者的孤立程度，减少“同辈压力”，同时降低自我审查的程度，即一个更加宽容的社会才能让更多的群体愿意发声。

**（二）意见领袖是把双刃剑**

拉扎斯菲尔德认为，意见领袖通常是大众传播过程中的活跃分子，其对个体决策有着比大众媒体更为重要的影响[1]。因此为了回答本文的第二个问题，本实验在保持模拟环境中网民、主流媒体、意见表达阈值数值恒定的情况下，通过控制意见领袖数量，以观察模拟环境中个体所持意见派别和意见表达态度有何关系。本实验设置了意见领袖数量分别为 0、5、10、15、20 的若干对照小组。

结果表明，迭代 100 个时间点后，随着意见领袖人数的不断增加，模拟环境中沉默的人数不断减少，最后基本趋近于 0，形成与“沉默的螺旋”截然相反的现象。甚至在意见领袖达到最大值 20 人时，模拟环境在迭代 100 次后出现全员发声的局面。SPSS 数据分析发现，意见领袖和沉默人数之间的相关系数值为 −0.945 ($p<0.05$)，证明了意见领袖和沉默人数之间显著负相关；另一方面，意见领袖与公开表达意见人数之间的相关系数值为 0.856，接近于 0，p 值为 $0.064>0.05$，不具备显著性。因此，意见领袖和公开表达意见人数之间并无显著相关性(图 3)。

研究发现，在意见派别上，当意见领袖为最小以及最大值时，模拟环境中的意见相对来说没有其他三种情况多元。当意见领袖达到 20 人时，更是形成了仅存一种意见派别、舆论寡头化的现象。可见，当模拟环境中完全无意见领袖或是意见领袖过多，都有可能导致意见的单一化。经皮尔森相关系数分析，并未发现意见领袖与所持意见派别的显著相关关系(图 4)。

本文在意见领袖的意见值设置上，采取了随机分布方法，并未刻意塑造一个具

[1] Lazarsfeld P F:“Public opinion and the classical tradition”, *Public Opinion Quarterly*, 1957, 21(1), pp. 39 - 53.

有一致性的意见领袖舆论环境，但意见领袖的影响依旧不容忽视，因此该模型对现实社会的启示是：在引导公众舆论之前，可以对意见领袖的正面舆论先有一定的引导，再以意见领袖的观点去影响公众之舆论，充分发挥其正面影响作用。

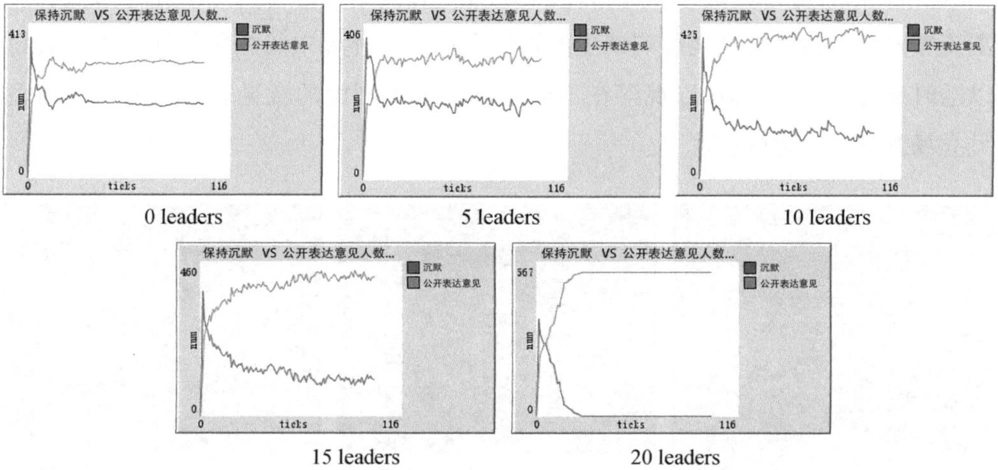


图 3　意见领袖影响下沉默与发声人数对比趋势图

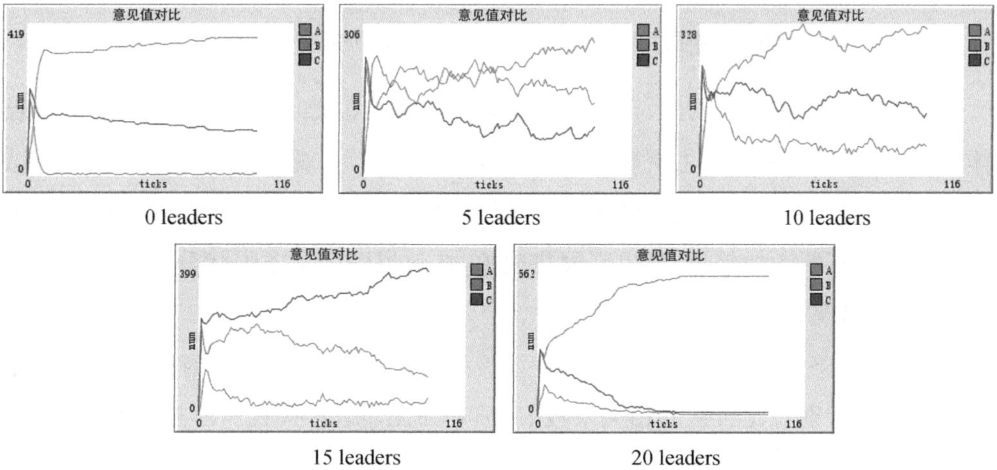


图 4　意见领袖影响下意见派别变化趋势图

### （三）主流媒体无显著影响

为了模拟一个理想化的媒体环境社会，本文为每一个代表主流媒体的瓦片设置了一定意见值，随机分布在三个意见派别之内。不同国家内，社会对主流媒体的干预程度不同，也因此导致该社会下主流媒体意见气候以及意见派别的多样性。为了对该情况进行模拟仿真，本文借鉴葛岩等[1]的研究，设置了三种社会对主流媒体的干预强度，分别为强干预（即只允许存在一种意见派别的主流媒体）、弱干预（允许存在两种意见派别的媒体）、无干预（允许存在三种意见派别的媒体），社会对主流媒体的干预程度直接影响到主流媒体在该模拟环境中的意见气候。观察者可以随时选择这三种情景，以观察在不同干预程度下网民的意见表达态度与持有意见立场派别的变化（图 5）。

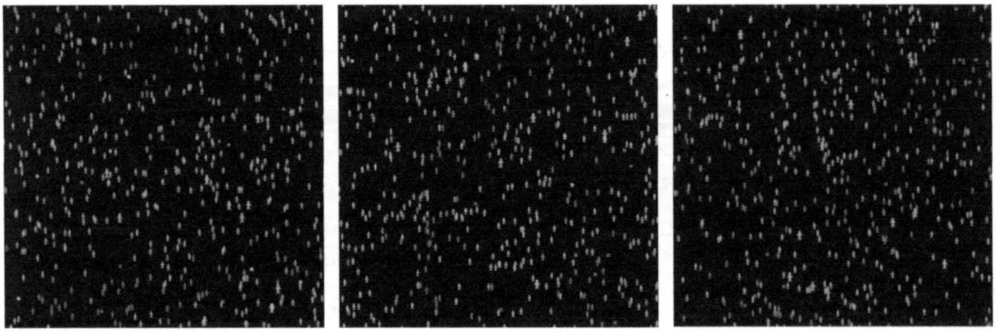

无干预　　弱干预　　强干预

图 5　不同社会对主流媒体的干预程度下的仿真结果

恒定定量为 500 名网民、70%的意见表达阈值、10 人的意见领袖、20 个主流媒体数量，通过控制社会对主流媒体干预程度变量方法，来观察主流媒体的影响。结果表明，随着社会干预程度不断加强，主流媒体意见气候更单一，该模拟环境中沉默的人数有不断增加趋势，且呈现聚集现象，在效果图中呈条带状分布。不过总的来说，并未出现“沉默的螺旋”现象。

通过 SPSS 数据统计，发现社会对主流媒体的干预程度虽然与意见表达态度和所持意见派别有比较强的相关系数值，但是并无显著相关性。不过，随着干预程度的增大，主流媒体意见气候越加单一。

虽然上述结果受限于条件的设置，可能在一定程度上与现实并不相符，但是可以看出，为了保持意见市场的多元性，可以尽量减少对主流媒体的干预。

[1] 葛岩、秦裕林、赵汗青：《社交媒体必然带来舆论极化吗：莫尔国的故事》，《国际新闻界》2020 年第 42 卷第 2 期，第 67－99 页。

## （四）众声喧哗，但舆论寡头化

本文在初始意见派别条件设置下，将整个舆论意见市场的意见派别设置为三种意见观点随机分布。而随着时间的不断迭代，整个舆论意见市场的意见派别发生了变化，并呈现出意见派别逐渐单一化的趋势。从此前的模型演变结果可知，当模型迭代 100 次甚至更多，且个体意见表达阈值达到 10%或 30%，抑或意见领袖达到 20 人时，该模拟环境中出现了几乎全民公开表达意见，但意见派别一元化的现象（图 6），这与传统的“沉默的螺旋”理论大相径庭。诚然，互联网的匿名性以及自媒体的开放性、互动性、即时性、社交性等特点使得网民可以自由地发表个人意见[1]，同样，该情况也为“沉默的螺旋”的倒置提供了可能[2]。

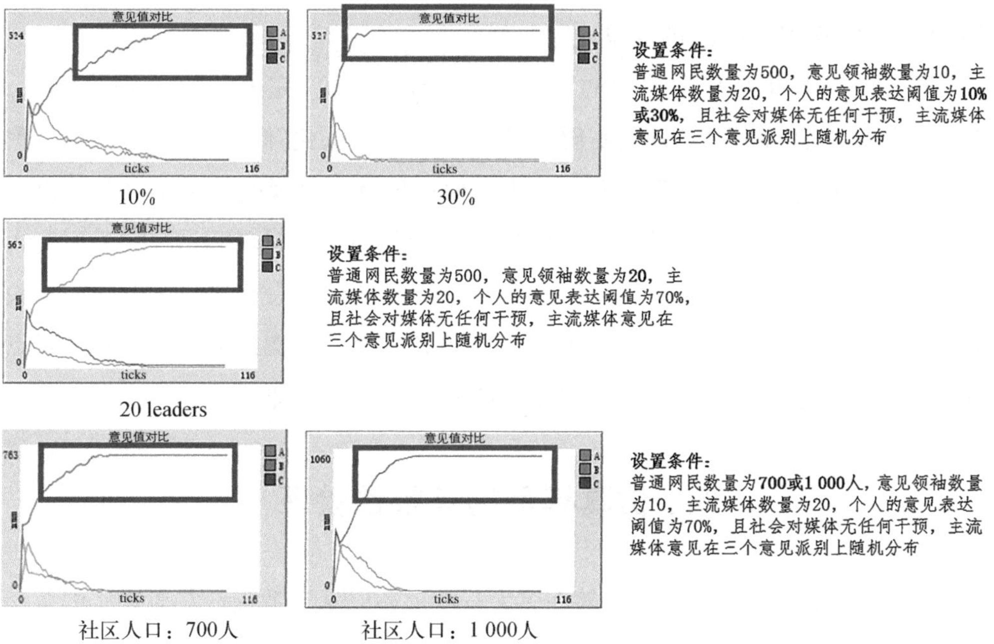


图 6　本文模拟环境中“舆论寡头化”现象

---

[1] 周宏刚：《沉默不再扩散——沉默的螺旋理论在网络时代的变迁》，《东南传播》2006 年第 5 期，第 45－46 页。

[2] 龙小农：《I-crowd 时代“沉默的螺旋”倒置的成因及影响——以“PX 项目事件”的舆论引导为例》，《新闻与传播研究》2014 年第 21 卷第 2 期，第 70－79，127 页。

本文模型出现的结果也为龙小农的研究提供了模型论证的基础。龙小农以2007年至2013年厦门PX项目事件为例，论证了I-crowd时代下“沉默的螺旋”倒置的成因与影响。该案例中，“PX项目魔咒”在之后的一系列PX项目事件中成为民间“舆论一律”，从而导致了少数理性的声音反而被斥责埋没。此时，“沉默的螺旋”理论发生倒置，而民众也不再是趋于沉默的大多数，整个意见市场呈现出“众声喧哗、舆论一律”的现象。相反，一些保持理性的专业人士或知情人士的意见被排斥、斥责，而成为沉默的少数。

另外，从模型的设置机制本身可以看出，当普通网民周围环境中“意见一致”的人越多时，则其本人的意见表达阈值门槛便更容易达到，从而形成公开表达意见的人越来越多，发声人数呈现螺旋上升的现象。因此可以推测出，在“众声喧哗”的社交网络舆论环境中，在大多数人都能公开表达观点意见的情况下，很大概率存在本模型出现的“舆论寡头化”的现象。

那么，本文模拟环境中出现的“众声喧哗”便是舆论“完美”了吗？其实不然。郭小安认为，“沉默的螺旋”理论实质上揭示了舆论“寡头化”倾向，同时也诠释了舆论“不完美”并不是“非理性”状态[1]。本文模拟环境下呈现的结果虽然制造出大多数网民发声的类“反沉默螺旋”现象，但是并非呈现意见市场的多元化，反而落入了另一种困境，即意见派别单一、一元化，舆论依旧呈现寡头化趋势。舆论的寡头化，还会为意见极化提供滋生的温床。因此，在现实社会的舆论环境中，面对“观点一边倒”现象，还要谨防“意见极化”酿成不良舆论环境的后果。

## 四、仿真模型的有效性验证

基于主体建模的仿真究竟能够在多大程度上还原真实系统？它对现实的意义又有多大？这是学界面对模拟仿真实验方法长期存在的疑惑。从主体建模方法本身而言，其灵活性主要受四个要素的支撑——主体互动、异质性、有限理性、学习与演化。发生在社交网络行为中的诸多网民行为特征正好符合基于主体建模的这四

[1] 郭小安：《舆论的寡头化铁律：“沉默的螺旋”理论适用边界的再思考》，《国际新闻界》2015年第37卷第5期，第51－65页。

个核心要素，也为本文采用基于主体建模方法提供了理论基础。

相比于其他仿真模型方法，基于主体建模更强调微观与宏观之间的联结。着手于微观的个体行为，着眼于宏观的现象涌现，基于主体建模提供了对真实系统的一种自下而上，即微观机制到宏观行为的解释。有学者做出总结，基于主体建模在与其他建模方法对比下，主要有以下四大优势：首先，基于主体建模可以用来描述涌现现象；其次，ABM 是一种对系统的自然描述；再次，ABM 具有高度柔性；最后，ABM 可用来观察有序复杂的系统，且更具备可操作性。不过，ABM 却因为难以进行有效验证且缺乏核心建模，而没有完全得到学界主流研究者的认同[1]。

有效性评估是仿真模型过程中必不可少的一个环节，基于主体建模亦如是。有效性评估可以用来验证仿真模型在代表真实系统上的置信度。目前，对于基于主体建模的有效性评估，主要分为模型校核（verification）和验证（validation），二者可分为内部和外部有效性验证。其中，模型校核在于检验研究的概念模型（即计算模型的“蓝图”）是否符合已知理论以及经验事实的参数设定，以此验证该模型的逻辑合理性。同时，该验证更关注输出验证，即通过模型输出结果与真实系统的数据之间的比较，以衡量该模型对真实系统的复现及还原能力。在输出验证方面，目前主要分为定性分析以及定量分析两种方法。

正如前文所述，基于主体建模更加关注捕捉复杂系统的涌现现象，所以也使得基于仿真主体建模的有效性评估显得比较困难。从本文的视角来看，仿真模拟实验的目标系统是社交网络中的舆论场以及“沉默的螺旋”现象。从宏观角度上来说，舆论事件既已发生，所获取到的数据只能是某个案例样本，具有一定的样本特例和偏差性。而在互联网上可循、可获取的数据，皆为网民发声后的行为，对于一些沉默的网民，从宏观视角无从考究。从微观层面上来说，个体行为在互联网上所呈现的数据有限，其自身的性格、对话题的感兴趣程度也无法考察。另外，调研的昂贵成本也具有潜在的片面性。除此之外，计算模型是否能够完全还原概念模型，在一定程度上也依赖于平台本身。故基于主体建模的校核与验证与理想中的验证相比有一定的偏差性。

从概念模型以及参数设置的角度上来说，本文的最终目的不在于完全复刻真

[1] 杨敏、熊则见：《模型验证——基于主体建模的方法论问题》，《系统工程理论与实践》2013 年第 33 卷第 6 期，第 1458－1470 页。

实系统。因为在现实社会中，个体的意见表达阈值皆不相同，且各个主体例如网民、意见领袖以及主流媒体的意见也非随机分布。本文中的模拟仿真输出结果并不能完全代表真实系统。但是，本文所采用的概念模型采用了真实社会中的舆论规律，例如“沉默的螺旋”理论确实是学者从现实中实证研究得出的结果。因此，本文更加关注模拟系统中舆论场内的“涌现”现象。关于涌现，约翰·霍兰德在《涌现：从混沌到秩序》一书中将其解释为“整体属性大于个体累加之和”，用以指在一个系统中，个体之间简单的互动行为最后造成无法预知的复杂样态的现象。

因此对本文的概念模型的校核主要集中于两个方面：第一，校核概念模型非笔者主观杜撰，而是基于一定的理论和真实数据；第二，检验系统仿真过程中的参数设计是否准确地传达了概念模型的设计意图。

本文的概念模型建立的理论研究基础主要包括诺依曼的“沉默的螺旋”理论、社会心理学上的从众心理、阈值理论以及前人关于主流媒体和意见领袖对个人意见改变的影响研究。“沉默的螺旋”理论指出，个体一般通过“准统计的感觉官能”对所处的意见气候做出判断，当判断自身观点为劣势意见时，会选择沉默，反之选择发声。该逻辑思路与本文的概念模型相一致。只不过诺依曼在阐释“准统计的感觉官能”时并未给出其量化的标准。因此本文借鉴谢林经典的种族动力学理论研究中的阈值理论，以进一步完善该模型。

个体在感知意见气候之后会根据其周围的意见情况做出判断，若是发现其邻居与其相同意见者数量大于意见表达阈值时，则系统判断为其个人意见处于劣势，个体选择发声的状态。反之，系统判断为个人意见处于劣势，选择沉默。因为模拟环境中个体的意见会随着其移动后的新环境随时迭代，所以“意见感知—优劣势判断—沉默或发声”设计为重复循环。

在本文概念模型中，个体意见改变主要受三类变量的影响——个人从众心理、主流媒体、意见领袖。其中个人从众心理在诺依曼此前的实验中，便以“对被孤立的害怕”的形象出现，来左右个人的意见观点的选择。同样也有众多研究表明，不论从众行为是正向还是负向，都是影响网民行为意向的重要前因[1]。在主流媒体

[1] 王天梅、范峥、孙宝文、马燕林：《网络群体性事件从众意向的影响因素研究》，《管理学报》2017 年第 14 卷第 11 期，第 1708－1717 页。

及意见领袖的影响下，笔者借鉴了多位学者的研究，例如葛岩等人[1]发现对主流媒体进行强干预后，更有可能助推舆论极化倾向；而意见领袖的作用也得到诸多论证，有研究甚至基于媒介影响力视角，建立了以接触、接受、保持和提升为四个维度的微博意见领袖影响力评价指标体系[2]。

本文选择 NetLogo 软件以及 logo 程序代码语言，以使该研究更具操作性。将概念模型转化为系统模拟模型以及具体的参数设定和代码设计，则需要对其变量以及交互规则进行量化处理。

首先，从众心理在于个体对其周围多数意见的趋同，本文将从众心理具化为周围参考群体对其观点值的改变。研究模型假设每个个体都具备从众心理，因此，在每一个时间节点，个体自身的观点值都会受到邻居（即参考群体）的影响，影响力表现形式是个体意见值为其 10 个邻居意见值的算术平均数。

其次，在主流媒体对于个体意见的影响上，本文为每个主流媒体设置了影响力及影响范围。例如，以一个媒体源为中心，将半径为 20 个瓦片范围内的网民视为该媒体的影响范围。为了更准确地描述主流媒体的影响，本文借鉴刘怡君研究中使用的意见距离概念，即当个体发现自身意见与主流媒体的意见相差太大，则倾向于不改变自身的观点[3]。

同理，本文也对意见领袖的影响范围和影响力进行了设定。不过区别于主流媒体的影响范围，意见领袖的影响范围设为半径为 10 个瓦片内的网民数量。影响力的形式与上述主流媒体的保持一致。

另外，在对其周围意见气候做出感知判断后并显示意见态度之时，本文设置了一个前提条件，即比较个体周围与其意见一致（表现为意见值的正负数倾向相同）的数量占所有邻居的占比与其本人意见表达阈值。

综上所述，在仿真模拟具体参数的设定下，本文力求在最大程度上展现真实规律，达到概念模型的目的。不过，鉴于真实社会中个体、主流媒体以及意见领袖的

---

[1] 葛岩、秦裕林、赵汗青：《社交媒体必然带来舆论极化吗：莫尔国的故事》，《国际新闻界》2020 年第 42 卷第 2 期，第 67 - 99 页

[2] 杨长春、王天允、叶施仁：《微博意见领袖影响力评价指标体系研究——基于媒介影响力视角》，《情报杂志》2014 年第 33 卷第 8 期，第 178 - 183，202 页。

[3] 刘怡君：《基于多主体的舆论建模与仿真研究》，《上海理工大学学报》2011 年第 33 卷第 4 期，第 331 - 336 页。

意见并不随机分布，且影响力也无从量化为具体数字，因此该模型更加侧重基于真实逻辑规律以及理论基础的系统内观察舆论“涌现”现象，而不执着于对现实社会的完全复刻。

本文仿真实验的意义：一方面可以弥补“沉默的螺旋”研究仅在传播学领域内的研究方法、缺少跨学科性的不足；另一方面也为现实社会的舆论引导机制提供了一些启发。例如为现实社会舆论引导提供了预测以及警示的作用，启发相关机构在引导舆论时需要关注的重点，努力塑造一个健康以及多元的舆论环境。

## 五、结论与展望

为了探索“沉默的螺旋”理论在社交网络中的解释力以及适用性，本文引用了计算机学科领域内基于主体建模方法对“沉默的螺旋”现象进行仿真模拟，通过将现实社会的复杂行为特征简化为模拟环境中网民主体及其交互规则，以观察在模拟环境中个体意见表达阈值、意见领袖数量、主流媒体的意见气候，以及社区规模人口总数对于网民意见表达态度和意见派别的影响与相关性，并且以此观察“沉默的螺旋”现象是否会产生。

总的来说，从仿真模拟模型最后呈现的效果来看，虽然在模型初期产生了非常短暂的“沉默的螺旋”现象，但是很快公开表达意见的人数便超过沉默的人数，最后形成了“反沉默的螺旋”现象，即公开表达意见的人远大于保持沉默的人数。除此之外，还可以从最后的模型结果看出，该模拟环境中的意见表达阈值与沉默人数显著正相关，与公开表达意见的人数显著负相关。不过，根据最后结果，社会对主流媒体干预程度以及社区人口总规模与该模拟环境中沉默的人数并无显著相关性。

另外，在意见派别的呈现结果上，未发现意见表达阈值、意见领袖数量、社会对主流媒体的干预程度、社区人口总规模这几个变量与意见派别之间的显著相关性。但可以看出，当模拟环境中出现全民“反沉默的螺旋”的现象时，即画面中被所有的绿色海龟所覆盖，此时意见派在该模拟环境中仅存一个派别，且持该意见派别的人数几乎覆盖全体普通网民，保持着“众声喧哗，但舆论寡头化”的现象。

虽然全民公开发表意见是一个理想化的结果，在现实生活中面对争议性较大的议题时候发生的概率并不大，但是本文模型也并非将社交网络环境仅仅局限在中国国内，模型变量的条件设置本身就存在一定的理想化的特点，所以该模型很难折射复杂多变的社会现实，而是在理想环境下呈现某种规律，并通过变量设置、模拟仿真给予现实生活更多的预测性以及启示。例如本文模型重新发掘了个人意见表达阈值以及意见领袖对于整个社会网络环境的影响重要性。同时该模型呈现出的类似于“反沉默的螺旋”以及舆论的寡头化趋势也为当代社会的一些网络事件提供模型理论支撑。

本文试图从新闻传播学科与计算机学科的交叉领域切入进行跨学科研究，在模型设置、代码撰写上可能还存在一定的不足，例如无法更精确地还原主流媒体所塑造的媒体一方的意见舆论气候，而是采取了随机分配意见值的方法。在媒体意见派别的设置上，各个意见派别之间的差距比较小，可能会导致最后的影响效果微乎其微。另外，社交网络也并非像本文模型设计中的如此简单，其本身更具有无标度网络等复杂网络的特征，所以在模拟环境中融入复杂网络特点，更大程度地模拟社交网络环境也是未来研究的一个方向。除此之外，不同复杂网络环境、跨文化变量等因素对“沉默的螺旋”现象产生是否会有影响，也值得今后继续探索研究。而在模型校核与验证上，笔者受时间方面的限制，只能通过已经发生的样本案例定性分析加以核验，但是这也容易受到样本典型性以及特殊性的影响，从而产生偏差，后续研究可以辅之以问卷调查或者深度访谈方式加以验证，进一步探讨仿真对现实的还原以及意义。

# 隐藏的主角：社交网络意见领袖“趋同模板”及其单向度*

徐　翔　靳　菁　王晓虹**

**摘要**：社交网络的内容生产看似具有用户的多样性和“去中心”性，实则潜藏着用户趋同的中心性，以及对于同一化的人、“单向度的人”的再生产。在“意见领袖”等具有影响力的用户角色之外，社交网络隐藏着作为意见领袖“趋同模板”的用户角色，体现着从多样生产到用户趋同、从“意见领袖”到“意见模板”、从“议程设置”到“用户设置”的视域拓展。用户不仅具有作为意见领袖的影响力程度差异，也具有作为“趋同模板”的角色程度强弱差异；用户对于最高“趋同模板”趋同程度的增强也伴随着自身作为“趋同模板”程度的加强；在“趋同模板”的角色和作用下，社交网络用户显现出所有“趋同模板”越来越相似的单向度演化逻辑。用户“趋同模板”角色使得多元化抑或“碎片化”的社交网络用户显现出趋于单极的“中心化”结构，成为社交网络内容结构中“隐藏的主角”。

**关键词**：社交网络用户；意见领袖；用户影响力；趋同模板；单向度

## 一、引　言

社交媒体内容时代所宣称的“人人时代”是否真的到来？用户是否真的能在社交网络中自由自在地进行内容生产、彰显多样化的个性、成为自己想成为的人？从拉扎

*　上海市“科技创新行动计划”软科学研究项目“从各有所好到共同牢笼：推荐算法平台公共信息茧房形成机理与调控策略”(23692110600)和中央高校基本科研业务费专项资金资助项目阶段成果。

**　徐翔，同济大学艺术与传媒学院教授、副院长；靳菁，清华大学新闻传播学院博士生；王晓虹，复旦大学新闻学院助理研究员。

斯菲尔德等人提出“意见领袖”[1]，到有关社交网络意见领袖[2]及关键节点用户的各项研究[3]，能左右多数人意见倾向的少数人一直是学界关注的焦点。“人人时代”的用户研究依然被以“意见领袖”为代表的用户角色和影响力模式所主导，其中潜藏的有影响力的其他用户类型、能影响到其他用户内容生产的用户功能则易被忽视。

本文在“意见领袖”等经典用户影响力模式的基础上，进一步提出意见领袖“趋同模板”的用户角色和功能。全文重点围绕两个方面展开：其一是分析意见领袖“趋同模板”的用户角色是否存在及何以存在？其二是“趋同模板”的用户角色如何使得多元社交网络用户呈现出趋同结构，即所有“趋同模板”越来越像？

如果说“意见领袖”是具有影响力的用户，那么“趋同模板”则是这样一种用户角色：社交网络中的其他用户与之越相似，则可能具有的影响力就越高。这样一种“趋同模板”角色不同于“有影响力”的意见领袖角色，虽然有着重要性，但是对其概念的提炼、内涵的剖析、后果的挖掘等方面得到的重视度并不充分。社交网络用户在“趋同模板”这样的角色加持下，产生全局用户朝向中心“趋同模板”的“重复化”趋同后果，形成社交网络全局意义的“单向度”用户塑造以及用户“千人一面”的封闭性。社交网络的用户趋同性及其由“趋同模板”角色所形塑的趋同逻辑易被忽视。作为“趋同模板”的用户角色需要在社交网络舞台中被赋予更重的“戏份”，重塑其被隐藏的一种“主角”重要性，而不是隐没在“意见领袖”等其他角色光环之下。

## 二、理论背景与问题提出

本节的核心内容围绕以下问题依次展开。问题1：是否存在着社交网络意见领袖的“趋同模板”现象？问题2.1：如果存在着“趋同模板”用户，那么对于任一

---

[1] Lazarsfeld P F, Berelson B, Gaudet H:“*The People's Choice: How the Voter Makes up His Mind in a Presidential Campaign*”, Columbia University Press, New York, 1948.

[2] 蒋翠清、朱义生、丁勇：《基于 UGC 下的意见领袖发现研究》，《情报杂志》2011 年第 10 期，第 82-85 页。

[3] 丁汉青、王亚萍：《SNS 网络空间中“意见领袖”特征之分析——以豆瓣网为例》，《新闻与传播研究》2010 年第 3 期，第 82-91，111 页。

"趋同模板",它和其他"趋同模板"的程度差距越小是否就越相似? 问题 2.2:如果存在着"趋同模板",那么对于任一"趋同模板",它是否和其他高程度"趋同模板"越相似,和低程度"趋同模板"越不相似? 问题 3:在前述问题基础上,对于任一"趋同模板",是否其作为"趋同模板"程度越高则越是趋同于"同一"模板?

### (一) 理论背景与文献回顾

在海量化、多样化的用户生产内容(User Generated Content, UGC)语境下,意见领袖等用户的影响力获得与实现,是否具有"同一"化的模板与模具? 这种普遍性的"模板"看似是一件有悖常识经验的事情,实际上,社交媒体所承诺的是赋权(empowerment),是扁平化的网络,也是"人人都有麦克风"的内容生产自主性,因而人们获取影响力的用户模板也具有多样性与自主性。尽管人们可以自主选择多样的模板,模板却不能任意决定人们能否在与自己相似的过程中实现影响力。并非任意一种样板都意味着"与之越相似则越可能具有高影响力",并非任意一种样板都可以成为高程度的模板而是受到多种制约。这里面临着两个问题:其一,社交网络中是否存在着意见领袖用户的"趋同模板",使得用户的影响力程度与该用户相似于趋同模板的程度之间具有正相关性? 其二,如果存在这种"趋同模板",这些模板是多样化还是单一化的? 这两个问题是紧密相关的。第一个问题指出,一种用户角色的可能性,其特征不是影响力的衡量,而是影响力的传递;不只是"用户影响力的扩散",而是"有影响力的用户模式的扩散"。这种用户角色的存在与意见领袖等高影响力用户的"多样化"、获取影响力存在多种成功模式等"直观经验"是相悖的。第二个问题顺着第一个问题更进一步探讨,"趋同模板"的角色内涵与内在逻辑使之不会出现"趋同模板"的多样化,而是会导向"趋同模板"本身的同一性,这进一步关系到社交网络用户的单向度结构。第二个问题同样也与用户的多样化、碎片化观感具有一定的相悖性,但也正是因此存在着研究之必要。

关于社交网络中的意见领袖是否存在"模板",存在着一些前提上的质疑。其中,重点是强调实践中的意见领袖用户存在着内容、主题特征上的多样性。有研究表明,社交网络"多极化"成为网络环境的显性特征,意见领袖"各领风骚"共同构成了结构复杂的网络传播节点。例如一些研究认为,微博意见领袖、高影响力用户在内容上存在着多样化的类型与"人设"，相互之间具有较大的内容差异性[1-2]。社交网络究竟是推动了多样、包容、去中心性的网络环境建构，抑或是加剧了用户的同质化属性，仍然是一个尚存争议的重要问题。

高影响力用户或意见领袖显现着相似化的可能性。高影响力的用户内容影响着其他用户的内容生产特征，造成更为相似化、类同化的用户生态。徐翔在对于意见领袖的研究中指出，存在着一种可称之为"意见典范"的用户，他们更容易扩散自己的用户内容特征，与更多的用户具有更强的相似性；而用户作为"意见典范"的强度与他们作为意见领袖的影响力程度具有正相关性，也即意见领袖更易扩散自己的"用户模因"与内容特质[3]。Matsumura 等人提出"影响力扩散模型"(Influence Dissemination Model，IDM)，通过用户对博主内容评论及转发的语义相似度描述博主的内容扩散及其对其他用户的影响，反映了意见领袖在内容上向其他用户的扩散力和扩散深度[4]。李根强、方从慧基于网络社群用户观点演化规则，运用计算实验法分析意见领袖对网络集群行为主体观点演化的影响作用，认为分散的群体观点最终朝向意见领袖所持的观点偏移[5]。Borge 等人分析了推特中的政治意见领袖被追随、转推、提及的扩散能力[6]。这些分析中，某些具有强同化能力的用户的存在，使得更大范围乃至全局性的用户围绕某些特定用户的趋同化成为可能。

从媒介市场、受众、社会学习等角度开展的研究，也为意见领袖内容特征的趋同化提供了研究基础与参考。意见领袖用户在受众期待与过滤的影响下，更易出现朝着用户喜好的趋同。例如 Xu 等指出，为了获取吸引力，相似风格、类型的意见领袖会进行用户喜好点靠拢。注意力市场对于成功用户或节点的模仿，对于信

[1] 曹洵、张志安：《基于媒介权力结构的微博意见领袖影响力研究》，《新闻界》2016 年第 9 期，第 43－49 页。

[2] 王晗啸、于德山：《意见领袖关系及主题参与倾向研究——基于微博热点事件的耦合分析》，《新闻与传播研究》2018 年第 25 期，第 51－65 页。

[3] 徐翔：《社交网络意见领袖的内容特征影响力及其传播中的趋同性》，《上海交通大学学报(哲学社会科学版)》2021 年第 2 期，第 89－103 页。

[4] Matsumura N, Ohsawa Y, Ishizuka M: "Influence Diffusion Model in text based communication", *Transactions of the Japanese Society for Artificial Intelligence*, 2002, 17(3), pp. 259－267.

[5] 李根强、方从慧：《复杂网络视角下网络集群行为主体的观点演化研究》，《情报科学》2017 年第 35 卷第 5 期，第 125－131 页。

[6] Borge Bravo R, Marc E D V: "Opinion leadership in parliamentary Twitter networks: a matter of layers of interaction?" *Journal of Information Technology & Politics*, 2017, 14(3), pp. 1－14.

息生产者内容趋同产生塑造作用[1]。Quattrociocchi 等人引入一个意见动态计算模型并考虑以下媒体模式的影响：每一种媒体都模仿最成功的媒体行为以使受众最大化[2]。内容竞争中的市场因素带来用户内容同质化的增强。尽管媒体内容生产者面临着很大的自主空间，但是趋同被作为一种效益高的战略，以促进低成本和高传播效果的新闻生产[3]。高影响力的用户或内容存在着有限的类型与特征，减少意见领袖分布及其内容生产的多样性与异质性。

对于规范性影响的研究指出，规范性影响是为了获得他人的喜爱和接纳而从众，个体相信与他人相似会引起他人好感，避免群体排斥；去个性化并不是自我意识的减弱，而是个体增加了对群体情境的遵守[4]。这种规范性影响的角度对于解释社交网络用户面向某种规范的趋同化具有参考性。此外，社交网络平台自身具有某种共同性的话语特质，带来的用户内容生产趋同化。社交网络用户在发帖和分享时会受到"想象的受众"及其同质性的影响和塑造[5]。Mikal 等人认为社交网站具有沟通行为和话语内容的某种特质和标准，网民受到网站中公开沟通行为"标准"的显式行为修正，在发帖时将自己视为网站的代表，相应地修改自己的内容而趋同于网站内容。而适应于这种媒介平台沟通"标准"与话语特质的程度，也可能使用户达到在该平台中的适应程度乃至成功程度。[6] 对于社交网络用户在内容生产中何以趋同的多角度分析具有借鉴性，而把这些因素与用户的意见领袖角色、影响力程度的结合也为后续研究提供更多空间。

马尔库塞在《单向度的人：发达工业社会意识形态研究》一书中描绘了一个

[1] Xu P, Wu Y, Wei E: "Visual analysis of topic competition on social media", *IEEE Transactions on Visualization and Computer Graphics*, 2013, 19(12), pp. 2012 - 2021.

[2] Quattrociocchi W, Caldarelli G, Scala A: "Opinion dynamics on interacting networks: media competition and social influence", *Scientific Reports*, 2014, 44(1), pp. 1 - 7.

[3] Saridou T, Spyridou L P, Veglis A: "Churnalism on the rise? Assessing convergence effects on editorial practices", *Digital Journalism*, 2017, 5(8), pp. 1006 - 1024.

[4] Deutsch M, Gerard H B: "A study of normative and informational social influences upon individual judgment", *Journal of Abnormal Psychology*, 1955, 51(3), pp. 629 - 636.

[5] Litt E, Hargittai E: "The imagined audience on social network sites", *Social Media & Society*, 2016, 2(1), pp. 1 - 12.

[6] Mikal J P, Rice R E, Kent R G: "Common voice: Analysis of behavior modification and content convergence in a popular online community", *Computers in Human Behavio*, 2014, 35, pp. 506 - 515.

“没有反对派的社会”[1]。话语封闭成为社会控制的新形式，极权在资本主义和发达工业化背景下被“合理化”的过程变得更加隐蔽。发达工业社会成功压制了人们内心的批判性、否定性、超越性，整个社会只有一种向度。而它所承诺的“自由”“解放”，都是一种“新型顺从主义”，是虚假的自由与幸福，人们沉溺其中，丧失了建构个人主体性所必需的批判思考能力。马尔库塞所言的这种“单向度”，也可以看作是对当下社交网络环境的一次回应。少数优势用户拥有超强传播能力，而中下层用户只能够进行“趋中心化”的传播。用户抛却了批判性思考，成为上层核心用户的接收者、顺从者，甚至是追随者。在这样贯穿社会各个方面的“单向度”指引下，人们渐渐放弃了否定性抵抗，沉溺在已经被设定好的“被蒙蔽的自由”之中，用户进行内容再生产的过程也逐渐转变为相似度的扩散和同质化的输出。

基于用户潜藏的朝向“模板”用户的趋同与影响力提升，以及“趋同模板”的用户角色对于社交网络的影响，本文展开对“趋同模板”现象与趋同后果的分析。其内涵包括以下三个主要方面。

（1）从多样生产到“趋同模板”

意见领袖用户在内容生产中是多样化的任意生长还是存在着某种“趋同模板”，是尚存显见争议但也具有深层理论内涵的问题。如果用户中存在着随其影响力提升而不断趋同的“模板”用户，那么这种角色对于社交网络研究是一种易被忽视的向度与现象。

（2）从“意见领袖”到“意见模板”

对于“意见领袖”及其用户影响力的研究，存在将“影响力”化约为“影响力的传递”或“影响力的扩散”的倾向。但是影响力不只是使得其他人接受、反馈某种信息内容，也包括使得其他人接受、趋似、模仿某种“人”乃至“成为”某种人，特别是趋同于某种具有影响力的人而成为与之相似的人。如果某个用户只有发布帖子之后的热度和高关注度、高反馈度，但是不能使自己的“内容基因”有效乃至高效地扩散，那么该用户的影响力还不足以“引一时之风气”或“领一域之风气”，还不足以对其他用户形成“带头人”“示范人”的作用，而只是停留在高效的“信息展示板”或“帖子

---

[1] 赫伯特·马尔库塞：《单向度的人：发达工业社会意识形态研究》，刘继译，上海译文出版社，2008年，第56-64页。

张贴区”的层面。例如,某作者或许可以发布某条高反馈量的帖子、短文,但是他可能无法引领某种“流派”;用户的某条帖子或许可以传诵于广大用户之中,但不等于其他用户受到该用户的影响而成为与该作者相似化的用户。这也意味着一种从“意见领袖”到“意见模板”的用户角色差异,它关切的是用户作为“模板”而对其他用户的影响力,而并非用户内容所直接产生的扩散能效。

(3) 从“议程设置”到“用户设置”

现有关于用户影响力的研究主要着眼于用户内容相似性和高热度帖子的传播效果,而缺乏对于作为“内容聚合体”的用户的考察;大多考察内容的扩散,而忽视“用户”的扩散;强调“用户的”内容,而忽略作为“内容聚合体”的用户;注重意见领袖的高传播效果的帖子、内容碎片的影响力,而忽略这些帖子、内容碎片组合成整体后所可能产生的“内容人设”“内容气质”所具有的影响力。换而言之,社交网络中存在着从“议程设置”到“用户设置”的问题:社交网络平台不一定能影响人们怎么想,但可以影响人们想什么,这是属于“议程设置”的层面;社交网络平台不一定影响人们怎么说,但可能影响人们说什么,以及通过说什么而展现为何种“人”,这可归于“用户设置”作用。用户基于内容生产、文本表达的个体特质、独特性而成为“什么样的用户”值得进一步挖掘。

### (二) 社交网络“趋同模板”现象与内涵

根据上述内涵,“趋同模板”指社交网络内容生产中具有“模板”属性的用户,与他们在整体内容特征上越是相似的用户则越可能具有在该社交网络中的高影响力,反之亦然。对于“趋同模板”的关键内核而言,意见领袖用户在内容生产中不是任意“生长”的,他们如果要成为高程度“趋同模板”的意见领袖意味着迎合注意力需求、规范、市场、受众、平台等多种因素,意味着成为特定的“人”或朝向特定的“模板”靠近,并减少自身的异质性、多样性和自主性。这个过程甚至可能意味着用户由于影响力的提升而不能成为“初心中的自己”,相反,却是“终将成为自己所讨厌的人”。

对于社交网络用户,“趋同模板”强调用户内容模因的传递和扩散、用户地位和影响力的凸显以及二者的有机关联。有的用户作为“趋同模板”的程度很强烈,有的则较弱,这也正如用户作为意见领袖的影响力程度有强有弱。对此既可以划定一个区分是否“趋同模板”的阈值,也可以不人为切分阈值,而是考察用户作为“趋同模板”角色的程度。本文选择后一种方式，以利于通过连续性的数值分析考察“趋同模板”角色带来的趋同效应(具体计算方法详见后文)。在此基础上，本文提出：

问题 1　社交网络意见领袖“趋同模板”是否存在？

对于这个问题而言，“趋同模板”不仅是一种角色的寻找和确证，也是关于意见领袖演化的一种规律性效应。

根据意见领袖“趋同模板”的内涵，测量方式如下(代称 M0)。设微博中的某个模板用户为 X，其他用户依次标为序列 $U=[U_1, U_2, U_3, \cdots, U_n]$；$U$ 中每个用户和趋同模板用户 X 的内容相似程度，依次标为序列 $S=[S_1, S_2, S_3, \cdots, S_n]$；$U$ 中每个用户的影响力依次标为序列 $H=[H_1, H_2, H_3, \cdots, H_n]$；其中序列 $U$ 和序列 $S$、序列 $H$ 中的每个元素顺序严格一一对应。如果用户 X 的“趋同模板”程度足够高，则序列 $S$ 和序列 $H$ 应该是显著正相关的，$S$ 中的值越大则 $H$ 中对应的值也越大。简单地说，对于其他用户而言，其影响力程度与 X 的内容相似度正相关；这种正相关越强则 X 作为“模板”的属性就越强烈。

由此可以得出对于任意一个用户 X 作为“趋同模板”程度的衡量方式：其他用户的序列 $U$,$U$ 中逐个元素的影响力序列表示为 $H_x$,$U$ 中逐个用户与该用户 X 的相似度序列 $S_x$，则通过 $H_x$ 与 $S_x$ 的皮尔逊相关系数 $P_x$ 的值(若相关系数不显著，表明两者不存在直接相关性，将 $P_x$ 记为 0；总体上，$P_x$ 是在$[-1, +1]$区间内的值)，即可以简单反映用户 X 作为“趋同模板”的程度高低：$P_x$ 越大，且与 X 相似度越高，则影响力也可能更大，两者的正相关程度很高。根据该方法计算得到的皮尔逊相关系数值，在后文统一称为“趋同模板”程度值。该指标值在显著的情况下若为正且越高，则该用户作为“趋同模板”的属性和程度越强烈。在极端情况下，这种正相关如果达到了相关系数等于 1 的完全正相关，则表明 X 的“模板”属性强到了极致：其他用户只要与 X 相似度越高就必定具有越强的影响力，与 X 越是低相似度则自身影响力就必定越低；与 X 完全相似则自身就也具有顶尖影响力。

### (三) 社交网络“趋同模板”现象与趋同后果

在问题 1 的基础上，如果“趋同模板”现象和角色存在，并且任一用户作为“趋同模板”的程度是存在且可以测量高低的，则进一步提出以下疑问：

问题 2.1 任一"趋同模板"用户，是否与"趋同模板"的程度差距越小彼此就越相似，差距越大则越不相似？

问题 2.2 任一"趋同模板"用户，是否与"趋同模板"程度越高的用户就越相似，反之就越不相似？

由这两个问题，进一步提出：

问题 3 任一"趋同模板"用户，是否会随着自身"趋同模板"程度的提高而越来越趋于"同一"模板？

围绕"趋同模板"角色提出的问题 2.1，可转述为："越是同等程度的趋同模板之间越是彼此相似、越是不同程度的趋同模板之间越不相似？"如果这种现象成立，可称之为"似模板化"现象，指代"同模板度的用户之间倾向于相似化"的现象。根据"似模板化"现象的描述，可以得出"似模板化"现象的测量(M1)。设某个用户 X 具有"似模板化"的属性，那么 X 会产生以下效应：对于用户 X 而言，设其他用户的集合构成序列 $U=[U_1, U_2, U_3, U_4, \cdots, U_n]$。$U$ 中每个用户和 X 的"基于内容的用户相似度"(C1)依次标为序列 $S=[S_1, S_2, S_3, S_4, \cdots, S_n]$。假设 $U$ 中所有用户的"趋同模板程度"(M0)依次标为 $P=[P_1, P_2, P_3, P_4, \cdots, P_n]$，那么"似模板化程度"现象中，序列 $P$ 表示为 $P=[|P_1-P_X|, |P_2-P_X|, |P_3-P_X|, |P_4-P_X|, \cdots, |P_n-P_X|]$，其中序列 $U$ 和 $S$、$P$ 中每个元素的顺序是严格一一对应的，如果序列 $S$ 和序列 $P$ 正向相关及对应程度越强，则表示用户 X 的"似模板化"程度越高。本研究采用皮尔森相关系数 A 表示序列 $P$ 与序列 $S$ 的相关系数，取值范围在[+1,−1]，如果相关系数不显著，则将相关系数替换为 0，表示用户 X 没有发生明显的"似模板化"现象。当 A 与 M0 越相关时，则"似模板化"与"趋同模板"之间存在越确切的对应关系，"似模板化"现象越能够明显指向和推导出"趋同模板"效应的存在。

从理论上推断，这种"似模板化"的现象有规律可循。其一，高模板度用户出于作为"模板"的内在要求而无法多样化，否则顶部"模板"彼此之间会形成差异化和矛盾化，导致全体用户无法在趋同于这个模板的同时也趋同于那个模板，即对于任意两个高程度的"趋同模板"用户而言，如果这两者"长得差异太大"，就无法使高影响力用户和这两者同时趋同，而这会与两者自身的高趋同模板度发生矛盾。其二，越是低模板度的用户，没有这种硬性的要求，即高影响力用户无须同时趋同于这些用户，因而低模板度用户可以保持较大的内容差异性而不会与彼此的低趋同模板度发生矛盾；或者更为通俗地说，只要自身作为“模板”的程度不高，就可以保持“自由生长”的宽容度，而无须成为“某种规约力量所要求的样子”。

对此，我们提出假设 H1：上述“似模板化”的现象对于高模板程度用户比较强烈，对于低模板程度用户则缺乏强烈的约束。可将 H1 转为：用户的“趋同模板”程度与其“似模板化”现象的强烈程度具有正相关性。

关于“趋同模板”的作用而提出的问题 2.2，可转述为：用户是否存在着“和越是高程度模板就越相似、和越是低程度模板就不相似”的现象？可以把这种现象代称为“趋模板化”。“趋模板化”的内涵指：任意一个用户 X 相似于某个模板用户 Y 的程度，和 Y 自身的趋同模板程度成正比。这种正相关程度越高，X 趋同于其他模板的程度越有规律，也越鲜明、可预测。用户 X 与其他用户 $U$ 之间的“基于内容的用户相似度”(C1)表示为序列 $S=[S_1, S_2, S_3, S_4, \cdots, S_n]$，$U$ 中所有用户的“趋同模板化程度”(M0)标为 $P=[P_1, P_2, P_3, P_4, \cdots, P_n]$。“趋模板化”现象描述的是用户的相似度与其中某用户的趋似、靠近的程度，因此，这里用户 X 的“趋模板化”程度越高，那么 $S$ 和 $P$ 的对应程度也越强。我们用皮尔斯相关系数 B 来表示序列 $P$ 和序列 $S$ 的相关系数。对于任意用户 X 都有确切的 B 与之对应。

用户的“趋模板化”现象和程度同样应有规律可循。其一，对于低程度的“趋同模板”而言，由于自身模板属性不强因而无须满足 M0 中测定其他用户所需要的规定性，即它可以随意“生长”，自身可以无须太相似于高程度模板，也无须不相似于低程度模板。其二，对于高程度的“趋同模板”而言，它为了满足自身作为全局模板的规定性，因而不能和其他顶部模板产生太大差异；但是可以和低模板程度用户有随机的差异乃至不可预测的差异。这样，“趋模板化”程度对于不同微博用户是不同的。用户作为“趋同模板”程度越高，其中的标尺意义就越高。作为模板，就应该趋同于更高程度的模板用户。相反，低程度模板用户的标尺意义非常弱，他们不具备、也不屑于成为磁场中的圆心和社交网络“模板”，自然他们的“趋模板化”程度也就比较低。

基于此，我们引出第二个假设 H2：用户的“趋同模板”程度与其“趋模板化”现象的强烈程度，具有正相关性。

无论上述形态如何演化，最终都指向单中心性的社交网络结构。所有人"模板"化的结果就是：只要这些用户的模板化程度越来越高，他们在内容上就越来越"长的像同一个人"，形成社交网络用户趋同的"单中心结构"而非多模板、多中心结构。

对此，首先要明确的是顶部的"最高趋同模板"的存在和作用。完全意义上的"趋同模板"用户其"趋同模板"程度达到了1，现实中难以存在。所以我们只取实际存在的"最高趋同模板"即可，这个值通常是一个足够大的正值，体现该用户有比较强烈的"趋同模板"作用。

从Q0到H1、H2都指向这种"单中心""单向度"的环境，即"最高趋同模板"的用户角色和功能。"最高趋同模板用户"为其他所有用户提供了内容模板，自上而下地形成了社交网络的中心化趋向。这种单极化，不以政治、经济、文化、军事等不同门类区分，而是所有不同门类都完全指向更加终极的内容模板和"趋同模板"。这样的单向度和趋中心性的结果是指向社交网络中"隐藏的主角"。用户设置权力巨大，且具有隐蔽性，是趋同模板效应的终极形态。"最高趋同模板用户"构筑整个网络的"单向度"；单向度扩散到整个网络，使得社交网络发生越来越强烈的同化。"趋同模板"的程度越高，全局用户与之越相似，他们弹性更小、预测性更高，标尺作用更强。模板化程度最高的就是"最高趋同模板"。

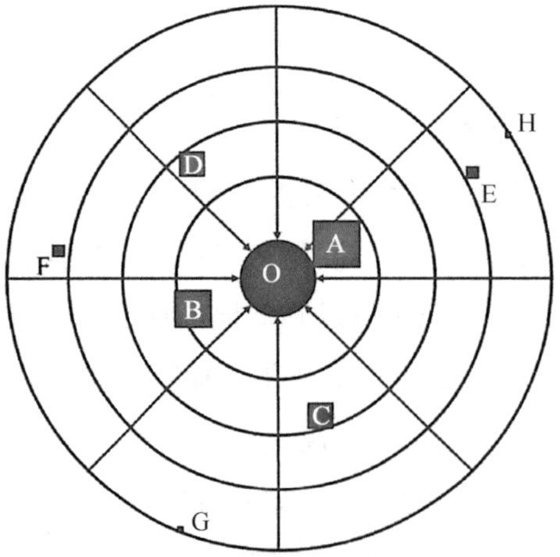


图1 社交网络用户分布

注：箭头方向表示与"最高趋同模板"的相似程度，方框大小表示用户影响力水平。

"最高趋同模板"对于其他所有用户的内容生产都造成"趋中心性"的推动力，所有用户的内容生产都在向"最高趋同模板用户"靠拢，即"趋同模板"的单向度、单极化现象。这双"看不见的手"的控制作用来自社交网络中"隐藏的主角"。作为"隐藏的主角"，"最高趋同模板"在"用户设置"和内容生产中的作用巨大，但常常容易与"意见领袖"概念混淆，更为隐蔽地影响社交网络的用户形态。

如图1，圆心O代表社交网络中的"最高趋同模板用户"；离"最高趋同模板”距离越近，该用户与“最高趋同模板用户”的C1越相似；反之亦然。用户的方框大小表示用户影响力（C2）。任意用户与“最高趋同模板”的C1越接近，该用户的影响力（C2）就越大。最接近圆心的用户A和距离圆心最远、最不相似的用户H的影响力相去甚远。如果说微博中的每一个用户都在向“最高模板用户”靠拢，那么很显然，每个用户趋同、接近的强烈程度并不一致。图中处于边缘的用户H趋似于圆心O的程度，显然低于更靠近中央的用户A。用户A的影响力也明显大于用户H，即用户A的C1和C2都明显大于用户H，通过Q0可知，用户A趋同模板化程度更高。而他在图中有着更加似同于最高趋同模板的气质，离“最高趋同模板用户”更加接近。这一推测即假设H3：用户作为“趋同模板”的程度，与其内容相似于“最高趋同模板”用户的程度，具有正相关性。

**（四）问题与假设之间的关系结构**

对于H1和H2的测量可以用图2表示，测量结果均为序列S和序列P的皮尔森相关系数。差别在于，对于H1的测量中，序列 $P=[|P_1-P_X|, |P_2-P_X|, |P_3-P_X|, \cdots, |P_n-P_X|]$；对于H2的测量中，序列 $P=[P_1, P_2, P_3, \cdots, P_n]$。

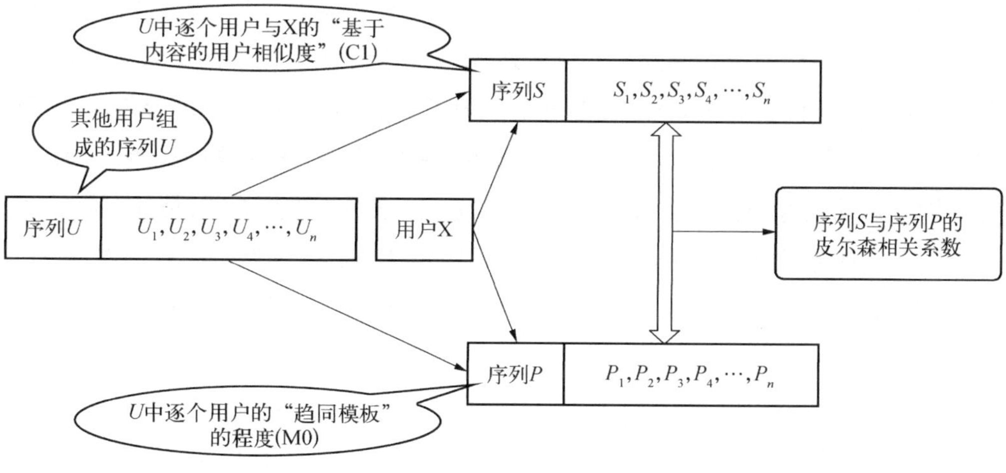


图2 H1和H2的测量方法

整体研究问题和假设见图3：

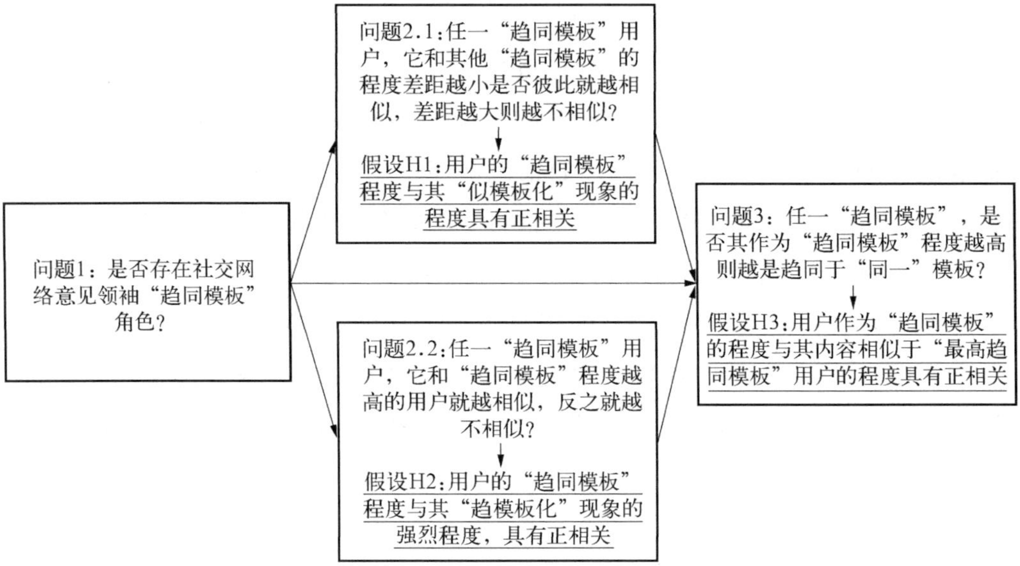


图 3　问题与假设之间的关系

## 三、研究设计与实施

### （一）样本选取与数据预处理

根据新浪微博数据中心发布《2018 微博用户发展报告》[1]，新浪微博月活跃用户 4.62 亿人次，月阅读量过百亿领域达 32 个。基于该舆论场的庞大基数，本文采取广覆盖、成本相对较低的多阶段抽样。从新浪微博首页 47 个内容板块（分别是：社会、国际、科技、科普、数码、财经、股市、明星、综艺、电视剧、电影、音乐、汽车、体育、运动健身、健康、瘦身、养生、军事、历史、美女模特、美图、情感、搞笑、辟谣、正能量、政务、游戏、旅游、育儿、校园、美食、房产、家居、星座、读书、三农、设计、艺术、时尚、美妆、动漫、宗教、萌宠、法律、视频、上海）中，我们首先获取其发布者和评论者共 3 501 153 个用户的数据库。最终抓取到有效个人资料且发帖数不少于 500 条的 88 739 个用户，以及每人所发最多 4 500 条帖子。对这些用户抓取每人前 5 页的关注者资料（因为新浪微博对每个用户最多只公开显示 5 页×每页 20 个的

[1] 新浪微博数据中心：《2018 微博用户发展报告》，发表日期 2019 年 3 月 15 日，https://data.weibo.com/report/reportDetail?id=433，引用日期 2021 年 1 月 15 日。

关注者，若不足 5 页的则全部抓取）。清洗发帖数少于 500 条的被关注者、去重，最终从这些被关注者中选取有效用户 130 082 个。

统一比较口径：① 时间段统一，每个用户的帖子一律选取 2018 年 1 月 1 日到 2018 年 12 月 31 日。② 帖子数量统一，每个用户一律随机选取上述 1 年间所发布的 500 条微博帖子。由于太少的只言片语难以“察其言、观其人”，尤其是微博帖子都是短文本，增加了辨析难度，无法和其他用户更为充分地进行用户内容相似度的计算，因此少于该数量的用户不纳入比较范围。最后剩下的用于计算的 22 479 个用户分布广泛，粉丝量、发博量、关注数等各主要指标都包含从数十乃至数千万的大范围，各种重度/轻度用户、活跃/不活跃用户都有良好覆盖（图 4）。

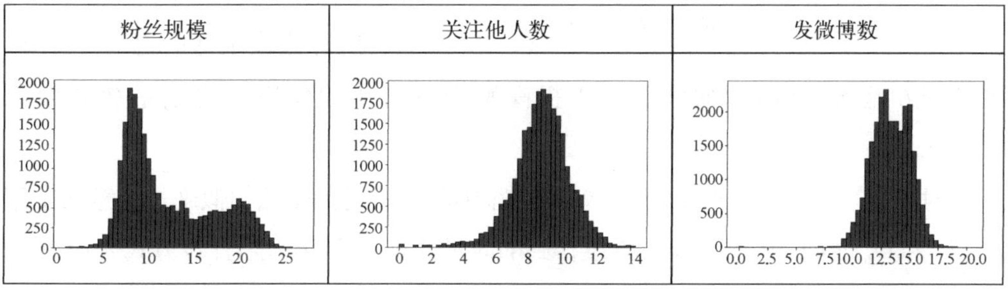


图 4　样本用户的特征分布柱状图

注：粉丝数、关注数、微博数均为官方原始数值，由 $\log_2(x+1)$ 转换得到。

### （二）基于内容的用户相似度计算

把单个用户的各条帖子无顺序拼接为一个长文本，先通过向量空间模型（Vector Space Model，VSM）得到每个用户的词频矩阵。词频矩阵的获取采取数据挖掘模块 sklearn 中的 CountVectorizer() 函数，其中最低词频数（min_df）设为 50，最大文档频率（max_df）设为 0.2，ngram_range 设为（1，1），即只采用一元词。得到词频矩阵后经 L1 转为规范化的 TF-IDF 矩阵 $X$，转换函数为 sklearn.TfidfTransformer(norm='l1')。该矩阵为 24 779 行×113 694 列。

对于矩阵 $X$ 采取潜在语义分析（LSA）进行降维和内容特征的提取[1]。LSA

[1] Dumais S T："Latent semantic analysis"，*Annual Review of Information Science and Technology*，2004(1)，pp. 188 - 230.

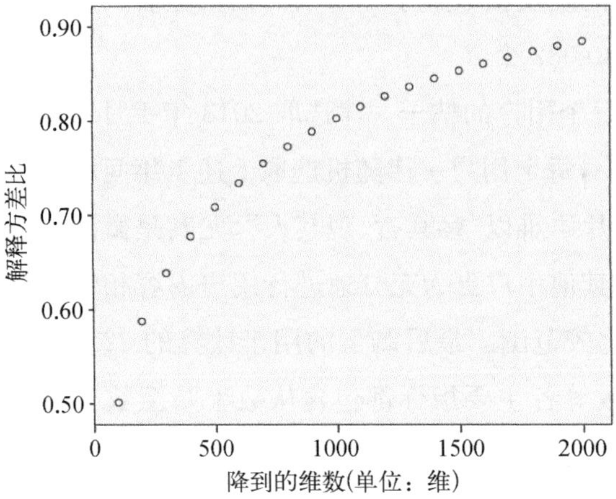


图 5　潜在语义分析的降维误差变化情况

利用奇异值分解(SVD)技术，把数万、数十万以上的高维、稀疏的词频矩阵降到低维，这种低维的向量反映词汇内容的特征及其语义联系。其中对于矩阵 $X$，进行奇异值分解可得：$X = T\Sigma D^{\mathrm{T}}$。LSA 保留前 $k$ 个最大的奇异值，即通过 $T_k\Sigma_k D_k^T$ 来近似地表示原用户—词项矩阵 $X$。本研究对每个用户，把原有 113 694 维的矩阵选择降到 700 维，降到该维数时已有 75.5% 的解释方差比，且再增加维数对于提高解释方差比的作用已趋于平缓和微弱(图 5)。

对于用户之间的相似度，选择文本挖掘中常用、稳健的余弦相似度。任意两个用户 $U_{\mathrm{m}}$ 和 $U_{\mathrm{n}}$ 之间，根据其 LSA 降维得到的向量计算余弦相似度，计算方式表示为：

$$R(U_{\mathrm{m}},\ U_{\mathrm{n}}) \tag{1}$$

该值范围在[−1,1]，值越大表明这两个用户之间内容越相似。

在式(1)的基础上进行扩展，从 1 对 1 的用户相似度，扩展到 $n$ 对 $n$ 的两组用户(每组中用户数量 $n \geqslant 1$)之间的相似度。即任意一组用户 $G_1$(包含 $n_1$ 个用户)和另一组用户 $G_2$(包含 $n_2$ 个用户)的内容相似度。表示为：

$$H(G_1,\ G_2) = \frac{1}{n_1 n_2} \sum\nolimits_{x_i \in G_1} \sum\nolimits_{x_i \in G_2} R(U_{x_i},\ U_{x_k}) \tag{2}$$

在式(1)的基础上，式(2)采用衡量两组对象间的平均距离、平均相似度所常用的“类平均法”(average group linkage)扩展得到。其中 $G_1$ 或 $G_2$ 都可以有且仅有一个用户，即式(1)中所计算的个体与个体之间的两两相似度成为式(2)中 $n_1$ 和 $n_2$ 分别为 1 时的特例。如果 $H(G_1,\ G_2)$的值越大，表明 $G_1$、$G_2$ 这两组用户之间两两的趋近、类同乃至重复程度越高；若两组用户的异质化内容越大，则平均相似度就会越低，即 $H(G_1,\ G_2)$的值越小。式(2)中，当 $n_1 = n_2 = 1$ 时，则等同于式

(1)。当 $n_1=1$ 而 $n_2>1$ 时，为计算一个用户和一组用户之间的平均相似度。

### (三) 用户的影响力程度测量

选择最为常见、具有高认可度和代表性的“粉丝数”反映用户作为“意见领袖”、微博高影响力“大咖”的程度。粗糙集理论发现[1]，粉丝数对能否成为意见领袖至关重要。张玉晨等直接以粉丝规模作为区分“大 V”“中 V”的唯一依据[2]。由于用户粉丝量分布悬殊从几个、几十个到数千万不等，因此，采取对数函数转换后的形式，表示每个用户的影响力程度，式(2)中 $x$ 为用户粉丝量的原始数值：$x_{new}=\log_2(x+1)$。

### (四) 预调研数据分布情况

得到每个用户的“趋同模板”程度、“似模板化”程度、“趋模板化”程度和相似于“最高趋同模板”的程度。分布情况见表 1。

表 1　预调研数据分布

| 程度类型 | | “趋同模板”程度 | “似模板化”程度 | “趋模板化”程度 | 相似于“最高趋同模板”的程度 |
|---|---|---|---|---|---|
| 样本量 | | 24 779 | 24 779 | 24 779 | 24 779 |
| 平均数 | | 0.084 | 0.301 | 0.255 | 0.131 |
| 中位数 | | 0.100 | 0.235 | 0.330 | 0.083 |
| 标准偏差 | | 0.130 | 0.270 | 0.309 | 0.144 |
| 最小值 | | −0.220 | −0.417 | −0.482 | −0.050 |
| 最大值 | | 0.407 | 0.796 | 0.797 | 0.796 |
| 百分位数 | 25 | −0.038 | 0.080 | −0.052 | 0.016 |
| | 50 | 0.100 | 0.235 | 0.330 | 0.083 |
| | 75 | 0.193 | 0.582 | 0.541 | 0.208 |

[1] 刘志明、刘鲁：《微博网络舆情中的意见领袖识别及分析》，《系统工程》2011 年第 6 期，第 8 - 16 页。
[2] 张玉晨、翟姗姗、许鑫、夏立新：《微博“中 V”用户的传播特征及其引导力研究——以罗一笑事件为例》，《图书情报工作》2018 年第 62 卷第 11 期，第 79 - 87 页。

## 四、实证分析结果

微博“趋同模板”,与“似模板化”“趋模板化”现象相关联,最终指向“最高模板用户”。作为“隐藏的主角”,“最高趋同模板用户”与社交网络单向度、趋中心化结构密切相关。

从H1的检验来看,用户作为“趋同模板”的程度与其“似模板化”程度呈显著正相关($r=0.765, p<0.01, N=24\ 779$)。

从H2的检验来看,用户作为“趋同模板”的程度与其“趋模板化”程度正相关($r=0.950, p<0.01, N=24\ 779$),而且这种相关关系接近于1(图6)。

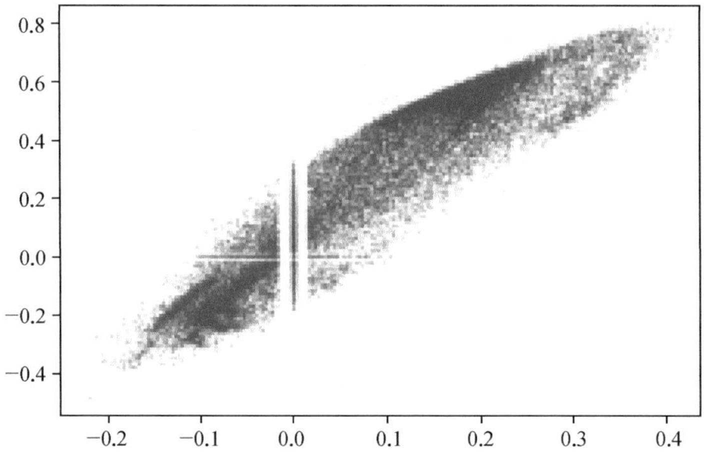


图6　用户作为“趋同模板”程度与其“趋模板化”程度

注:横轴为用户作为“趋同模板”的程度,纵轴为用户的“趋模板化”程度。

从H3的检验来看,用户相似于“最高趋同模板”用户的程度,与该用户的“趋同模板”程度为正相关关系($r=0.779, p<0.01, N=24\ 779$)(图7)。社交网络的内容生产并没有出现更加丰富、多元的“多极化”趋势,而是沦为单向度的用户生产模式。这一结果揭示出社交网络平权化运动的逆行和违背,以及极权化的内容生态。

趋中心化的分布看似不符合认知,实则“最高趋同模板”控制下的社交网络的确不是“百花齐放、百家争鸣”。“趋同模板”度的晋升不是简单的粉丝数量的提高,还包含内容特征的传播。因此更包容的社交网络，仅仅依靠意见领袖的崛起是不够的，创造更加丰富多元的内容也是“百花齐放、百家争鸣”的关键。

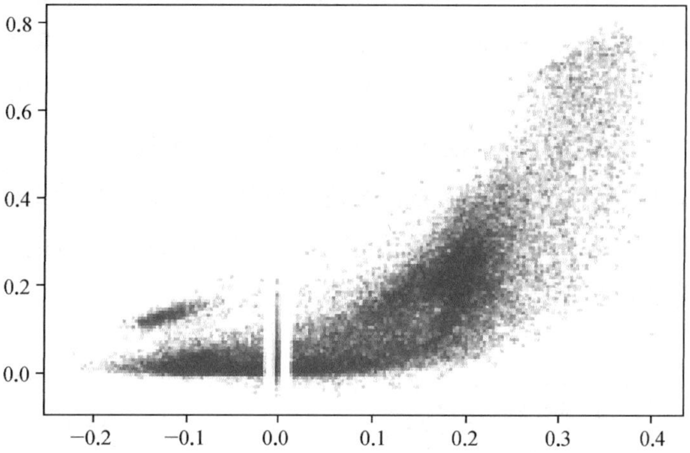


图 7　用户作为“趋同模板”程度与其相似于“最高趋同模板”的程度

注：横轴为用户作为“趋同模板”的程度，纵轴为用户相似于“最高趋同模板”的程度。

把 H1、H2、H3 的内在关系，通过路径分析确定“趋同模板”效应的生成传导机理。根据前文所述，用户作为“趋同模板”的程度越高，则其“似模板化”“趋模板化”程度越高，在这两种现象作用下，其相似于“最高趋同模板”的程度也越强烈。与此同时，问题 2.1 中所述的用户“似模板化”现象越强烈，也蕴含着其“趋模板化”程度的加强。因此如图 8 所示，构建社交网络围绕“隐藏的主角”所发生的用户趋同化生成路径（Model1）。这一模型的数据来源均与前文统一，与前文的研究假设具有内在一致性。

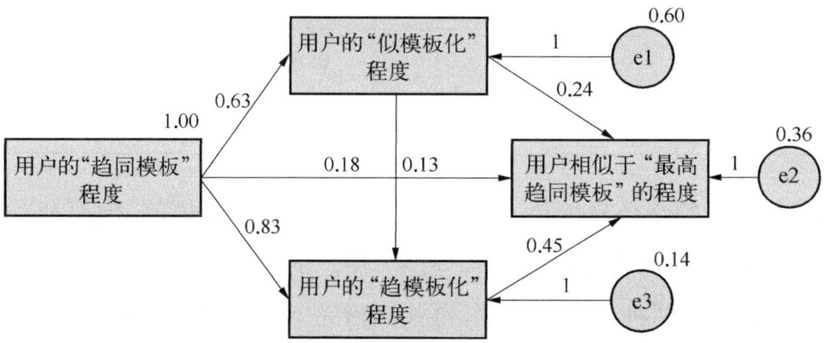


图 8　“趋同模板”假设之间关系的路径分析框架（Model1）

如表 2 所示，拟合模型各项指标表明模型拟合效果较好。对模型品质的判断有多项指标，如规准适配指标（Normed Fit Index，NFI）、增值适配指标（Incremental Fit Index，IFI）、比较适配指标（Comparative Fit Index，CFI）、渐进残差均方和平方根（Root Mean Square Error of Approximation，RMSEA）和适配度指标（Goodness-of-Fit Index，GFI）等。评价模型时，应多个拟合指数结合应用。基于多种评价标准，对基准模型 Model1 以及对比模型 Model2（图 9a）和 Model3（图 9b）的拟合优度进行考察。无论从绝对适配指数、增值适配度还是简约适配度的角度，Model2、Model3 的拟合优度均不如 Model1，竞争模型的适配度分析印证了本文研究框架的合理性。

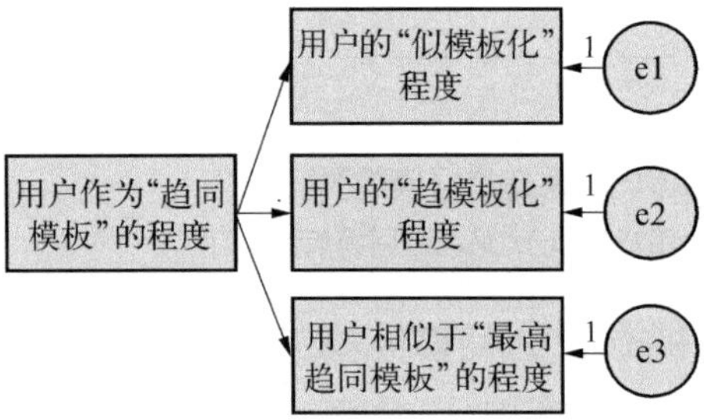


a. Model2

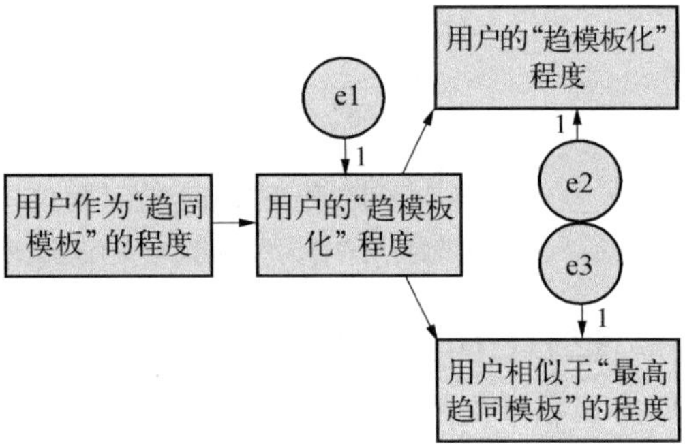


b. Model3

图 9　竞争模型的路径分析

表 2　多标准模型品质评价结果

| 模　型 | GFI | NFI | IFI | CFI | RMSEA |
|---|---|---|---|---|---|
| Model1 | 1.000 | 1.000 | 1.000 | 1.000 | 0.000 |
| Model2 | 0.867 | 0.919 | 0.919 | 0.919 | 0.306 |
| Model3 | 0.585 | 0.474 | 0.474 | 0.474 | 0.778 |

对于 Model1 的路径分析并不否认其他更优越的解释模型，但是通过该模型，可以确证前文的假设具有自洽性与合理性。用户的"趋同模板"化程度，导出"似模板化""趋模板化"这两种现象的程度，再共同指向"最高趋同模板"用户角色及其趋同功能，这种路径结构有其特殊性，并非简单的均等化作用。这或许不是唯一的解

释框架，却是能经受统计检验的框架之一。

## 五、社交网络"趋同模板"与"单向度的人"

综合前文的逻辑框架、后续的数据验证和路径分析，得到几个具有较高解释力度的结论，有助于拓展关于意见领袖"趋同模板"现象和效应的更多理论空间。① 以"基于内容的用户相似度"和"用户影响力"的相关关系作为衡量标准的"趋同模板"，打破传统唯"影响力"论英雄的评价标准，在网络空间中发现新的重要用户群体，提出以"趋同模板"来描述这一类通常容易被忽视的重要用户群体。② 在"趋同模板"的衡量标准下，所有用户的生产内容具有高度的单一化和趋中心化的倾向，这种终极样本甚至没有分为政治、经济、文化等子群和门类，而是形成了"单向度"的单极化内容生产倾向。这种"趋同模板"衡量体系下的单极化倾向值得我们警惕社交网络空间的用户生产模式。③ 通过对于"趋同模板"效应不同作用现象的梳理，我们发现"似模板化""趋模板化"现象均能与"趋同模板"程度的增长建立关联。这种关联不是从概念到概念的提出，而是具有逻辑递进关系。我们希望将围绕"趋同模板"的各类现象依次展开，并最终指向用户对于"最高趋同模板"的单向度趋同，分析社交网络中"单向度的人"可能的生发机制。④ "趋同模板"的单向度体现在，用户模板化程度与趋向"最高模板用户"的程度正相关。用户的模板程度越高，越模仿最高模板用户，则整个用户群体长得越来越像同一个人。"最高模板用户"能够在社交网络空间中主导其他用户的内容生产，作为"隐藏的主角"对于社交网络用户单向度演化的影响深远。

马尔库塞描绘了发达工业社会是如何压制人们心中的否定性和批判性，从而将个体塑造为"单向度的人"的。他认为个性需求和自由时间在机械化劳动过程中受到压制，技术合理化变成了政治合理化，而所谓的"权利""自由"，在经过制度化之后，变成社会的组成部分，成为"单向度的社会"流水线上的一个环节。制度化、合理化的过程，剥夺了独立思考和自由意志，最重要的批判功能也被随之剥夺。这种"控制的新形式""势必成为极权主义"[1]。这一推论虽有激进之处，但对于现行

---

[1] 赫伯特·马尔库塞：《单向度的人：发达工业社会意识形态研究》，刘继译，上海译文出版社，2008 年，第 56 - 64 页。

制度和理性主义的批判却为我们解读当前社交网络的迷思提供了启发。

社交网络这一从诞生之初就许诺以多元、平权的媒体技术，对于个体的批判力究竟起到何种作用，目前学界尚无完全定论。有研究认同社交网络中多元意见领袖和草根文化的赋权，但是也有研究认为社交网络在加剧极化倾向。本文通过实证数据认为，社交网络中存在某种“单向度”模板化过程，其中单极化程度之高令人警惕。这种单极化，不是政治、经济、文化、军事等不同领域中各自的最高样本引领下的极化，而是不论何种内容领域，其内容生产都完全朝着同一个用户模板变得越来越相似的倾向。这种更加彻底的单极化、单向度的背后，暗示着个体丧失批判力的失衡结果。而这种单向度的结果，是所有用户都朝着“最高趋同模板用户”的内容生产趋近，“最高趋同模板用户”作为社交网络中“隐藏的主角”，未必具有“意见领袖”那样高的影响力，却实际影响了社交网络的内容生产趋向。这种更加关注内容生产的用户角色，是之前研究未曾重视的。社交网络中的“隐藏的主角”，不是按照领域划分的“多极化”，而是稳定的、单一的个体。该用户所主导的生产机制，也与“流水线式”的用户塑造过程暗合。

# 社交媒体使用度与用户“相似化圈层”分析

## ——基于新浪微博用户个人简介的语义相似度计算*

张宇昭　夏　敏**

**摘要**：社交媒体用户的趋同和分化不仅与线下实体因素有关，也存在依据其线上使用度等级而显现的“相似化圈层”。基于新浪微博 3 743 153 对“关注—被关注”用户数据，实证结果表明：随着使用度层级的提高，用户与其所关注用户的相似程度越来越高；越是高使用度的用户，他们之间的“相似化圈层”就越稠密，反之则越稀疏。社交媒体用户的趋同互动规律研究，不仅基于 Deffuant 模型考察了用户“相似距离”的阈值变化与媒介使用的显著关联和演化机制，更表现为在线社会层级发展窄化、偶像社会趋同化生产等社会文化后果。

**关键词**：社交媒体使用度；圈层化；用户相似性；关注关系

保罗·莱文森(Paul Levinson)认为，虚拟的网络社会是一个去中心性的生活空间，人与人在虚拟的网络上不受身份、地位、名誉、财富的限制而自由地交往和沟通[1]。通过社交媒体，微博用户既可以关注自己感兴趣的用户，也能因为自己发

---

* 本文指导老师为同济大学艺术与传媒学院徐翔教授。所采用的数据属于国家自然科学基金青年项目《社交网络互动中用户“信息窄化”机理分析：基于微博的数据挖掘》(71804126)阶段成果；上海市级科技重大专项-人工智能基础理论与关键核心技术(2021SHZDZX0100)和中央高校基本科研业务费专项资金资助项目阶段成果。

** 张宇昭，中山大学新闻传播学院新闻传播学硕士研究生；夏敏，同济大学艺术与传媒学院硕士研究生。

[1] 保罗·莱文森：《数字麦克卢汉——信息化新纪元指南》，何道宽译，社会科学文献出版社，2001 年，第 100 - 127 页。

布的内容而被关注，并对自己的网络形象进行维护和调整以维系网络社交关系。这样看似散布态、自由性的互动路径和对应关系，实则存在着潜在的区隔和趋同机制。

社交媒体的传播中存在一种用户趋同或趋近的“相似化圈层”。根据微博用户关注数、发博数、粉丝数三个衡量指标的大小，划分其社交媒体使用度的层级，层级越高，用户与其所关注的用户越趋于相似，形成不同层级用户的“相似化圈层”。或者说，在新浪微博中，用户使用程度越高，更倾向于关注与自身更相像的用户。本文以使用度产生的线上层级作为网络用户分化的标准，并将关注角度从个体用户与圈层之间的“相似性”之现象拓展至圈层与圈层之间“相似距离”之现象，重在探究使用度这一线上层级对用户相似机制的影响机理，加强对网络社会层级同质化和流动性的研究和理解。

## 一、理论回顾与问题提出

在社交网络的研究中，研究者通常认为人们在构建社会网络连接关系时具有同质化趋势。布劳(Peter Michael Blau)的接近性假设认为，人们更多与自己所属的群体或者相同社会阶层中的成员交往，相同社会位置处境的人们有着共同的社会角色、社会经验以及相似的属性和态度，这些都将促进他们之间的交往关系[1]。一个人的态度和信念与他人越相似，被他人吸引的可能性越大[2]。网络社会在很大程度上映射着现实社会，具有同质性的受众往往被视为存在于同一圈层之中。彭兰认为，“圈层化”既包括“圈子化”，也包括“层级化”，关系、文化和技术三种力量共同推动了网络的圈子化，圈子成员的利益诉求、文化特征或行为模式等会有相似之处，而网络中的“层”是社会阶层和网络层级分化交织作用的结果[3]。有研究认为，社交媒体的有效传播中，传受关系并不是发散态的，而是存在着依据于其线上

[1] 彼得·布劳：《不平等和异质性》，王春光、谢圣赞译，中国社会科学出版社，1991年，第57-59页。

[2] Montoya R M, Horton R S, Kirchner J:“Is actual similarity necessary for attraction? A meta-analysis of actual and perceived similarity”, *Journal of Social and Personal Relationships*, 2008(25), pp. 889-922.

[3] 彭兰：《网络社会的层级化：现实阶层与虚拟层级的交织》，《现代传播(中国传媒大学学报)》2020年第3期，第9-15页。

粉丝数、发帖活跃度、主动交互性等线上话语层级而显现的圈层化区隔与分化[1]。同时,传者和受者倾向于在相同或相似"影响力层级"间进行传播,形成趋同和趋近的"影响力流动圈"[2]。社交媒体用户的这种趋同性,在实证研究中也得到了印证。有研究者通过500万Facebook用户数据证明,推测社交媒体用户的喜好除了可以通过用户自身行为进行判断之外,还可以通过其关注关系用户判断,此判断准确性为74%[3]。

互联网群体圈层的划分不仅意味着人群的圈子化、同质性,也意味着社交媒体中存在明显的层级化。我们不仅要单方面注重形塑网络层级的因素对于用户产生了何种分化效应,也要关注到这些层级分化是否影响用户相似结构,这在以往的研究中是易被忽视且未得到充分挖掘和检验的领域。何塞克认为,情感趋同有助于社会分层结构的构建。通过对趋同模式分级,可以间接实现对社会结构分层[4]。也就是说,社交网络的层级结构与趋同模式存在一定的关联。而在关注关系中,研究者们往往强调关注者和被关注者在行为、兴趣、观念等方面的相互影响,而鲜有考察这些影响因素如何作用于两者的相似化。例如,赵高辉指出,微博关注者和被关注者之间存在一种"精神"的在场沟通和想象的互动过程,关注对象作为一种示范融入了微博用户的社会化过程,而他人的关注也会形塑甚至制约着博主的言论内容[5]。赵长宽等基于互动关系将博客好友分为一般朋友和密友,发现频繁互动的密友之间,其行为模式相似程度很高,并通过彼此的互动实现了信息的传递和影响力的传播[6]。在关注关系网络既有的同质性基础上,线上层级对用户同质结构是否产生以及产生何种作用,相关的理论和实证研究仍较为匮乏。

---

[1] 徐翔、阳恬:《社交媒体"话语分层"现象与机制——基于新浪微博的实证分析》,《新媒体与社会》2018年第2期,第164-180页。

[2] 徐翔:《社交媒体传播中的"影响力圈层"效应——基于媒体样本的实证挖掘与分析》,《同济大学学报(社会科学版)》2017年第3期,第48-58页。

[3] Mohammad A A, Reza Z, Jiliang T and Huan L:"Am I more similar to my followers or followees? analyzing homophily effect in directed social networks", In Proceedings of the 25th ACM Conference on Hypertext and Social Media (HT '14), New York: Association for Computing Machinery, 2014, pp. 200-205.

[4] 何赛克:《社会媒体中的情感趋同现象建模与分析》,博士学位论文,中国科学院大学,2015年,第1页。

[5] 赵高辉:《圈子、想象与语境消解:微博人际传播探析》,《新闻记者》2013年第5期,第66-71页。

[6] 赵长宽、李封、徐彬、张昱:《博客好友互动行为相似性研究》,《计算机工程与应用》2014第6期,第1-6页。

基于上述认知和视角，不同于互联网“分众”“圈子”等概念和现象，社交媒体“相似化圈层”的特征阐释主要从如下方面加以重视和强调。

其一，社交媒体“相似化圈层”不是基于线下身份、社会经济地位或好友之间的强关系、弱关系连接等社会属性的层级划分，而是基于线上用户之间的影响力、交互度和活跃性等社交媒体使用程度等级的线上维度层级划分。彭兰认为，圈层化效果的产生，源于多元的连接、高强度的互动，以“同温层”的形式体现，即兴趣、立场、价值取向相似的人们会寻求某种“心理共同体”的庇护[1]。麦弗逊（Miller McPherson）等人所指出的社会网络中的同质性是人们倾向于和那些与自己相似的人建立联系[2]。以往社交媒体中的圈层形塑研究，多关注于线下关系的紧密程度或实体因素的差异，而缺乏对社交媒体“线上层级”这一维度的重视。可以说，社交媒体使用度形成的线上层级作为一种潜在的鸿沟，形塑和制约着用户之间的层级化和同质化。郑欣、朱沁怡以青少年群体为研究对象，发现青少年日常生活中的网络语言圈层化传播存在以兴趣与情感建立圈层关系、“圈层化”交往还原日常生活、重构网络虚拟社会中的“亲密关系”等特征[3]。即我们不否认基于现实社会因素对“相似化圈层”信息流动秩序产生的影响，但我们需关注的是线上被重构的网络关注关系部分还包含基于因为网络社交关系而产生的新的“传—受”关系。

其二，社交媒体“相似化圈层”不是指向社会学意义上的“圈子”伦理或“熟人社会”的群体架构，而是基于网络性的，甚至伴有不同程度匿名性、准虚拟性的交互关系。彭兰认为，互联网不同时期的不同连接模式，在演变中存在着远距离与近距离、匿名与实名、强关系与弱关系等关系的摇摆[4]。陈强、徐晓林基于这种特殊的交互关系，提出了虚拟社会信息获取、虚拟社会信息利用等八种虚拟社会分层的划分方式[5]。尤其是对社交媒体的使用，为用户间的趋同化和区隔性提供生态基础。南希·拜厄姆（Nancy K. Baym）认为，网民使用社交媒体实则是在为自己创

[1] 彭兰：《连接与反连接：互联网法则的摇摆》，《国际新闻界》2019年第2期，第20－37页。

[2] McPherson M, Smith-Lovin L and Cook J M：“Birds of a feather：homophily in social networks”，*Annual Review of Sociology*，2001，27，pp. 415－444.

[3] 郑欣、朱沁怡：《“人以圈居”：青少年网络语言的圈层化传播研究》，《新闻界》2019年第7期，第25－36页。

[4] 彭兰：《网络社会的层级化：现实阶层与虚拟层级的交织》，《现代传播（中国传媒大学学报）》2020年第42卷3期，第9－15页。

[5] 陈强、徐晓林：《虚拟社会分层：动因、维度与趋势》，《情报杂志》2015年第7期，第206－211页。

造身份、建立人际关系、搭建社交语境。在这个过程中，交往有意无意地制造一些符号留下社交线索(social clue)，即社交线索是相似性形成的“数据”基础[1]。付森会提出外部相似性(Who-similarity)、内部相似性(What-similarity)、时间同步性(When-similarity)和空间共享性(Where-similarity)的“4W”维度，指向社交媒体受众间不同的相似化机制[2]。社交媒体必然和社会圈子与社会群体构成的互动关系密切相关，但对于社交媒体“相似化圈层”的探讨，是聚焦于网络技术基础上的、线上的互动格局和用户线上圈子分化模式的相似化圈层差异。

其三，社交媒体“相似化圈层”不是聚焦于某一使用度层级关注者与被关注者是否以及如何具有相似性，而着重于关注关系中不同层级用户之间的“相似距离”。相似性关系发生在社交媒体关注关系对之中，同时也可能会在“相似距离”层面上产生差异。有学者认为圈层及其趋同性之间是动态聚合的。如郑欣、朱沁怡认为，当下自媒体时代赋予了圈层个体不同的网络虚拟身份，通过在不同圈层、不同场合赋予自身“新角色”，带动了圈层间的互动聚合[3]。蒋嶷川在考察多 Agent 的群体行为时提出，多 Agent 与多 Agent 之间大规模策略的渗透导致的趋同称为扩散趋同，其中非平滑扩散趋同中不同的 Agent 具有不同的趋同能力，社会地位或凸显度高的 Agent 聚集度高于普通 Agent[4]。对于网络主体间同质性的研究并不少见，但社交媒体关注网络中的这种趋同性具有怎样的分布规律和阈值，以及如何动态地形成“相似距离”的区隔，这一点在已有研究中还未被广泛关注和证明。

本文提出的“相似化圈层”，并不只是对社交媒体中同质化现象的描述和检验，而是对微博“关注—被关注”模式的整体用户生态中所涉及的更深层次的媒介动因和社会文化结构作出进一步的理论拓展和延伸。观点动力学中的 Deffuant 模型[5]基于

---

[1] 南希·拜厄姆：《交往在云端：数字时代的人际关系》，董晨宇、唐悦哲译，中国人民大学出版社，2019 年，第 67、125 - 128 页。

[2] 付森会：《社交媒体中的友谊：相似性机制与情感传播逻辑》，《福建师范大学学报(哲学社会科学版)》2020 年第 2 期，第 131 - 139 页。

[3] 郑欣、朱沁怡：《“人以圈居”：青少年网络语言的圈层化传播研究》，《新闻界》2019 年第 7 期，第 25 - 36 页。

[4] 蒋嶷川：《多 Agent 群体行为中的扩散趋同综述》，《模式识别与人工智能》2009 年第 6 期，第 877 - 883 页。

[5] Gérard W, Guillaume D, Frederic A, Jean P N: “Interacting agents and continuous opinions dynamics”, *Working Papers*, 2001, 521(3), pp. 225 - 242.

个体交互提出群体观点演化模式，即个体观点差异小于某一阈值时会发生交互行为，否则将不会产生；在对模型的仿真实验中，阈值取值高于 0.5 时，群体中观点的一致程度越高，反之则会逐渐分化成多个意见团体[1]。这一模型主要考察的是现实群体人际交互的意见距离，体现的是观点交互中“道不同不相为谋”和“近朱者赤”的现象，而未展现出网络社交媒体中更深层次的用户交互机制及阈值变化规律，这种规律是不局限于意见信息的演化而在用户这一信息主体层面上的趋近或趋同。

线上个体的交互，比如微博中的关注机制，是通过社交媒体等平台产生的非直接接触式、不深入的交互方式，是基于他人做出反应并依此修正自己的观点，本质上更倾向于个体对他人的一种参照行为[2]。在这个过程中，社交媒体使用带来的影响力、交互度、活跃性等个人属性，会影响线上个体的交互感知以及参照行为。在此认知下，可以进一步探究，社交媒体用户之间要发生关注这样的交互反应，是否更多基于这些线上因素所形成的“门槛”。这种门槛值并不是固定的，而是随着社交媒体使用程度的提升而变高，并产生越来越快的收敛速度，进而在整体用户生态中呈现有序的相似性分化格局。在这样的语境下，社交媒体用户交互对象的选择和交互行为将更多发生在特定圈层中，一定程度上带来话语流动和社会文化生产的窄化。

由此提出本文的研究问题：

RQ1　社交媒体用户的趋同性具有怎样的分布规律？

RQ2　社交媒体使用度层级是否以及如何影响用户的趋同机制？

## 二、研究设计与实证方法

本文通过对大规模新浪微博样本的实证分析，明确提出微博使用度产生的线上层级与用户“相似化圈层”的形成具有显著的相关性。微博原关注用户和被关注

---

[1] Manuel P, Raul T, Emilio H-G: “Noisy continuous-opinion dynamics”, *Journal of Statistical Mechanics Theory & Experiment*, 2009(8), pp. 1 - 18.

[2] 张伟、何明升、白淑英、金蕊：《基于 Weisbuch-Deffuant 模型的网络舆论演化模式研究》，《情报杂志》2013 年第 7 期，第 43 - 48 页。

用户之间的趋同化并非偶然和随机的，而是随着用户使用度从低到高的层级差异而显示出规律的变化和特征，越是高使用度用户，他们之间的相似化程度越高。

### (一) 研究假设

本文中考察的社交媒体使用度，指的是用户在微博中进行信息接收与理解、话语交互与表达、获取和施加影响力等的程度，具体从三个方面考察：其一是用户的信息获取程度，以该微博用户的关注用户数来表示，尽管关注用户并非新浪微博中唯一信息获取方式，但关注用户数是反映其信息接收与理解程度的最重要标度之一；其二是用户的内容生产程度，用发博数衡量其在社交媒体平台表达的活跃度、深度参与程度；其三是用户影响力参与的程度，用粉丝数衡量用户的影响力，粉丝量的积累过程也是衡量反映社交媒体的使用度的重要指标之一。关注数、发博数和粉丝数分别作为社交媒体使用度的衡量维度对其作出反馈。用户之间相似度则由个人简介(签名档)的相似度来衡量。签名档是用户自行填写表现自身个性态度、身份地位等的文本信息，一定程度上能够反映用户的形象。周浩波等通过分析签名档文本在言语行为、“自我”程度和被关注程度上的特点，指出签名档的类型与使用者的自身属性(交际方式、性格、性别)显著相关，是使用者的一种个性标识[1]。因此本文将用户个人签名档作为判断用户相似度的基础具有合理性和可信度。

在此基础上，本文的三个子假设分别如下：

H1　新浪微博中，原关注者的使用度层级越高，则原关注者和被关注者的相似度越高；

H2　新浪微博中，原关注者与被关注者的使用度层级差距越小，两者相似度越高；

H3　新浪微博中，原关注者与被关注者的累计使用度层级越高，两者相似度越高。

### (二) 研究过程

本文研究的具体实证步骤如下：首先，抓取新浪微博上的数百万关注者和被

[1] 周浩波、冯诚、裘皓萍：《多维度解读签名档类型的文本分析——网络传播中即时通讯工具签名档研究初探之二》，《新闻传播》2010年第4期，第105－106页。

关注者组成的关注对及其个人签名档等信息，进行必要的清洗和处理。其次，对每对关注用户的个人简介进行语义相似度的计算。最后，通过 SPSS 验证个人简介的相似度与使用度测量指标之间是否存在显著关系，考察用户“相似化圈层”的结构和特征。

在数据抓取上，运用开源网络文本抓取工具“八爪鱼采集器”采集原关注者用户信息，通过 python 编程语言编写的程序从其对应的关注页名单中随机抓取一个被关注者，与原关注者构成一一对应的关注对。对这些关注对的个人签名档、粉丝数、微博数、关注数信息分别进行采集，采集时间集中于 2020 年 2 月至 2020 年 3 月。然后，对抓取到的数据进行必要的清洗与整理，即剔除信息不全、信息缺失(签名档为空)及非用户自主填写(签名档为系统自动填充字符)等关注对数据，最终采用 3 743 153 对关注关系作为研究基础数据。

在个人简介语义相似度的计算中，采用余弦距离这一常用指标。余弦距离指两个 $n$ 维点之间夹角的余弦值 $\cos\theta$，取值范围为[$-1,1$]，夹角余弦值越大，表示两向量的夹角越大。其计算公式为：

$$\cos\theta = \frac{\sum_{k=1}^{n} x_{1k}x_{2k}}{\sqrt{\sum_{k=1}^{n} x_{1k}^2}\sqrt{\sum_{k=1}^{n} x_{2k}^2}} \tag{1}$$

原关注者和被关注者个人简介文本构成的向量间的余弦距离，可以反映两者之间相似度的大小。该值越大，表明两者相似度越高。每对关注对相似程度的计算通过 Word2vec 将原关注者和被关注者的个人简介文本分别转化为向量坐标，计算坐标之间的余弦距离得出。

最终，将全部数据导入 SPSS 分析。将原关注者的三个使用度指标，即关注数、发博数和粉丝数全部等频分为 50 个用户层。用社会学意义上的分层、分组研究来替换对完全的个体的审视，目的是增强层内用户的共同特征，减少个体的过大扰动“噪声”和随机波动。进行层级转换后，用每层用户关注数、微博数、粉丝数和余弦相似度的均值作为分层后的各指标值，在此基础上，进行 Pearson(皮尔逊)与 Spearman(斯皮尔曼)相关系数的相关性检验，以此判断社交媒体使用度形成的线上层级对用户“相似化圈层”的关联性和影响。

## 三、原关注者的使用度指标与简介余弦相似度的关联性分析

本节对应子假设 H1，即新浪微博中，原关注者的使用度层级越高，则原关注者和被关注者的相似度越高。使用度层级具体而言可以转化为三个方面，即微博数、粉丝数、关注数。换言之，子假设 H1 可以转化为新浪微博中原关注者微博数、粉丝数、关注数三个指标，层级分别越高，原关注者和被关注者的相似度越高。针对上述三方面，分别考察三个指标下不同使用度层级与简介余弦相似度的相关性。

经由 SPSS 生成“原关注者社交媒体使用度层级—简介余弦相似度均值”关系图（图 1），行标题表示原关注者的使用度层级数，从左至右分别为原关注者关注数、微博数、粉丝数；列标题表示相应层级简介余弦相似度均值。从图 1 走向可以看出，在 50 个层级上的分布上，原关注者关注数、微博数、粉丝数层级越高，其简介余弦相似度均有上升趋势，并且两者之间存在较为明显的线性关系。

在具体的相关性检验中，Pearson 和 Spearman（表 1）相关性结果显示，原关注者关注数、微博数和粉丝数层级均值与简介余弦相似度的层级均值均呈现显著的正相关性（$p<0.01$），且达到接近于 1 的正相关系数。这表明，新浪微博中关注用户数、发布微博数、粉丝数越多的用户，与其所关注的用户在简介上的余弦相似度越高。

因此，本节可得出结论：使用度层级越高的用户，与其所关注的用户相似程度越高。可以看到，就个人属性而言，高使用度用户并非独树一帜、个性化的个体，而是更倾向于接触与自己相似的其他用户，他们之间的聚集密度更大；而低使用度用户也并不是我们所认为的芸芸众生和无个性的群盲，反而更容易成为个性化、远离其他用户的“奇特分子”，随着使用度层级降低，用户之间的聚集程度有越来越稀疏的趋势。

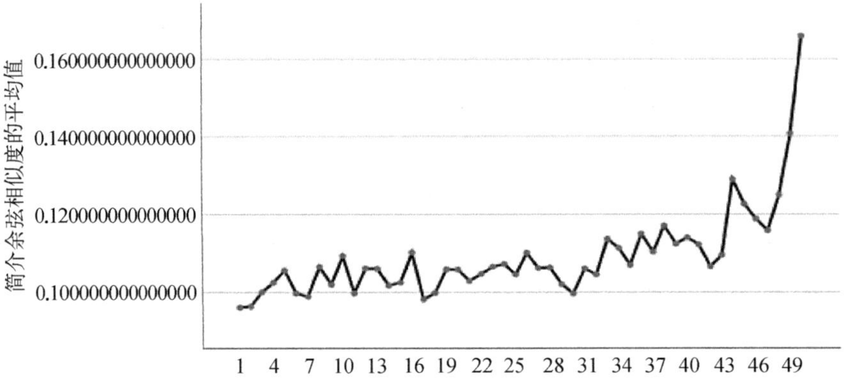


a. “原关注者的关注数—简介余弦相似度均值”关系图

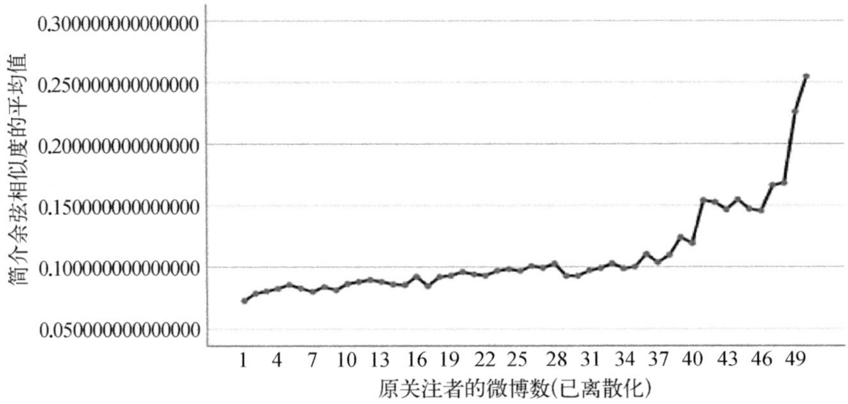


b. “原关注者的微博数—简介余弦相似度均值”关系图

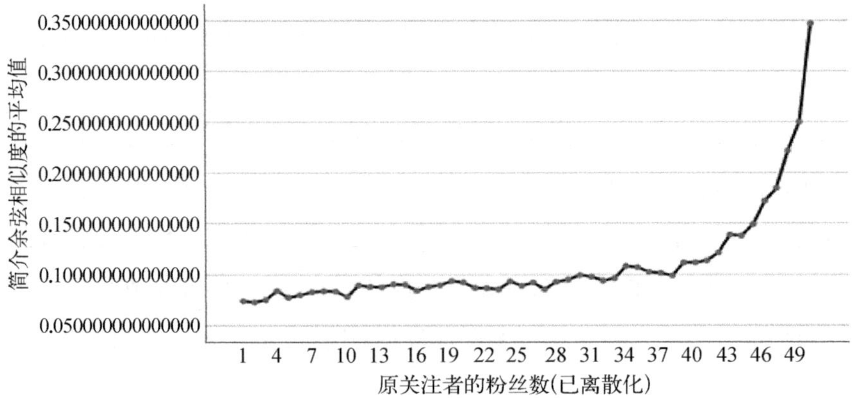


c. “原关注者的粉丝数—简介余弦相似度均值”关系图

图 1 “原关注者社交媒体使用度层级—简介余弦相似度均值”关系图

表 1　原关注者使用度层级与简介余弦相似度的相关性分析

| 相关性分析 | | 原关注者关注数层级均值 | 原关注者微博数层级均值 | 原关注者粉丝数层级均值 |
|---|---|---|---|---|
| 余弦相似度层级均值 | Pearson 相关系数 | 0.934** | 0.895** | 0.710** |
| | 显著性(双尾) | 0.000 | 0.000 | 0.000 |
| | $N$ | 50 | 50 | 50 |
| | Spearman 相关系数 | 0.804** | 0.967** | 0.952** |
| | 显著性(双尾) | 0.000 | 0.000 | 0.000 |
| | $N$ | 50 | 50 | 50 |

注：** 表示在 0.01 水平(双尾)上显著相关；$N$ 表示参与分析的样本总数。

## 四、使用度层级差距与简介余弦相似度的关联性分析

本节针对的是子假设 H2，即新浪微博中，原关注者与被关注者的使用度层级差距越小，两者相似度越高。原关注者与被关注者两者的使用度差距可以由使用度层级之差的绝对值代表，例如层级 32 和层级 36 的用户之间的层级差为(32—36)的绝对值 4，绝对值越大，反映两者使用度差距越大。同时将计算出的使用度层级差距指标等频分为 50 个用户层进行相关性检验。

经由 SPSS 生成“原关注者与被关注者社交媒体使用度差距等级—简介余弦相似度均值”关系图(图 2)，行标题表示原关注者与被关注者的使用度层级差距，从左至右分别为关注数、微博数和粉丝数；列标题表示简介余弦相似度均值。从散点图走向可以看出，在 50 个层级上的分布上，关注数和发微博数层级的差距越大，其简介余弦相似度有减小的趋势。粉丝数层级差距大小与其简介余弦相似度则无明显的线性关系。

在具体的相关性检验中，Pearson 和 Spearman(表 2)相关性结果显示，原关注者与被关注者的关注数和微博数层级均值差距都与余弦相似度层级均值呈现显著

a. “原关注者与被关注者的关注数等级abs—简介余弦相似度均值”关系图

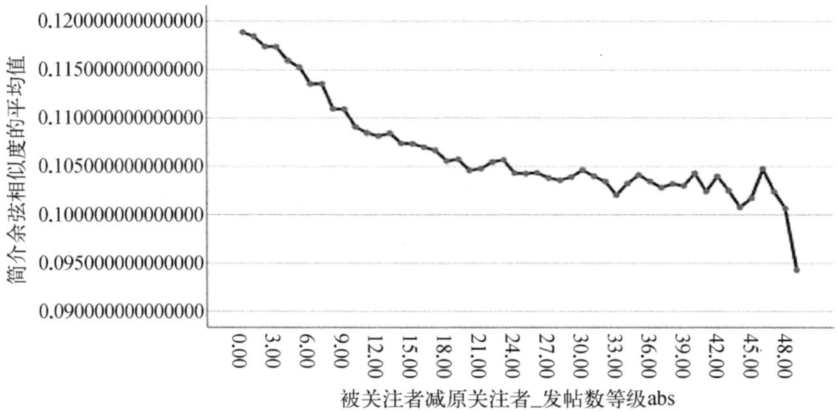


b. “原关注者与被关注者的发帖数等级abs—简介余弦相似度均值”关系图

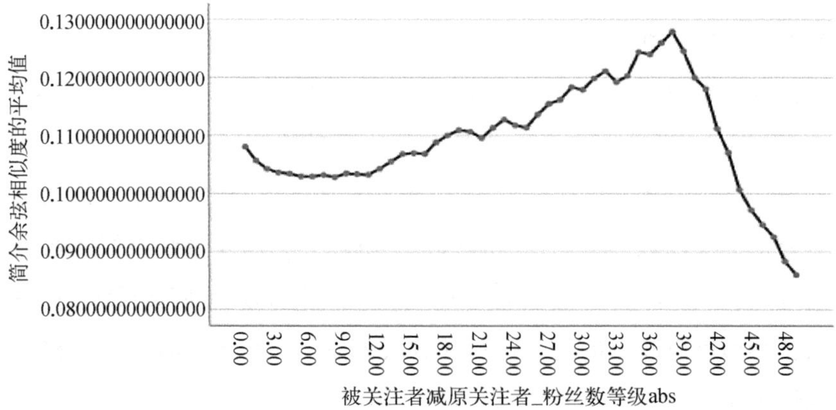


c. “原关注者与被关注者的粉丝数等级abs—简介余弦相似度均值”关系图

图 2 “原关注者与被关注者社交媒体使用度层级差距—简介余弦相似度均值”关系图

的负相关性（$p<0.01$），且达到接近于 1 的正相关系数。这表明，新浪微博中关注数和微博数差距越小的原关注者和被关注者关系对，两者之间简介的余弦相似度越高。而粉丝数层级差距与简介余弦相似度均值无显著相关性，未通过相关性检验。

表 2　原关注者使用度层级差距与简介余弦相似度的相关性分析

| 相关性分析 | | 原关注者关注数层级之差绝对值均值 | 原关注者微博数层级之差绝对值均值 | 原关注者粉丝数层级之差绝对值均值 |
|---|---|---|---|---|
| 余弦相似度层级均值 | Pearson 相关系数 | −0.791** | −0.887** | 0.139 |
| | 显著性（双尾） | 0.000 | 0.000 | 0.334 |
| | *N* | 50 | 50 | 50 |
| | Spearman 相关系数 | −0.833** | −0.940** | 0.262 |
| | 显著性（双尾） | 0.000 | 0.000 | 0.066 |
| | *N* | 50 | 50 | 50 |

注：** 表示在 0.01 水平（双尾）上显著相关；*N* 表示参与分析的样本总数。

因此，关注者和被关注者的关注数、发微博数层级越接近，两者越相似；反之，层级的差距越大，则两者越不相似。换言之，这两个使用度指标层级越趋近的用户之间，更容易产生交互或参照作用，其传播行为也更容易提升关注关系的吸引力和亲密度，而关注者和被关注者的粉丝数与相似度之间无明显规律。

## 五、累计使用度层级与简介余弦相似度的关联性分析

本节针对的是子假设 H3，即新浪微博中，原关注者与被关注者的累计使用度层级越高，两者相似度越高。原关注者和被关注者使用度层级之和可以衡量原关注者与被关注者整体的累计使用度，原关注者和被关注者使用度层级之和越大，反映该关注关系对整体对于新浪微博的使用程度越高。同时将计算出的累计使用度层级指标等频分为 99 个用户层。

经由 SPSS 生成“原关注者与被关注者社交媒体累计使用度层级—简介余弦

相似度均值”关系散点图(图 3),行标题表示原关注者与被关注者的累计使用度层级,从左至右分别为关注数、微博数和粉丝数;列标题表示简介余弦相似度均值。从散点图走向可以看出,在 99 个层级上的分布上,原关注者和被关注者的关注数、微博数、粉丝数层级之和越高,其简介余弦相似度越高。

在具体的相关性检验中,Pearson 和 Spearman 相关性结果(表 3)显示,原关注者关注数、微博数、粉丝数层级之和的均值与余弦相似度层级均值均呈现显著的正相关性($p<0.01$)。这表明,新浪微博中整体关注数、整体微博数、整体粉丝数越多的原关注者和被关注者关系对,即新浪微博中累计使用程度越高的原关注者和被关注者关系对,两者的简介余弦相似度越高。

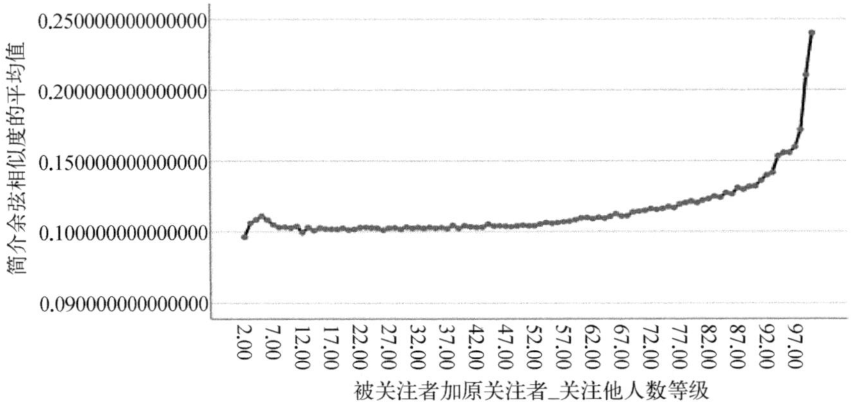


a.“原关注者与被关注者关注他人数等级—简介余弦相似度均值”关系图

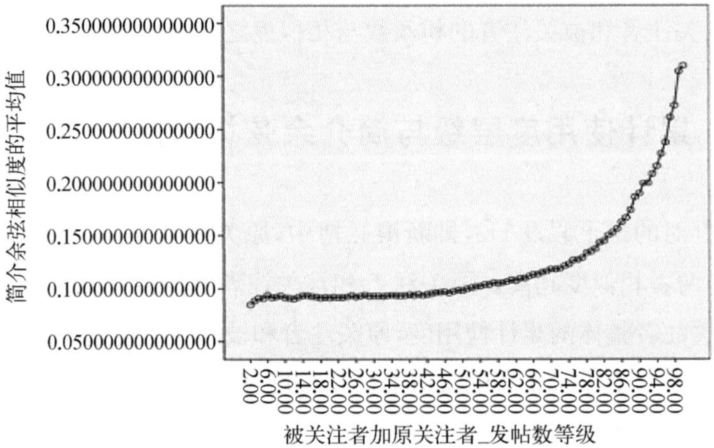


b.“原关注者与被关注者关发帖数等级—简介余弦相似度均值”关系图

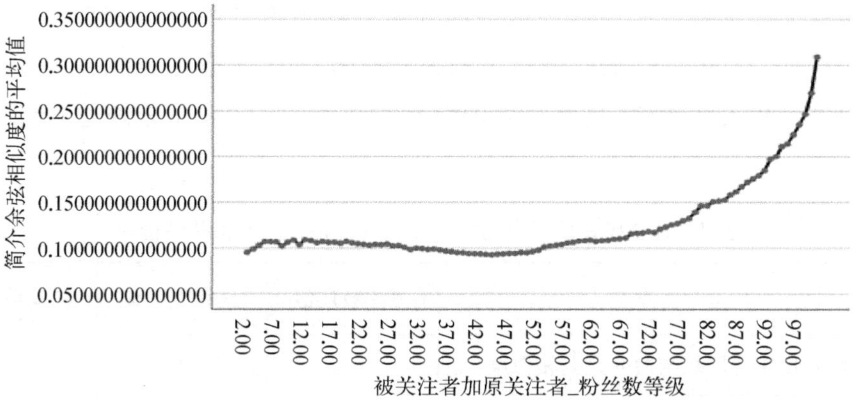


c. “原关注者与被关注者粉丝数等级—简介余弦相似度均值”关系图

图 3 “原关注者与被关注者社交媒体累计使用度层级—简介余弦相似度均值”关系图

表 3 原关注者累计使用度层级与简介余弦相似度的相关性分析

| 相关性分析 | | 原关注者关注数层级之和均值 | 原关注者微博数层级之和均值 | 原关注者粉丝数层级之和均值 |
|---|---|---|---|---|
| 余弦相似度层级均值 | Pearson 相关系数 | 0.694** | 0.777** | 0.720** |
| | 显著性(双尾) | 0.000 | 0.000 | 0.000 |
| | *N* | 99 | 99 | 99 |
| | Spearman 相关系数 | 0.874** | 0.979** | 0.693** |
| | 显著性(双尾) | 0.000 | 0.000 | 0.000 |
| | *N* | 99 | 99 | 99 |

注：** 表示在 0.01 水平(双尾)上显著相关；*N* 表示参与分析的样本总数。

因此，原关注者与被关注者的累计使用度层级越高，两者越相似；反之，则两者越不相似。换言之，整体使用度高的两两用户之间更容易产生趋似化作用，进一步验证了中心假设。

## 六、结　　语

综合以上对原关注者使用度层级、关注者和被关注者使用度层级差距、关注者和被关注者累计使用度层级与简介余弦相似度的相关性分析，整体结果如表 4 所示。其中“＋”表示通过了相关性检验、具有显著的正相关关系，“－”表示通过了相关性检验、具有显著的负相关关系，“×”表示未通过，不具有相关性。

表 4　社交媒体使用度指标与简介余弦相似度的相关性检验

| 类　　型 | 关注数层级 | 微博数层级 | 粉丝数层级 |
|---|---|---|---|
| 原关注者使用度层级与简介余弦相似度 | ＋ | ＋ | ＋ |
| 使用度层级差距与简介余弦相似度 | － | － | × |
| 累计使用度层级与简介余弦相似度 | ＋ | ＋ | ＋ |

可以看到，几乎所有的检验都获得通过，分析结果与假设符合情况良好。即使唯一一个未通过检验的指标，即粉丝数层级差距与简介余弦相似度的检验：一方面，从图 3 可见，粉丝数层级差距与简介余弦相似度并非完全散乱分布，在层级 39 及以上的高粉丝数用户中呈现明显的下降趋势，与假设趋势相符；另一方面，在该子假设中其他指标的检验结果很好，可以忽略此项的不利检验结果。即便该项检验未通过，本文对相似化圈层效应的假设主要仍是基于子假设 H1 个体维度使用度指标的检验分析和审视，其他子假设中通过的指标，起到增强对假设的印证和支撑效力的作用。

总体而言，本文基于新浪微博三个具有重要性和代表性的使用度指标（关注数、粉丝数、微博数）及关注关系对两者差距和累计值，对其与简介余弦相似度的关系进行分析考察，计算检验了社交媒体使用度与用户“相似化圈层”的效应。结果显示，用户之间的趋似化形成圈层：越是高使用度用户，越倾向于接触和关注层级相近的用户，越容易产生交互和趋似反应，他们之间的“相似化圈层”就越稠密；而越是低使用度的用户，反而越具个性、越远离其他用户，越不容易产生交互反应，他们之间相互趋似的圈层越是稀疏。社交媒体使用度主导的用户“相似化圈层”效应是存在且显著的。

本文基于微博样本的实证分析，对“关注—被关注”模式中用户的相似化圈层予以了实证支持，对传播学理论和实践问题具有一定启发意义。

第一，基于Deffuant模型的微博用户趋同作用机制。“相似化圈层”描画了一种基于用户交互产生趋同化的新的作用方向和模式，具体表现在用户发生关注和被关注这样的社会关系所基于的阈值和收敛结果，这一阈值变化与用户的媒介使用有着显著的关联。越是高使用度的用户，他们越容易与其所关注的用户产生交互作用，相似化的程度越高；而较低使用度的用户，和所关注的用户之间则表现出较大的差异化和多样化。随着使用度的从低到高，用户与其所关注用户的相似度从低到高有规律地变化，反映了不同使用度层级用户交互范围的差异。因此，“相似化圈层”揭示了在微博关注这种互动路径背后隐在的社交媒体区隔和作用机制，是对Deffuant模型在网络空间的一种延伸和推进。

第二，在线社会线上层级发展的窄化趋势的加深。在以微博为例的社交媒体平台之中，用户同时具有“粉丝”(原关注者)与“偶像”(被关注者)的双重属性。“相似化圈层”的实证结果表明，针对社交媒体用户的“粉丝”属性，表现为用户使用度层级越高，越趋向于关注和自己更相似的人。针对社交媒体用户的“偶像”属性，即表现为用户使用程度越高，越倾向于“圈粉”处于高使用度圈层的用户。具体而言，对于微博中高粉丝数的大V用户而言，他们并非能够吸引到较大范围内不同类型的追随者，而是越来越集中在对某一使用度层级范围内的用户产生吸引作用；随着使用程度提升，他们在吸纳多样性的社会群体受众方面却表现出越来越弱的能力。由此看来，用户之间的交互反应或参照行为仅仅局限在相对高使用度的圈层内。这种趋似化带来的是在线社会线上层级中的壁垒收窄，形成了网络群体中的“茧房”。“相似化圈层”的“茧房”作用不同于传统信息茧房，其表现不局限于个体信息的封闭化与窄化，而是拓展至群体视角，将个体浸入集体茧房的信息环境。在这样的信息环境中，“相似化圈层”集体茧房因存在共有的相似化特性，推动了窄化后的信息传播加速，即定向圈层扩散过程。从此点出发，可以拓展考察这种传播生态下以“信疫”(Infodemic)为代表的互联网交流网络在窄化圈层间的长程传播。

第三，社会群体的窄化和社会文化的趋同化生产。“相似化圈层”的实证结果表明，伴随社交媒体使用度的增加，关注者和被关注者之间的相似程度更为彰显。在这样的关注机制中，媒介不仅是信息传递的渠道，而且凸显了强大的整合效应。社交媒体使用度的提高，增强了社交线索呈现自我和想象他人的能力，用户因线上形象收到反馈(如被粉、被转、被点赞、被评论等)后发送更多类似信息对其线上形象进行趋似化调整的诸多行为也随之增加。这种作用如涟漪式扩散，直至最终消失，涟漪内部呈现同质属性，涟漪消失处可以理解为相似性圈层最大作用之边界。因而看似多样、多元的微博公共领域中，社会群体在媒介的使用中反而呈现越来越窄化的趋势。与此相关联，网络的社会文化在这种趋同化生产中的内聚程度也会逐渐加深，向同一群体或同一方向传递。这种表现在粉丝文化中尤为突出：粉丝社群内部通过情感维系，以约定好的内部语言、行为体系在自己的“回声室”内进行活动，本身已具有高度的行动同质性。在“相似化圈层”的作用下，偶像社会中粉丝社群对自家偶像的定义评价、意义的生产传播等也局限在自组织的话语空间中，一定程度上造成粉丝“圈内”狂欢、偶像难“出圈”，显现出偶像社会的窄化。

“相似化圈层”所揭示的群体趋似化规律，一定程度上揭示了社会群体和文化生产窄化的媒介内因。这就要求我们要从社交网络关注机制入手，寻找圈层间的共同特性、再造圈层内的信息生态。同时重视开放对话的重要性，警惕技术赋能下个性推荐算法操纵的个人内容选择过程，从而打破流瀑效应下的社会传导。对于社交媒体研究而言，要充分重视社交媒体使用度的线上层级可能形成的区隔，以及这种结构背景下的话语流动有效性和传播规律，以加深对网络舆论同质性演化的认识，从而采取针对性的措施予以引导。

# 计算、智能与网络舆情挖掘

# “新型冠状病毒疫苗”媒体报道的情绪表达与话语建构

## ——基于情感与潜语义网络的时序演化分析

卞　清　时　伟*

**摘要**：新型冠状病毒疫苗成为疫情期间新闻媒体关注的长效热点话题之一。本文以新型冠状病毒疫苗媒体报道为研究对象，利用情感分析和 Word2vec 词向量模型，构建基于情感类型划分的和基于时序演化的新型冠状病毒疫苗媒体报道潜语义网络并分析其特征。结果发现，媒体报道中的新型冠状病毒疫苗话语议程呈现多元化特色，基于不同情绪类型的话语建构除了向公众传达疫苗本身的相关信息外，还有着丰富的情绪化的“弦外之音”；围绕“新型冠状病毒疫苗”本身的讨论在新闻媒体的报道中则经历了一个从边缘到中心的转移过程。

**关键词**：新型冠状病毒疫苗；情感分析；潜语义网络；议程设置；话语建构

## 一、引　　言

新冠疫情自暴发以来，有关“新型冠状病毒疫苗”的话题一直是全社会共同关注的热点之一。新型冠状病毒疫苗的研发与上市为消除新冠疫情的不确定性起到了极大的推动作用，有助于缓解社会公众对于疫情的恐慌情绪。一般情况下，一株成熟的疫苗从研发到上市需要经历数年的研发过程，但是新冠疫情的严峻性、紧迫性和反复性使得疫苗的研发与上市刻不容缓，因此必须加快疫苗的研制进程。在

* 卞清，同济大学艺术与传媒学院副教授；时伟，同济大学艺术与传媒学院硕士研究生。

这一形势下，围绕着新型冠状病毒疫苗的研发进程、上市预期、具体价格、接种安排以及其安全性和有效性等话题成为媒体报道与公众舆论关注的长效热点。不仅如此，新型冠状病毒疫苗的研发过程也暗含了"大国竞争"的色彩，"抢跑""竞赛""疫苗民族主义"等政治性话语成为新型冠状病毒疫苗的特色标签。《人民日报》《光明日报》《经济日报》等主流媒体均曾发文批驳将新型冠状病毒疫苗这一全球公共产品看作大国角力的工具的观点。由此可见，围绕着新型冠状病毒疫苗所展开的科学性、社会性和政治性的讨论都赋予了其与其他疫苗不同的鲜明特征。如此看来，识别媒体报道中新型冠状病毒疫苗的身份定位，厘清其情绪表达与话语建构方式，对于媒体合理报道新型冠状病毒疫苗相关信息与公众正确认知新型冠状病毒疫苗都有着十分重要的意义。

本文将有关新冠肺炎疫情的讨论下沉到"新型冠状病毒疫苗"这一实体之上，利用计算传播学的研究方法，分析以报纸为代表的新闻媒体在有关新型冠状病毒疫苗报道中的情绪表达与话语建构。具体来讲，借助 Word2vec 词向量模型建构基于上下文的潜在语义拓扑网络，然后利用情感分析方法对新闻语料进行情感分类，分析其基于情绪类型划分的话语网络特征与议题结构；并且从时序上分析其情绪与语义的动态演化特征；最终总结出新闻媒体在报道新型冠状病毒疫苗时的情感、议题与话语结构特征，并就新闻媒体如何做好新型冠状病毒疫苗报道提出建设性意见。

## 二、文献回顾与研究方法

### (一) 新闻文本的情感分析：计算传播学的路径

在新闻文本的事实性信息之外，还存在着新闻情感信息的表达[1]。这似乎与人们普遍认知的新闻"客观性"印象相悖。但是有学者指出，新闻情感是新闻的事实信息与新闻记者互动的产物，是主观性与客观性的有机统一，新闻作品中合理的情感表达有助于激发受众共鸣，达到良好的传播效果[2]。杨若文认为，新闻报道中的情绪是新闻情感中的"核心性信息"[1]。新闻文本中蕴含着的情绪词汇，为新

[1] 杨若文：《新闻情感信息的概念界定及特点分析》，《民办教育研究》2009 年第 10 期，第 62 - 67 页。
[2] 马琳：《论新闻情感》，《学术交流》2011 年第 3 期，第 143 - 144 页。

闻情感分析提供了便利。

利用计算传播学的方法对新闻情感进行分析,主要是指对新闻文本中所传达的不同情绪进行归类[1]。比如可以划分成积极、消极或中立,又如可以细化为喜爱、愤怒、厌恶、担忧等具体的情绪。在计算传播学领域,情感分析又被称为"情感挖掘""情感探测"等,利用情感分析的方法探究媒体或公众对于事件、话题等对象的态度已成为传播学研究的重要方向。已经有学者就疫苗议题中的情绪性信息语义网络建构进行分析,比如:Gloria J. Kang 等人通过构建和分析美国 Twitter 用户共享的网站上的疫苗信息语义网络,挖掘社交媒体上当前的疫苗情绪,了解公众对于疫苗犹豫的情感态度与议题结构[2];姚志臻、张斌、司湘云研究网络问答社区用户对于疫苗的情绪语义表达,了解其对待疫苗的态度[3];Jeanette B. Ruiz 和 George A. Barnett 选取了与 HPV 疫苗相关的积极、消极和中立语义的词条,并在谷歌搜索引擎上检索相关网站信息,探索 HPV 疫苗相关信息的在线网络呈现特征与概念共现关系[4]。这些研究的共同特点是以社会化媒体上的帖子内容为研究对象,缺少对于传统意义上的新闻媒体报道的关注。而针对传统媒体上疫苗报道的分析倾向于将"情感态度"作为内容分析的一个类目进行编码,统计比例并得出结论,但对不同情绪类型文本内部具体内容结构的研究有所欠缺[5-6]。杨秀侃、赵国新指出,新闻媒体的情绪不同于个体情绪与公众舆论情绪,它以事实为基础,在表达上有诸多限制,注重传播的时效性、语境与效果[7]。新型冠状病毒疫苗具有科学、政治与社会维度上的多重标签,同时是一个具有长期时效性的话题,本文

---

[1] Balahur A, Steinberger R, Kabadjov M, Zavarella V, van der Goot E, Halkia M, Pouliquen B & Belyaeva J: "Sentiment analysis in the news", Paper Presented at Proceedings of the Seventh International Conference on Language Resources and Evaluation(LREC'10), Valletta, Malta, 2010.

[2] Kang G J, Ewing-Nelson, S R, Mackey L, Schlitt J, Marathe A, Abbas K M, Swarup S: "Semantic network analysis of vaccine sentiment in online social media", *Vaccine*, 2017, 35, pp. 3621 - 3638.

[3] 姚志臻、张斌、司湘云:《基于网络问答社区的疫苗情绪语义网络分析》,《信息资源管理学报》2021 年第 1 期,第 70 - 79 页。

[4] Ruiz J B, Barnett G A: "Exploring the presentation of HPV information online: a semantic network analysis of websites", *Vaccine*, 2015, 33, pp. 3354 - 3359.

[5] 贺文迪:《香港 HPV 疫苗的新闻报道研究》,硕士学位论文,暨南大学,2017 年。

[6] Ruiz J B, Bell R A: "Understanding vaccination resistance: vaccine search term selection bias and the valence of retrieved information", *Vaccine*, 2014, 32, pp. 5776 - 5780.

[7] 杨秀侃、赵国新:《情绪传播中的媒体表达——以长生疫苗造假事件等舆情事件为例》,《海南师范大学学报(社会科学版)》2019 年第 6 期,第 133 - 138 页。

以传统媒体(报刊)上有关新型冠状病毒疫苗的报道为分析材料,采用计算传播学的情感分析方法,探究媒体报道的情感时序演化特征;在对报道进行情感分类的基础上,构建基于上下文的疫苗潜语义情绪网络,了解不同情绪网络下的主题差异。基于此,本文提出以下研究问题:

Q1 不同情绪类型的新型冠状病毒疫苗报道文本在议题内容上有何特征?

Q2 不同情绪类型的新型冠状病毒疫苗报道文本在潜语义结构上有何特征?

Q3 不同情绪类型的新型冠状病毒疫苗报道文本规模的时序演化进程有何差异?

### (二) 潜语义网络:网络议程设置研究的新进路

网络议程设置(network agenda setting)也被称为继客体议程设置和属性议程设置之后的"第三层议程设置",是近十年议程设置研究的新成果。在传统的议程设置研究中,公众的认知被认为是线性的传导;网络议程设置突破这一局限,借鉴了认知网络理论和社会网络研究方法进一步延伸了议程设置理论的内涵。网络议程设置认为新闻媒体不仅为公众设置了客体议程和属性议程,而且将客体与议题属性以某种方式相互勾连组合,形成一个"网络"般的叙事结构,进而影响了公众对于客体与议题属性之间的关联认知[1]。在研究方法上,网络议程设置首先通过内容分析统计有关事件与议题属性的不同要素间的共现关系,然后来构建共享网络,进而分析媒体与公众的议程关联与关系构建的特征,并比较不同主体间的建构相关性[2]。网络议程设置重新串联了柏拉图的"洞穴寓言"与李普曼的"头脑中的图景与现实世界",回应了时代的挑战,使得"以关系研究为核心的网络分析重回传播研究的中心"[3]。

网络议程设置将内容分析与社会网络分析相结合,为议程设置研究提供了新思路,但是王晗啸指出,这种基于要素间显式的、直接的关联并没有考虑到文本中

---

[1] Guo L:"Toward the third level of agenda setting theory: a network agenda setting model", *Agenda Setting in a 2.0 World: New Agendas in Communication*. New York(NY), US: Routledge, 2014.

[2] Guo L: "The application of social network analysis in agenda setting research: a methodological exploration", *Journal of Broadcasting & Electronic Media*, 2012, 56: 4, pp. 616-631.

[3] 史安斌、王沛楠:《议程设置理论与研究 50 年:溯源·演进·前景》,《新闻与传播研究》2017 年第 10 期,第 13-28, 127 页。

隐式的、间接的语义联系[1]。Anthony G. Greenwald 和 Mahzarin R. Banaji 认为，隐性关系是主体在无意识中对不同的要素间关联的认知[2]。Chris J. Vargo 指出，网络议程设置中显隐性关系建构的研究是未来议程设置研究的新方向[3]。已经有学者对议程网络中的显隐性关系进行探讨与分析，并认为媒介议程与公众隐性议程的关联更紧密[4-7]。然而这些研究或者将隐性议程的测量重点放在公众议程上，或者重点分析经过精细加工后的显性议程，没有涉及新闻媒体中的隐性议程测量，并且本质上仍然是基于要素间共现的议程显隐性测量，此外，基于语义层面的媒体话语分析较为缺乏。有鉴于此，王晗啸提出了一种基于上下文语义的文本隐性议程测量方法[1]，借助 Word2vec 词向量模型计算关键词之间的相似度，寻找要素间潜语义层面上的关联，进而构建语义网络，对隐性议程进行分析。利用这种方法，王晗啸对"'红黄蓝'虐童事件"[8]和"疫苗安全性议题"进行了实证分析，证明了这一方法的可行性。

本文利用了 Word2vec 词向量模型对新闻文本潜在语义进行挖掘，利用关键词间潜语义层面的相似性作为共现矩阵和网络构建依据。与以往研究网络议程设置不同的是，本文专注于媒体对新型冠状病毒疫苗的议程建构特征的分析，并且结合情感分析与时序分析方法，从微观层面上分析新闻媒体在新型冠状病毒疫苗语义关联和核心概念的网络结构方面的特征。基于此，本文提出以下研究

[1] 王晗啸：《疫苗安全议题中媒介间显、隐性议程网络关系研究——基于第三层议程设置理论》，博士学位论文，南京师范大学，2020 年。

[2] Greenwald A G, Banaji M R："Implicit social cognition: attitudes, self-esteem, and stereotypes", *Psychological Review*, 1995, 102(1), pp. 4.

[3] Vargo C J："Fifty years of agenda-setting research: volume I", *The Agenda Setting Journal*, 2018, 2, pp. 105 - 123.

[4] Cheng Y："The third-level agenda-setting study: an examination of media, implicit, and explicit public agendas in China", *Asian Journal of Communication*, 2016, 26(4), pp. 319 - 332.

[5] 杨璐：《数字媒介时代议程设置研究新进路——第三级议程设置》，《新媒体研究》2017 年第 9 期，第 27 - 29 页。

[6] 郗艺鹏、罗海娇：《媒介议程与公众外显议程的网络关联性研究——基于第三级议程设置理论》，《新闻界》2018 年第 12 期，第 74 - 82，97 页。

[7] 蒋俏蕾、程杨：《第三层次议程设置：萨德事件中媒体与公众的议程网络》，《国际新闻界》2018 年第 9 期，第 85 - 100 页。

[8] 王晗啸、李成名、于德山、巴志超：《基于上下文语义的网络议程设置研究——以红黄蓝事件为例》，《国际新闻界》2020 年第 4 期，第 77 - 97 页。

问题：

Q4 新型冠状病毒疫苗报道文本的潜语义网络结构随时间演化呈现怎样的特征？

### （三）Word2vec 词向量模型与语义网络分析

Word2vec 词向量模型与语义网络分析是本研究除了情感分析以外用到的另外两个研究工具。Word2vec 是谷歌公司于 2013 年推出的训练词向量的工具。该工具可以将一个词转换成低维实数向量，使计算机能够对文本进行识别与处理[1]。比如将一个语料库的全部词汇进行词向量转换，就可以计算该语料库中某两词之间的相似度，或者与某一词语义相似度最高的前几位词语有哪些。词向量每一维的值代表一个具有一定的语义和语法上解释的特征，从而获得了文档中有实际意义的句法和语义特性[2]。Word2vec 词向量模型在图书情报学和自然语言处理领域都得到了广泛应用，但目前，其在新闻传播学领域的应用尚处于起步阶段，借助 Word2vec 进行工具性分析的研究较少。

语义网络分析是研究文本中关键词语或概念间语义关系的分析方法。传统的语义网络分析以高频词为节点，以高频词间的共现为建立网络关系的依据，进而研究文本结构的话语特征，这种方法有效弥补了词频分析只能体现该词语出现的频率而忽略文本中词项间的语义信息的局限性[3]。这种以词汇间显性共现为特征要素的关系建构方式忽视了关键词或概念之间隐式的语义关系。本文首先对收集的语料进行 Word2vec 词向量转换，提取关键词并且计算关键词之间的相似度，进而构建基于上下文的潜语义网络拓扑结构，对不同情感类型和不同时间区间内的新型冠状病毒疫苗媒体话语结构进行分析，力求呈现出新闻媒体在报道新型冠状病毒疫苗时的情感话语结构和时序演化特征。

---

[1] Mikolov T, Sutskever I, Chen K, et al:"Distributed representations of words and phrases and their compositionality", In Advances in Neural Information Processing Systems, 2013, pp. 3111 - 3119.

[2] 周练:《Word2vec 的工作原理及应用探究》,《科技情报开发与经济》2015 年第 2 期，第 145 - 148 页。

[3] Doerfel M, Barnett G:"A semantic network analysis of the International Communication Association", *Human Communication Research*, 1999, 25, pp. 1468 - 2958.

## 三、研究设计与结果分析

### (一) 数据收集

1. 时间范围

本文数据收集区间框定在 2020 年全年。2020 年年初,新冠疫情正值暴发初期,有关新型冠状病毒疫苗的讨论与疫情相伴而生;2020 年年末,新型冠状病毒疫苗的研发进入尾声并且即将上市。因此,全年中有关新型冠状病毒疫苗的讨论涉及研发、试验、接种、审批以及上市等多个方面,具有显著的研究意义,也为本文后续的时序分析提供了条件。

2. 资料检索

本文分析数据源于"慧科新闻搜索研究数据库"中收录的相关报刊媒体报道。该数据库收录了中国中央级、省级以及地市级报纸 600 余份,数据齐全,每日及时更新,支持了大量学术研究。

在检索策略上,为了保证所收集数据的质量与规模,设定"中国最具影响力综合性报章"[1]为检索范围,时间为 2020 年 1 月 1 日—2020 年 12 月 31 日,按月份检索收集。在具体的报道选择上,设定报道标题与内文中必须包含"疫苗"这一关键词,同时必须包含"新冠""新冠肺炎""疫情""病毒"关键词中的任意一个,并且以上各词均在文中同一自然段内共同出现过。经检索筛选去重后,共保留报道 1 284 篇,从中随机选取 10%的样本($N=128$)查阅,发现新型冠状病毒疫苗均是文章的主要讨论内容或主要讨论部分,证明检索策略有效。全部 1 284 篇文本即为本研究后续分析资料[2]。

### (二) 数据处理

1. 数据清洗

数据清洗的目的是获得工整的结构化文本语料,为后续的情感分析和潜语义

---

[1] 慧科新闻搜索研究数据库中"中国最具影响力综合性报章"包括:南方都市报、羊城晚报(全国版)、新快报、环球时报、北京青年报、钱江晚报、楚天都市报、北京晨报、新民晚报、新闻晨报、东方早报、都市快报、广州日报、现代快报、新华每日电讯、新京报、信息时报、扬子晚报(数字报)、南方日报(全国版)(数字报)、人民日报(数字报)、齐鲁晚报(数字报)、每日新报(数字报)、京华时报、半岛都市报(数字报)、重庆晨报(数字报)、北京晚报(数字报)、北京日报(数字报)。

[2] 为了便于后续时序分析的进行,本文所用语料库分为 12 个各月子语料库与 1 个总语料库。

网络分析提供便利。首先调用 python 程序设计语言中的 jieba 分词模块，对新闻文本语料进行分词。jieba 分词是目前国内主流中文分词工具，为了保证分词结果的精确性，本文还添加了用户自定义词典，以实现对人名、地名和机构名等专有名词的准确切分。然后结合本研究语料编制的停用词词典，去除新闻语料中的代词、介词、连词等无实际意义的词语[1]。

2. 关键词抽取

关键词是后续利用 Word2vec 词向量模型构建潜语义相似度矩阵，进而将其转换成可视化的语义网络的基础。本文采用词频-逆文档频率（term frequency-inverse document frequency，TF-IDF）算法对每月的新闻语料抽取等量的关键词（keywords＝100）以及对三种类型的情感语料抽取等量关键词（keywords＝500）。该算法充分考虑了某一词语在单篇文档中的权重（TF 值）与该词语在全部语料的不同文档中的权重（IDF 值），是一种提取文档关键词的主流算法[2]。此外，在关键词的词性选择上，本文选择从新闻语料中的名词、动词和形容词中提取关键词，以便于进行后续的语义网络分析与侦测子群分析。具体过程通过调用 python 中的"jieba. analyse"模块实现。

3. Word2vec 词向量模型训练

Word2vec 词向量模型主要用于关键词间语义相似度的计算。调用 python 中的 gensim 模块，对分好词的新闻语料进行训练，将每一个词语转换成 300 维的词向量，设置窗口大小为 4，词频阈值为 3，迭代次数为 10，负采样数值为 4。关键词间潜语义相似度的数值为两关键词词向量的夹角余弦值。语义矩阵中的余弦值越大，代表两词之间的潜语义相似度越高，如果某一词语与其他词语的余弦值普遍较大，则代表该词在语义网络中的地位越重要。

### （三）基于情绪类型划分的语义网建构分析

1. 情感分类

本部分首先对全部新闻语料进行情绪类型的划分，然后探讨不同类型的情

---

[1] 需要指出的是，在文本语料中"新冠"被作为一个独立的词语切分出来，考虑到在新闻文本中与"新冠"结合在一起的既有"疫苗"，也有"疫情"，还有"肺炎"，因此在这里对这些词做归一化处理，统一设置"新冠"为停用词。

[2] 张伦、王成军、许小可：《计算传播学导论》，北京师范大学出版社，2018 年。

绪之中的潜语义网络结构。新闻文本的情感倾向很大程度上依赖于情感词汇的表达[1],因此在情感分析中,"情感词典"是分析文本情感极性,进而对文本情绪进行正面、负面和中立分类的主要方法。情感词典是一个中文中常用情感词汇的集合,利用情感词典判断文本情绪就是借助计算机程序,遍历文本中的情感词汇,进而给出文本的情感得分,来判断其情感倾向的方法[2]。本文即借助情感词典,将新闻语料分为正面、中立以及负面三种不同情感,进而分析其时序演化特征与语义建构特征。

具体来讲,首先整合目前情感分析领域内常用的情感词典[3],并且分析在新型冠状病毒疫苗报道中出现的基于事件本身所特有的情感词汇,构建情感词典;此外,还添加了程度词词典、转折词词典和否定词词典,以求获得对于新闻语料情感倾向与极性更为准确的区分。情感分析的具体执行过程由研究者自行编写 python 代码完成。最终的情感分类结果如图 1 所示。从图中可以看出,新闻媒体中有关新型冠状病毒疫苗的报道情绪以积极正面为主。这与前文所指出的新型冠状病毒疫苗对于消除不确定性、缓解疫情、舒缓公众情绪的分析相一致。通过对新闻文本的初步阅读可以发现,其中包含着大量有关疫苗研发的成功进展、科研人员积极攻关的介绍,还有疫苗对于提振经济、维稳社会的意义的论述。进一步对不同情绪的议题结构与语义建构特征的分析将在下文给出。

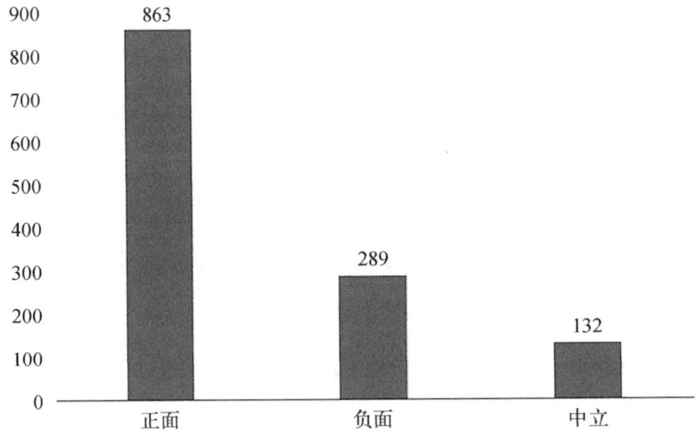


图 1　新闻语料情感分类结果

[1] 戚天梅、过弋、王吉祥、王志宏、成舟:《基于机器学习的外汇新闻情感分析》,《计算机工程与设计》2020 年第 6 期,第 1742－1748 页。

[2] 李天赐:《基于情感的中文新闻分类与推荐研究》,硕士学位论文,合肥工业大学,2019 年。

[3] 所整合的情感词典有知网情感词典、大连理工大学中文情感词汇本体、清华大学李军中文褒贬义词典和台湾大学 NTUSD 简体中文情感词典。

2. 情绪语义网建构

在基于情感划分的语义网建构分析中，针对不同情感类型的语料统一各抽取500个关键词计算两两之间的相似度，构建语义矩阵，随后将共现矩阵导入网络分析软件Gephi进行可视化呈现。为增强语义网的可读性，更好地呈现语义节点之间的关系，设定对语义相似度大于0.5的节点间的连线才能可视化地呈现在语义网络中。

**（四）基于时序演化的语义网建构分析**

以月为单位进行时序演化分析，首先同样利用情感词典的分析方法，对每月新闻语料进行情感分析，将情感划分为积极、中立和消极三类；然后利用TF-IDF算法对每月的新闻语料各抽取100个关键词，计算语义相似度，构建相似矩阵，并利用Gephi进行可视化呈现。需要指出的是，本部分的时序演化分析重在讨论某一月的情绪类型构成与其整体语义网之间的关系，并不涉及每月内部基于情绪类型划分的语义网分析。这一处理方式考虑了新闻语料规模对于词向量相似度计算和语义网建构的影响。研究设计如图2所示。

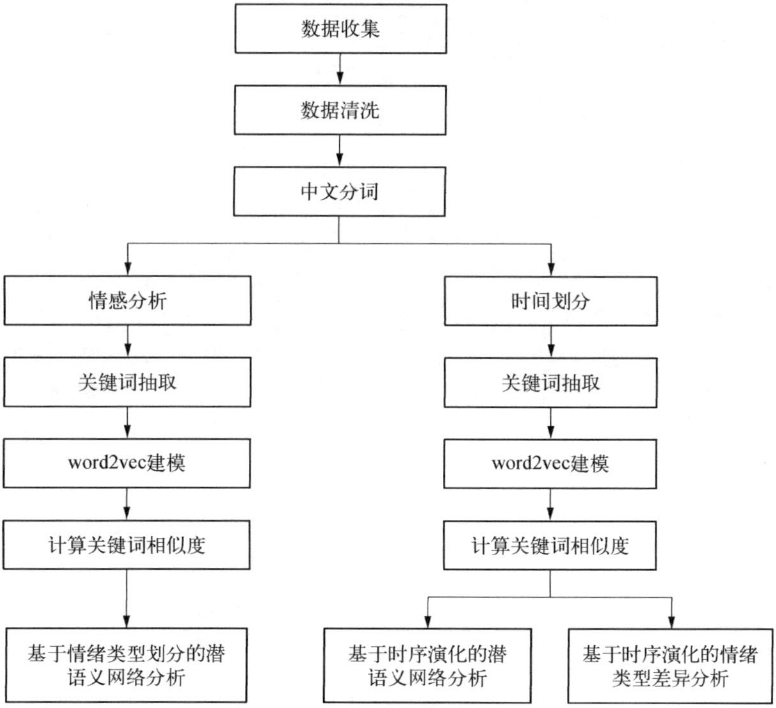


图2　研究设计

# 四、结 果 分 析

## (一) 基于情感划分的语义网建构分析结果

### 1. 积极情绪语义网

图 3 所示为全部积极新闻语料的情绪语义网。调用 Gephi 中的“模块化”接口对语义网络进行侦测子群分析,发现可以划分为 7 个区隔度良好的子群,并且给出了子群规模大小数值,对不同的子群进行概括归类,可总结为个 6 议题,如表 1 所示。

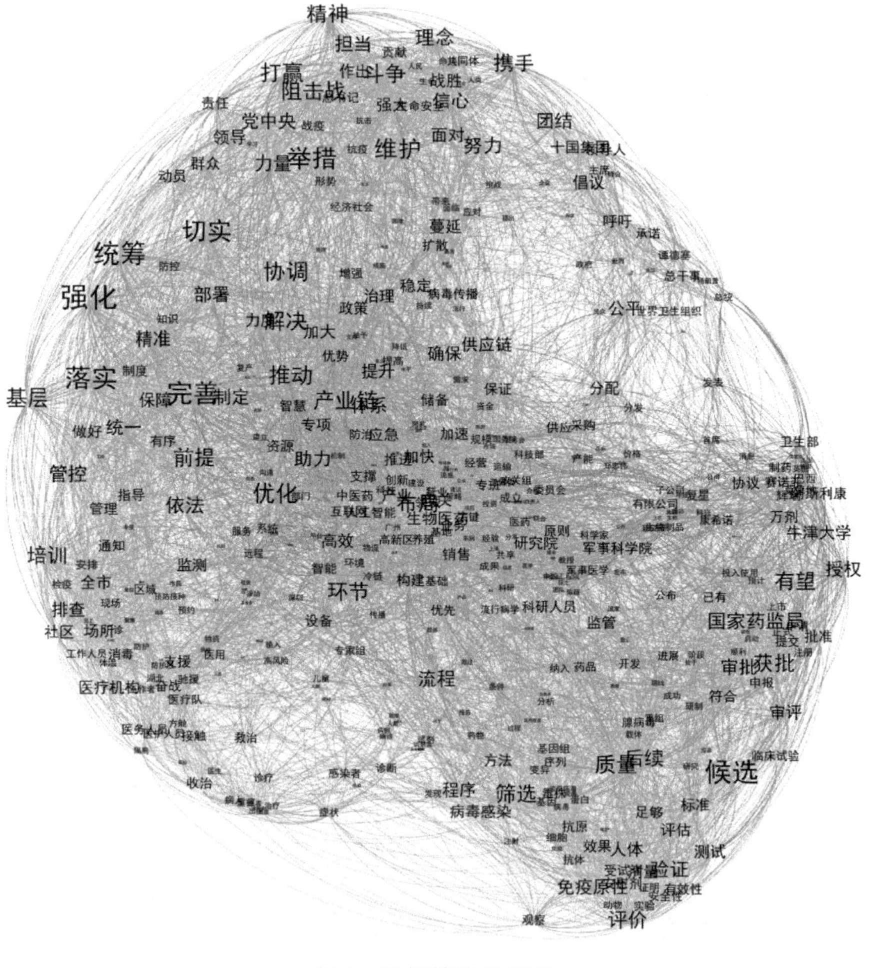


图 3 积极情绪语义网

表1 积极语义网中议题组成

| 序号 | 主要议题 | 议题描述 | 所占比例 |
|---|---|---|---|
| 1 | 动员与号召 | 全体人民团结起来打赢疫情防控阻击战 | 23.08% |
| 2 | 疫苗研发进程 | 国内疫苗的研发、试验、审批以及上市进展 | 17.41% |
| | | 国际疫苗的研发、试验、审批以及上市进展 | 15.18% |
| 3 | 疫情防控措施执行 | 重点场所消杀,医务人员培训,基层社区摸排 | 12.96% |
| 4 | 疫苗后勤供应保障 | 新型冠状病毒疫苗的产能、物流分发、销售链条等供应体系的建设 | 12.35% |
| 5 | 疫苗研发技术保障 | 科技赋能,推动疫苗全产业链建设完善 | 10.93% |
| 6 | 疫情下社会平稳运行 | 医务人员驰援疫情灾区,收救并治愈新冠肺炎患者 | 8.10% |

整体来讲,积极情绪语义网络的核心语义是"动员"与"保障",号召全体人民以积极的情绪打好疫情防控阻击战,报告新型冠状病毒疫苗研发的成果,督促做好疫情防控工作,积极宣传报道疫苗研发过程中的强大支持与保障力量,以及医务工作者和科研人员攻关奉献的动态。关于疫苗的研发与保障是积极情感话语中的主要内容,但又不限于此。话语规模居于第二位的"动员与号召"主题看似与新型冠状病毒疫苗讨论无关,但从议题的关联建构上来看,新型冠状病毒疫苗的话语讨论与疫情防控大局和"战疫"动员的大背景密不可分,这恰好凸显了基于上下文的潜语义关联结构的独特之处,即使它们并不出现在同一句话或同一段落内,但是并不能否认其潜语义上存在的关联。新闻媒体在积极传达新型冠状病毒疫苗信息的同时,注重从情感上构建新型冠状病毒疫苗"牵一发而动全身"的话语意义,促使公众形成新型冠状病毒疫苗的研发与应用将是缓解疫情形势的重要举措这一共识,激发其内心的情感共鸣,动员公众参与疫情防控行动,共渡疫情难关。

2. 消极情绪语义网

全部消极新闻语料的情绪语义网如图 4 所示。对该部分的语义网进行"模块化"侦测子群分析,发现了 9 个区隔良好的子群,对这 9 个子群的关键词内容进行概括总结合并,可以划分为 8 个议题,如表 2 所示。

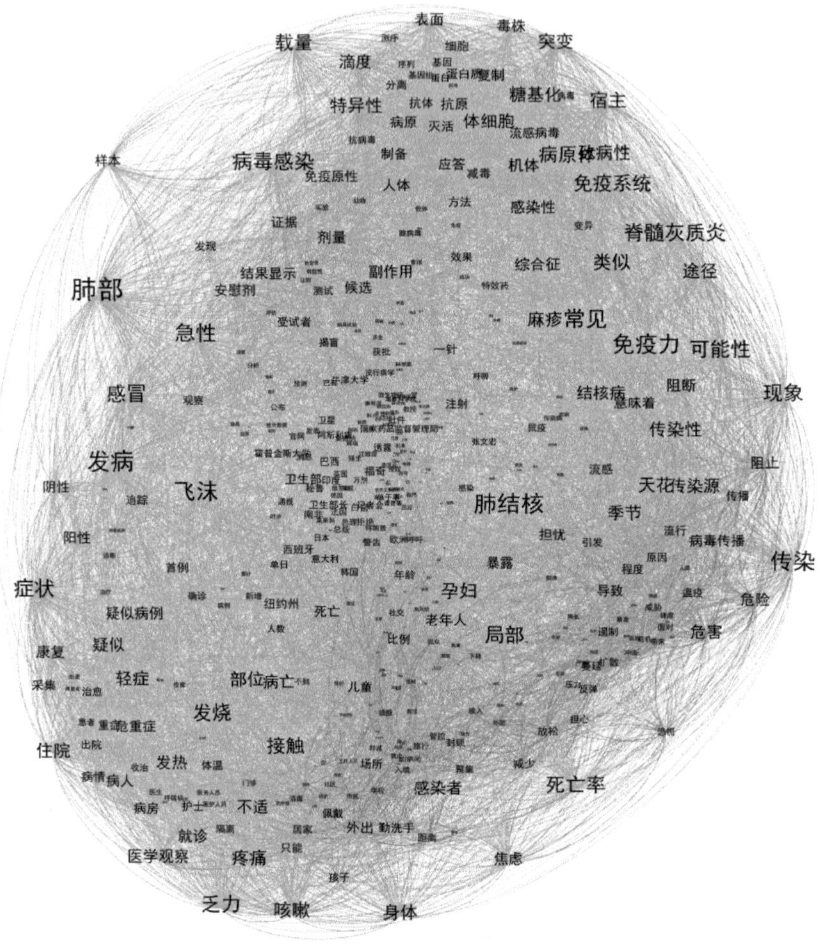


图 4 消极情绪语义网

表 2 消极语义网中议题组成

| 序号 | 主要议题 | 议题描述 | 所占比例 |
|---|---|---|---|
| 1 | 新型冠状病毒医学特性 | 新型冠状病毒引发患者身体乏力,发热咳嗽 | 30.35% |
| 2 | 疫苗作用机制 | 灭活病毒激发人体免疫应答,但效果的有效性仍待验证 | 28.26% |
| 3 | 疫苗政治性话语 | 国外政府、领导人就新型冠状病毒疫苗展开的政治交锋 | 23.15% |

(续表)

| 序号 | 主要议题 | 议题描述 | 所占比例 |
|---|---|---|---|
| 4 | 疫情的社会消极影响 | 病毒扩散蔓延引发公众恐慌,交通封锁,城市停摆 | 8.22% |
| 5 | 疫苗研发进程 | 国内疫苗研发、试验进展,疫苗不良反应与安全性待测试 | 3.68% |
| | | 国际疫苗的研发、试验、审批以及上市进展(强调受阻) | 2.45% |
| 6 | 疫情形势报告 | 国内外疑似、确诊、死亡病例数 | 1.58% |
| 7 | 疫情防控措施执行 | 出门佩戴口罩,坚持居家隔离,勤洗手防感染 | 1.42% |
| 8 | 疫情下社会平稳运行 | 保障湖北物资供应,保障医务人员医疗设备供应 | 0.89% |

可以发现,消极情绪网络中的议题构成更加丰富多元,并且表现出了与积极情绪语义网的明显区隔。病毒的致病机理与疫苗作用机制占据了主要的讨论空间。如果从常识推断,这些议题似乎应该属于客观的科学性事实信息的介绍,但是从构建的潜语义关系网上来看,这两部分的词语多与表示死亡、生病等负面情绪的词语关联在一起,这说明新闻媒体在报道这些科学信息之时并没有仅仅停留在描述的层面上,而是将其与疫情的严峻形势和疫苗的研发过程联系起来,构成了语义上的潜在关联。

值得注意的是,在消极情绪语义网中出现了一定规模的有关新型冠状病毒疫苗的政治性话语讨论内容,主要涉及国外政府和领导人围绕新型冠状病毒疫苗展开的政治外交交锋。比如语义网中的"特朗普""白宫""莫斯科""拒绝""警告""威胁""回应""呼吁"等词语之间的相互勾连,凸显了其政治意涵。中国政府与媒体坚定不移地反对将疫苗议题政治化,将外国政府和领导人与负面的政治词汇联系到一起,并且置于消极情绪语境之下,一定程度上可以反映出新闻媒体对于疫苗议题政治化的批驳。

疫情的社会消极影响和疫情形势报告是新出现在消极情绪网络中的议题。直观感受此两个议题似乎也与新型冠状病毒疫苗的讨论相去甚远,但是从语义网的关联上分析,会发现这些话语与新型冠状病毒疫苗研发的紧迫性联系在一起,因此从语义层面上暗含了新型冠状病毒疫苗对于缓解公众恐慌情绪、稳定社会秩序和缓解疫情形势的重要意义。这些意涵显然都是无法从显性的词汇间共现关系直接概括得出的。

此外,疫苗研发进程、疫情防控措施执行和疫情救援支持虽然已经在积极情绪语义网络中出现,但是在消极情绪网络中这三个议题的具体内容与之前有较大差别,并且在情绪指向性上突出以担忧为主的负面情绪,比如疫苗临床试验的风险性和安全程度、医疗物资的供应问题和公众个人防疫知识的普及问题等。在占比规模上,这三类议题在消极语义网中的比例也十分低。

3. 中立情绪语义网

全部中立新闻语料的情绪语义网如图 5 所示。对该部分的语义网进行"模块化"侦测子群分析,发现了 4 个区隔良好的子群,对这 4 个子群的关键词内容进行概括总结合并,可以划分为 3 个议题,如表 3 所示。

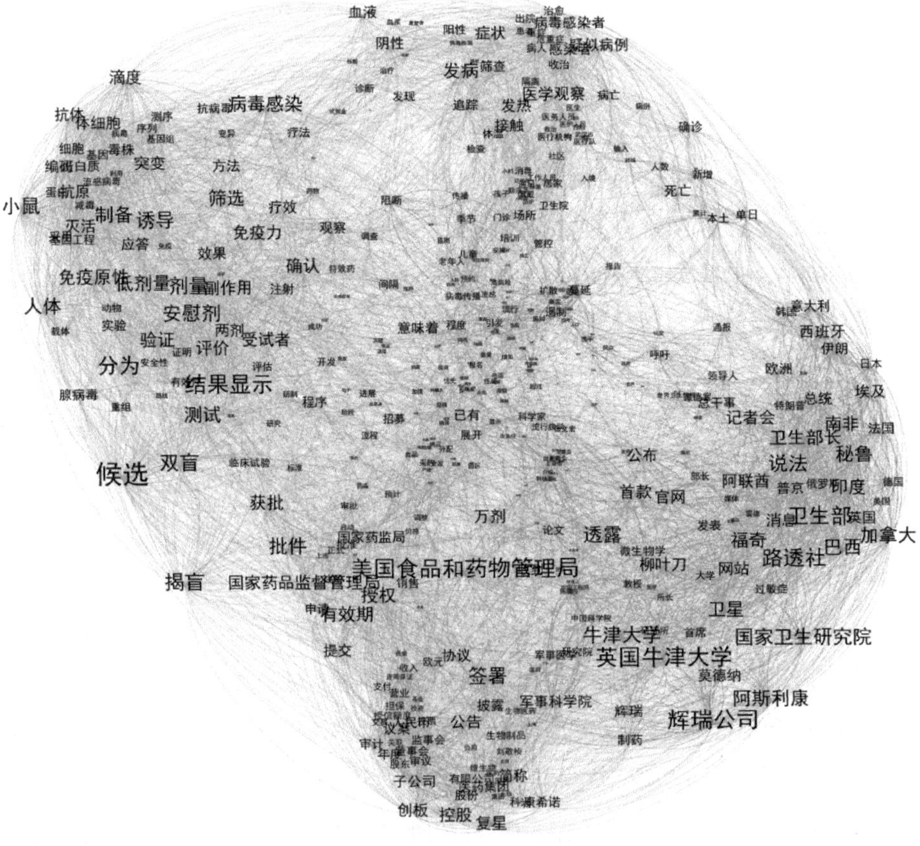

图 5 中立情绪语义网

表 3　中立情绪语义网中议题组成

| 序号 | 主要议题 | 议题描述 | 所占比例 |
|---|---|---|---|
| 1 | 疫苗作用机制 | 灭活病毒激发人体免疫应答 | 33.50% |
| 2 | 疫苗研发进程 | 国内疫苗的研发、试验、审批以及上市进展 | 21.60% |
| | | 国际疫苗的研发、试验、审批以及上市进展 | 29.70% |
| 3 | 疫情形势报告 | 国内外疑似、确诊、死亡病例数 | 15.20% |

中立情绪语义网络是三类情绪中涉及议题最少、讨论最为集中的部分。在议题讨论上主要是对事实性信息的陈述。在议题的关联与建构上，中立性的话语与积极和消极情绪语义相比并没有过多的"话外之音"，而是以疫苗的作用机制和研发进程为中心进行讨论，传播疫苗本身涉及的事实性科学信息。

### （二）基于时序演化的语义网建构分析结果

时序演化分析重在考察有关新型冠状病毒疫苗的话语网络随时间演进与情感规模变化的互动关系，进而分析媒体议题话语的时序特征。由于每月有关新型冠状病毒疫苗的新闻报道数量不同，因此采取将数量转换成比例的方式描述不同情感类型的规模。图 6 即呈现了每月三类情感的语料规模比例以及整体情感演进特征。可以看出，媒体上有关新型冠状病毒疫苗讨论的积极情绪比例经历了波动中下降，然后波动中上升的过程，并在 2 月和 11 月形成了两个高点，7 月形成低点；消

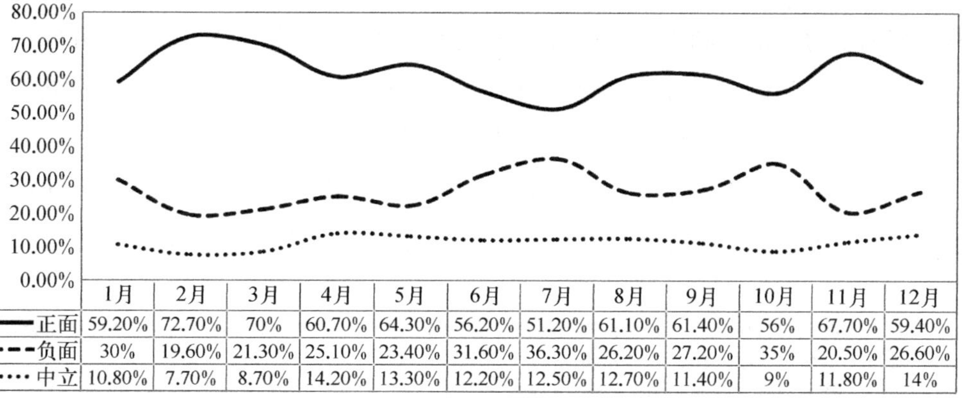


| | 1月 | 2月 | 3月 | 4月 | 5月 | 6月 | 7月 | 8月 | 9月 | 10月 | 11月 | 12月 |
|---|---|---|---|---|---|---|---|---|---|---|---|---|
| 正面 | 59.20% | 72.70% | 70% | 60.70% | 64.30% | 56.20% | 51.20% | 61.10% | 61.40% | 56% | 67.70% | 59.40% |
| 负面 | 30% | 19.60% | 21.30% | 25.10% | 23.40% | 31.60% | 36.30% | 26.20% | 27.20% | 35% | 20.50% | 26.60% |
| 中立 | 10.80% | 7.70% | 8.70% | 14.20% | 13.30% | 12.20% | 12.50% | 12.70% | 11.40% | 9% | 11.80% | 14% |

图 6　各月各情感的语料规模及整体情感演进

极情绪比例与积极情绪呈现相反的演进态势;而中立情感的比例整体上较为平稳。这一变化反映了新闻媒体上有关新型冠状病毒疫苗的讨论话语的复杂多样,随着时间的演进,影响了媒体报道中的情感话语表达。

1. 基于时序演化的情感类型与语义网结构互动分析

首先分析在2月、7月和11月出现三个极值点的原因。对2月的潜语义网络进行侦测子群分析,发现居于前5位的议题内容分别为"党中央部署疫情防控工作""医务人员全力救治重症患者""科研人员全力攻关疫苗研发""疫情防控的科研支持"和"维持经济社会平稳有序发展"。2月正处于新冠疫情暴发初期,分析这一时期媒体讨论的主要内容可以发现,报道重点在于宣传党和国家的"战疫"部署,科研人员和医务人员的行动事迹以及各界对于疫情防控的支持,这些议题的性质决定了媒体的整体话语倾向以正面为主。值得注意的是,此时"新型冠状病毒疫苗"的讨论在语义上的显著性并不强烈,整体上有关新型冠状病毒疫苗的讨论还是围绕着疫情防控大局工作展开。

对7月的潜语义网络进行侦测子群分析,发现了3个主要议题,具体内容为"国内外疫苗研发机构的临床试验进展""疫苗风险安全性与有效性评估"和"新增确诊病例和死亡病例报告"。随着疫苗研发进程的深入,各国疫苗临床试验的接连开展,令人失望或满意的结果都在媒体话语中得到呈现;不仅如此,随之而来的还有关于疫苗的安全性和有效性问题的探讨。曾有学者指出,中国发生的多起问题疫苗事故一直在刺激着公众对于疫苗安全性的敏感神经[1]。新闻媒体中有关疫苗问题的风险沟通面临着"媒介化现实"的困境[2]。由此可见,当新闻媒体在风险沟通层面上对疫苗议题进行报道之时,难免会陷入"不确定性"窘境,体现在情感上就是负面情绪扩散。此外,新增确诊和死亡病例的报道加剧了负面情绪在新闻媒体上的蔓延,于是合力之下拉低了积极情绪的比例。

对11月的潜语义网络进行侦测子群分析,发现了3个主要议题,具体内容为"国内外疫苗研发机构的临床试验进展""疫苗审批上市进程报告"和"疫苗接

---

[1] 刘冰:《疫苗事件中风险放大的心理机制和社会机制及其交互作用》,《北京师范大学学报(社会科学版)》2016年第6期,第120-131页。

[2] 苏婧:《媒介化现实与科学的危机——疫苗接种与媒体报道国内外研究综述》,《全球传媒学刊》2017年第4期,第100-119页。

种工作安排”。11 月美国辉瑞公司率先宣布新型冠状病毒疫苗研发成功，可直接投放上市，国内外新闻媒体均对这一突破做出报道，人类在战胜新型冠状病毒的道路上迈出了重要一步，极大提振了全球疫情防控工作的信心。从语义网中也可以发现，“美国食品和药物管理局”“辉瑞”等国际政府机构和疫苗生产商在语义网络中占据了显要位置和最大的讨论规模，推动了新闻媒体语义情绪达到新的高度。

2. 基于时序的潜语义网络动态结构分析

以上针对三个月份的独立分析，初步显示了新闻媒体在报道新型冠状病毒疫苗时的语义网络时序变迁与情绪结构变化的互动。接下来需要进一步呈现新闻媒体在报道新型冠状病毒疫苗时的话语网络结构时序特征。为了提高研究效率并且得出整体性的时序演化特征，研究者在对每月的潜语义网进行侦测子群分析寻找议题的基础上，归纳合并不同月份的具体议题，发现前 3 个月份里，度值最高的词为“疫情”，后 9 个月份度值最高的词为“疫苗”，为进一步探索这一差异，本文将 12 个月划分成 2 个阶段。图 7 和图 8 分别为按阶段整合后的各月语义网络图。这里并未对两个阶段的新闻语料进行整合后重新抽取关键词构建语义网络，主要考虑到防止重新提取的关键词在侦测子群分析时会漏掉子社群的情况，而对于各月分别进行侦测子群分析本身就已经能够保证从最底层获取完整的议题结构。表 4 总结了各时段的主要议题分布情况。

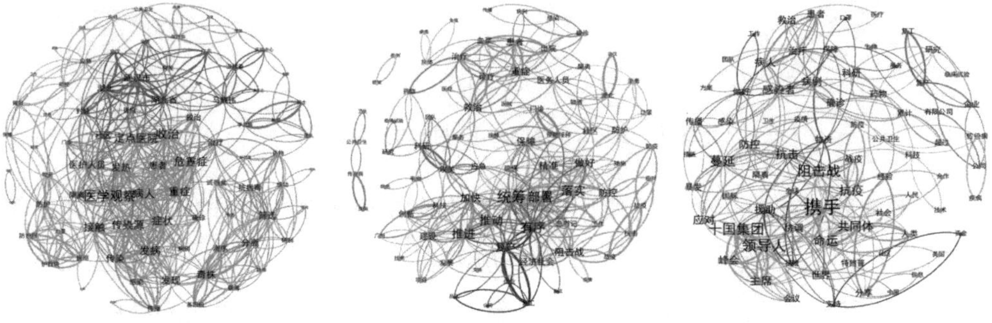


a. 1月　　b. 2月　　c. 3月

图 7　第一阶段(1～3 月)语义网络图

如表 4 所示，对所有月份的语义网进行侦测子群分析后共总结出相关议题

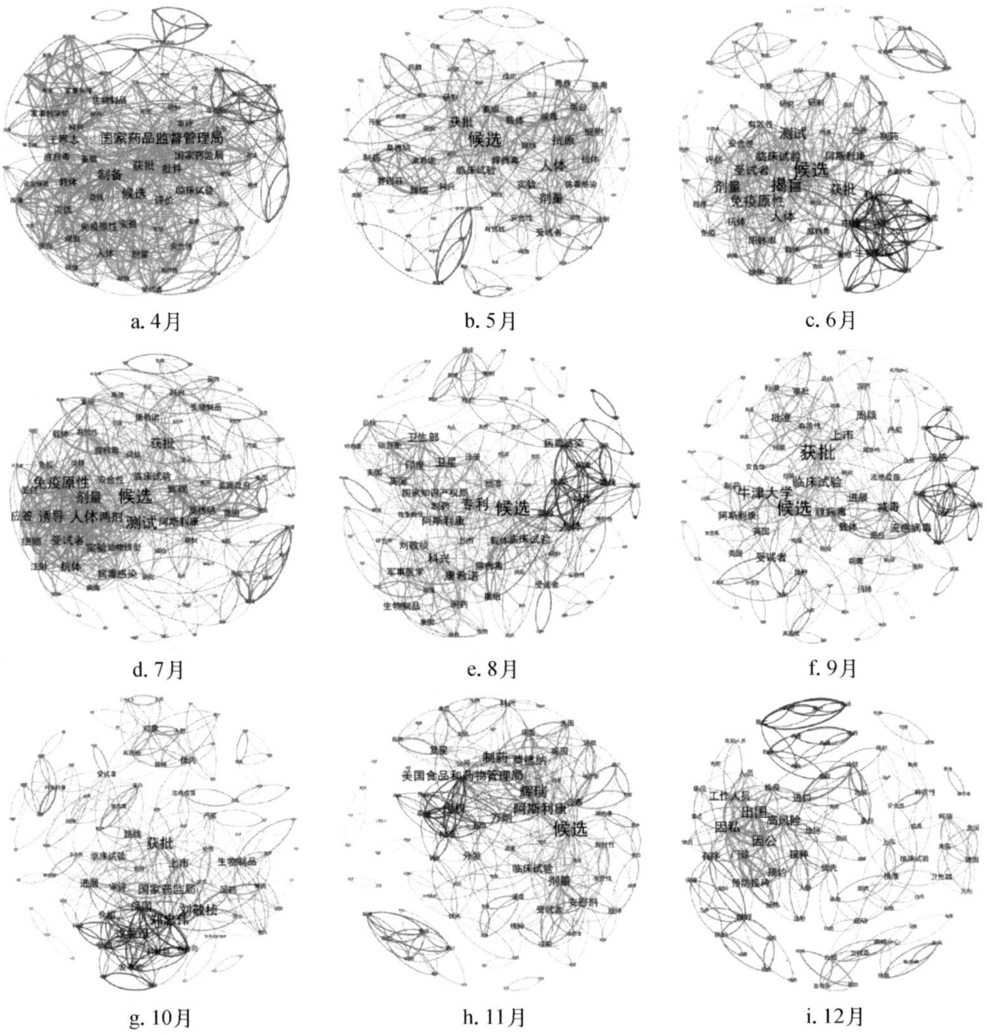


图 8　第二阶段(4～12 月)语义网络图

12 个,既有同时存在于两个阶段中的议题,也有专属于某一阶段的独特议题。第一阶段为 1～3 月,该时期处于疫情暴发初期,在疫情防控的大背景下,新型冠状病毒疫苗的话语与“抗疫”动员、疫情防控、新冠病毒医学分析、患者救治、科研支持等以“疫情”为主体的话语相互关联,并且在话语网络中处于较边缘的位置,其语义强度尚处于萌发之势。第二个阶段为 4～12 月,新型冠状病毒疫苗研发进展成为媒体话语的主体议程,一期、二期、三期临床试验不断推进,从疫苗研发、试验到生产、运输以及接种安排的方方面面的讨论形成了较为完整的议程链条,将疫苗议题推向舆论高潮。在该阶段中围绕"新型冠状病毒疫苗"的讨论开始占据语义网络的中心位置,并且衍生出了新的主题,如疫苗政治性话语和疫苗的风险沟通信息,由此,以新型冠状病毒疫苗为中心的多元舆论场被建构起来,新闻媒体的话语在其中关联交织,进行着意义建构。

表 4 两阶段主要议题分布

| 时间段 | 1～3 月 | 4～12 月 |
|---|---|---|
| 主要议题 | 动员与号召国内外合作"抗疫"<br>部署与实施疫情防控工作<br>收治新型冠状病毒患者<br>分析报告新型冠状病毒的医学特性<br>疫情防控的科研支持<br>疫情下社会平稳运行<br>疫情形势报告 | 疫苗研发进程<br>疫苗作用机制<br>分析报告新型冠状病毒医学特性<br>疫苗政治性话语<br>疫苗风险安全性与有效性评估<br>疫情的社会消极影响<br>疫苗后勤供应保障<br>疫苗研发技术保障<br>疫情形势报告<br>部署与实施疫情防控工作 |

在两个阶段中,均出现了"疫情形势报告""部署与实施疫情防控工作"和"分析报告新冠病毒医学特性"三个议题,三者在两阶段中的区别主要在于所占比例的差异。在 Gephi 中利用"模块化"侦测子群分析统计三个主题在各自语义网中的比例,结果如表 5 所示。可以发现第一阶段中"疫情形势报告"和"部署与实施疫情防控工作"两个议题的比例普遍高于第二阶段;"分析报告新冠病毒医学特性"这一议题则正好相反,第二阶段比例高于第一阶段。这进一步印证了新闻媒体对于新型冠状病毒疫苗的语义建构从以疫情为中心变成以疫苗为中心。此外,在同一时期内,同一话题在不同月份所指代的内容范围也有差异。比如第二阶段中的疫苗研发进程议题,观察语义网络可以发现,4～7 月的重点是"研发"和"临床试验",8～10 月的重点是"获批""审批"和"上市",11～12 月的重点是"预约""接种"和"注射";再如新冠病毒医学特性议题,在第二阶段中 4～7 月的讨论重点关键词是"腺病毒""载体"和"蛋白质",8～12 月中有关该话题的讨论出现了"变异"一词。

表 5　三个主题各月规模比例

| 主题 | 1 | 2 | 3 | 4 | 5 | 6 | 7 | 8 | 9 | 10 | 11 | 12 |
|---|---|---|---|---|---|---|---|---|---|---|---|---|
| 疫情形势报告 | 18.12% | 12.16% | 17.28% | 2.13% | 4.13% | 3.31% | 9.86% | 8.85% | 9.62% | 5.32% | 10.05% | 16.94% |
| 部署疫情防控工作 | 45.05% | 65.78% | 52.86% | 1.56% | 2.28% | 10.22% | 5.65% | 4.23% | 3.61% | 3.36% | 8.56% | 18.26% |
| 新冠病毒医学特性 | 15.36% | 6.15% | 8.43% | 20.15% | 31.26% | 33.60% | 24.65% | 18.87% | 21.54% | 20.03% | 18.08% | 19.16% |

总体来讲，随着新闻媒体对“新型冠状病毒疫苗”议题讨论的不断深入，新的概念进入语义网络之中，丰富了新型冠状病毒疫苗的语义内涵；原有的概念也随着时间的推移与疫苗关联构建，分化出新的内容，两者合力推动了新型冠状病毒疫苗议题讨论向纵深化发展。

## 五、讨论与总结

### （一）基于情绪划分的语义网建构

本文研究结果显示，在基于情绪划分的语义网中，不同情绪语境下的新型冠状病毒疫苗议题侧重也有所不同；不仅如此，在不同的情绪语义网中，“新型冠状病毒疫苗”的话语建构不但围绕着与其本体有关的概念展开，潜语义网络分析揭示了新闻媒体在讨论新型冠状病毒疫苗时也会将其与看似没有直接联系的议题与概念联系起来，形成多元化议题的关联互动，传递新型冠状病毒疫苗的“言外之意”。这种情绪与语义建构的互动，在积极情绪语义网中主要表现为动员与号召全民“战疫”和宣传科研人员与医务工作者的攻关奉献；在消极语义网中主要表现为强调疫情防控的刻不容缓、疫情所引发的社会问题和国际疫苗议题的政治交锋；在中立网络中则以事实性科学信息的介绍为主。这种叠加了情绪与潜语义的信息精细加工模式强化了“新型冠状病毒疫苗”议题的宏观重要性，新型冠状病毒疫苗的研发不仅仅是一项医学事业，同时事关疫情防控全局，引发了国际政治的外交角逐，对于动员"抗疫",缓解疫情形势和稳定社会公众的情绪有着重要意义。王晗啸认为这种潜语义层面的话语网络建构存在概念与意义之间的"传递性",借助这种传递性,主体议程与多元议程形成纵横勾连之势,并且王晗啸证明了在不同主体的隐性议程网络中存在着情绪的传递;诸多网络议程设置研究已经证实了媒体与公众议程网络之间存在着建构上的相关性和因果性[1]。徐翔指出,信息在传播过程中存在着"情绪设置"效应,新闻媒体能够影响公众以某种情绪去看待问题[2]。本文证实了新闻媒体在情绪与潜语义层面的关联与互动,但是并未考察以公众为主体的议程特征以及二者的关系,这也是接下来的研究可以进一步深入考察的问题。

### (二) 基于时序划分的语义网建构

在不同的时间阶段中,有关新型冠状病毒疫苗的媒体讨论也存在着情绪与语义建构上的互动。并且随着时间的演进,这种互动处于动态变化之中。对 2 月、7 月和 11 月三个情绪极值点月份的潜语义网络分析,初步表明了情绪和潜语义网络随着时间变化不断互动交织。在新闻媒体对新型冠状病毒疫苗议题讨论的两个阶段中,可以发现,作为议题主体的"新型冠状病毒疫苗"其实在媒体话语中经历了一个从边缘到中心的过程。疫情暴发初期,新闻媒体的讨论重点在于"疫情",在这一大背景之下,新型冠状病毒疫苗作为疫情防控的重要手段其话语也多与疫情形势、疫情防控和患者救治相勾连,新型冠状病毒疫苗宛如疫情的"定海神针";随着时间的推移,疫苗的研发正式进行,于是国内外疫苗研发、接种、审批和上市进程成为议题重点,并且在不同的月份又有不同的侧重,与此同时新型冠状病毒疫苗的议题多元化特征也凸显出来,政治(大国外交)、经济(复工复产、经济社会平稳运行)与社会(维持社会秩序,缓解民众恐慌)等议题的话语与新型冠状病毒疫苗相互关联构建,消失或新生,形成了丰富的话语网络。

### (三) 新型冠状病毒疫苗报道的建设性策略探讨

以上分析整体呈现了新闻媒体在报道新型冠状病毒疫苗时的情绪、潜在语义和时序演化特征。情绪设置在新闻媒体中实际存在,重点在于新闻媒体如何在不

---

[1] 王晗啸:《疫苗安全议题中媒介间显、隐性议程网络关系研究》,博士学位论文,南京师范大学,2020 年。

[2] 徐翔:《从"议程设置"到"情绪设置":媒介传播"情绪设置"效果与机理.》,《暨南学报(哲学社会科学版)》2018 年第 3 期,第 82 - 89 页。

同的情绪与议题之间建立联系。对于不同的报道议题,新闻媒体应当正确处理对待它的情感倾向,进而向公众明确传递媒体态度,在尊重新闻客观性原则的基础上,引导公众形成对于不同议题的合理的情感与认知。此外,及时发现与新型冠状病毒疫苗相关的议题,以合理的语义建构方式形成议题之间的有机结合,也是新闻媒体所要考虑的重点。正如 T. Gitlin 所指出的,媒体的新闻生产是对议题的选择、强调和排除的重组过程,以合理的话语结构向公众传递信息,有利于实现良好的传播效果[1]。

## 六、不足与展望

本文存在一定局限性,有待后续研究进行完善。首先,在研究对象的选择上,本文选择以报纸为代表的新闻媒体生产的文本作为分析数据,虽然在一定程度上弥补了以往研究对于传统媒体文本的情绪语义网分析的不足,但是考虑到新型冠状病毒疫苗议题的特殊性与新媒体时代受众信息获取方式的特征,在线新闻媒体和社会化媒体中专业机构和用户生成的文本也具有十分重要的研究价值。其次,在情感分析的过程中,单纯利用情感词典对文本语料情绪类型进行划分始终存在分类精准度的问题,并且本文只考察了积极、消极和中立三分类情况下的情绪语义网,在后续研究中可以结合机器学习,在提高情感分类精度的基础上进行更细粒度的情绪划分,使语义网的建构更具有针对性。此外,本文只考察了新闻媒体在讨论"新型冠状病毒疫苗"时的情绪特征与潜语义网络结构,后续研究可以进一步从受众的角度入手,探究受众话语网络中的意义与情感建构,进而对媒体与公众之间情感与议题的互动模式和建构关系进行分析。

[1] Gitlin, T:"*The Whole Word is Watching: Mass Media in the Making and Unmaking of the New Left*", Berkeley, Los Angeles: University of California Press, 1980, pp. 7.

# 家家共同难念的经：疫情防控背景下家庭的媒介使用与中年家长的焦虑

陈青文　洪旭一　周亚梅*

**摘要**：为积极抗击新冠疫情，2020年年初各级政府发布了多项应对政策，其中包括中小学生延迟开学、居家防疫、线上学习等。在此期间，新媒体成为获取信息和社会沟通的重要渠道，但在隔绝了外界的“具身”实践后对新媒体的依赖，是否让新媒体成为“最重要的家人”？一切通过媒介进行的社会实践对家庭成员的情绪带来什么样的影响？本文采用质性研究方法的访谈法，通过对30名家中有青少年子女的家长进行访谈，回忆2020年上半年的家庭生活情况，聚焦讨论三个问题：第一，家长的焦虑程度以及影响他们焦虑的因素；第二，家庭媒介使用情况与变化；第三，媒介使用对焦虑的影响。通过访谈分析发现，多数家长经历了失眠、情绪失控等焦虑行为表现，家长的焦虑首先来自子女的学习与健康情况，而两者都与子女的媒介使用有密切关系，对子女的担忧成为家家共同难念的经，其次才是受到疫情影响的经济与工作变化，而他们对国家的信念有效缓解了焦虑。无论家长或其子女的媒介使用都呈现大幅度增长，媒介使用虽能带来共同话题或娱乐，但也可能减少家庭成员彼此交流的机会。文末针对未来如再次有居家隔离需要时，家庭成员可做的准备以及社会支持提出建议。

**关键词**：新冠疫情；家庭；中年家长；媒介使用；焦虑；访谈法

---

* 陈青文，同济大学艺术与传媒学院副教授；洪旭一，同济大学艺术与传媒学院硕士生；周亚梅，同济大学艺术与传媒学院硕士生。

# 一、引　言

2020 年是特殊的一年，一是因为新冠疫情的暴发，它是继 2003 年非典疫情之后最重大的全球性大型公共卫生危机；而另一是人们离开习以为常的现实生活轨迹，踏入基于社交媒体构建的新型媒介化生存和媒介化社会生活。尤其是居家防疫期间，在封闭隔离的情况下，人们主要依靠媒介进行日常生活的信息获取和事务处理。这一时期，社交媒体的类型愈加多样化，使用人数、时长都大幅度增长，社交媒体在突发社会事件和重大政治事务中凸显价值和力量，在电商带货直播、社交营销中全面暴发[1]。

然而，在隔绝了外界的“具身”实践后，对新媒体的全面依赖是否让设备升级为“最重要的家人”？一切通过媒介进行的社会实践活动对家庭与家庭成员的情绪带来什么样的影响？在居家防疫期间，家庭成员获得了更多的相处机会，但同时也出现新的挑战，而原有的家庭问题也可能在封闭期间更加凸显。尽管人们在突发公共卫生事件暴发时拥有调动自身的应对和恢复能力，但突如其来的变化也可能加剧现有的心理健康问题。已有多个研究指出，突发公共卫生事件对心理健康的影响主要集中在情绪方面，其中，焦虑、抑郁和愤怒是较为普遍的情绪，当人们处于长期压力状态时，抑郁和焦虑的风险将会增加[2-4]。

在社交限制的孤立环境中，家庭的功能与作用更为重要，但是作为家庭“顶梁柱”的家长们如何在各种变化的压力下撑起一个家庭的运作？新媒体在此期间扮演什么角色？为家庭带来什么样的助力与阻力？家长在此期间的媒介使用与情绪变化如何？哪些因素牵绊着他们的情绪？本文从家长的访谈中倾听他们的心声，以访谈数据为依据，分析并探讨以下三个问题：第一，2020 年上半年的家庭媒介使

[1] 詹新惠：《社交媒体：提速媒介化社会生活》，《青年记者》2020 年第 36 期，第 11－12 页。

[2] 易凌、王忠灿、姜志宽、郑亦军、吴文智：《突发公共卫生事件心理干预研究进展》，《中国公共卫生》第 2020 年第 26 卷 7 期，第 929－930 页。

[3] 张迪、田雨馨、伍新春：《突发公共卫生事件中的隔离：心理反应与影响因素》，《华南师范大学学报（社会科学版）》2020 年第 4 期，第 31－41，189 页。

[4] 王维丹、徐方忠、徐松泉、章健民、张宁：《突发公共卫生事件对公众心理的影响：2019 冠状病毒病居家防疫期间浙江省心理援助热线来电分析》，《浙江大学学报（医学版）》2020 年第 49 卷 4 期，第 409－418 页。

用情况与变化；第二，此期间家长的焦虑程度以及影响他们焦虑的因素；第三，媒介使用对焦虑的影响。为便于分析比较，在访谈时即将所有问题按照 2020 年的疫情发展情况分为三个阶段：第一阶段"疫情初始阶段"(1～2 月)，第二阶段"居家隔离阶段"(3～4 月)，第三阶段"复工返校阶段"(5～6 月)。

## 二、文献综述

### (一) 焦虑相关研究

针对新冠疫情暴发以来的相关心理健康问题研究已有不少论文发表。张宴萍等人对于医务人员的焦虑与抑郁状况进行了研究，并探讨了影响医务人员心理健康的影响因素，其中，家庭支持、工作风险、工作时长等都与焦虑与抑郁概率有关[1]；王珍妮等人的问卷调查表明，主观认为疫情严重的群体可能是居家防疫期间压力或抑郁的易感人群，需要获得适当的关注和及时的心理疏导和政策支持[2]；李靖等人调查了新冠疫情暴发期间群众居家隔离防护依从性及其对焦虑程度的影响，发现群众居家隔离防护期焦虑情绪较明显，焦虑程度与群众居家隔离防护知识知晓程度、信念态度、行为依从性有着紧密的关系[3]；蔡欢乐等人调查发现，居家防疫期间 22.9%的调查对象有轻度抑郁倾向，达到中度、重度和极重度抑郁的占 9.5%[4]。

Stephen W. Patrick 等人于美国进行的全国性调查显示，近三分之一的父母表示自疫情以来自己的心理健康状况发生恶化，日常生活受到严重挑战，经济状况、失业、亲人健康等因素都严重阻碍了家庭的幸福感[5]。Derya Adibelli 等人对

---

[1] 张宴萍、褚连芳、庄开岑、杨育伟、张丽平、徐在华、夏仁娣：《新冠肺炎疫情下医务人员压力、焦虑、抑郁状况及影响因素研究》，《现代预防医学》2021 年第 48 卷第 1 期，第 38－43 页。

[2] 王珍妮、刘皖龙、楼诗昊、马骁、张欣欣、郭徽、马晨辰、陈文静、杨昱鹏：《新型冠状病毒肺炎疫情隔离措施下普通人群压力/抑郁状态及影响因素》，《中国健康心理学杂志》2021 年第 29 卷第 4 期，第 569－574 页。

[3] 李靖、王曙红、虞仁和、胡建中、江梦婷、黄伟红：《新冠肺炎居家防疫期间群众居家隔离防护依从性及其对焦虑程度的影响》，《中国感染控制杂志》2020 年第 19 卷第 5 期，第 404－410 页。

[4] 蔡欢乐、朱言欣、雷璐碧、潘程浩、朱乐玮、李菁华、顾菁、郝元涛：《新型冠状病毒肺炎相关知识、行为和心理应对：基于网络的横断面调查》，《中国公共卫生》2020 年第 36 卷 第 2 期，第 152－155 页。

[5] Patrick S W, Henkhaus L E, Zickafoose J S, Lovell K, Halvorson A, Loch S, Letterie M, Davis M M:"Well-being of parents and children during the COVID－19 pandemic: a national survey", *Pediatrics*, 2020, 146(4), pp. 1－8.

居家防疫期间儿童生活质量与心理健康进行了总体性调查,发现此期间儿童的身体健康与情绪健康都受到了一定影响[1]。A. Haig-Ferguson 等人提出新冠疫情带来的恐惧和威胁是暂时的,但是有一些群体的健康焦虑会进一步升级,其中儿童和青年人最容易受到来自媒体和当局有关健康的信息影响[2]。Miriam S. Johnson 等人研究发现,正在进行社交隔离并与孩子待在家里的父母可能更容易受到焦虑和抑郁的影响[3]。

### (二) 媒介使用与焦虑研究

国内外学者都指出媒介使用与焦虑两者存在紧密的关联性。吴天浩、张一的研究发现居家防疫期间大学生心理焦虑与数字媒体使用存在关联,居家防疫期间介于2～4 小时的数字媒体使用帮助减少焦虑心理的发生,但电子媒介的使用时间大于4 小时就会增强大学生的焦虑状态[4];王一、高俊岭通过电子问卷调查发现,公众媒体暴露程度与心理健康状态存在关联,且媒体暴露会增加公众焦虑、抑郁风险[5]。Michael G. Wheaton 等人指出社交媒体上的情绪体验可以通过有意识和无意识的途径在社会上传播,一些人更容易受到社会传染效应的影响而出现焦虑情绪[6]。

在新冠疫情的时空背景下,有关媒介使用与焦虑的相关文献中,大多数是针对未成年人或是一般社会大众进行调查,较少关注家长,特别是家有青少年子女的中年家长,更未见相关研究;且多数研究采取线上电子问卷调查法,少有定性的访谈研究。在疫情暴发阶段,家长就像是防守家庭的战士,承受诸多压力:从家庭层面

[1] Adibelli D, Sümen A:"The effect of the coronavirus (COVID - 19) pandemic on health-related quality of life in children", *Children and Youth Services Review*, 2020, pp. 119.

[2] Haig-Ferguson A, Cooper K, Cartwright E, Loadees M E, Daniels J:"Practitioner review: health anxiety in children and young people in the context of the COVID - 19 pandemic", *Behavioural and Cognitive Psychotherapy*, 2020, 49(2), pp. 129 - 143.

[3] Johnson M S, Skjerdingstad N, Ebrahimi O V, Hoffart A, Johnson S U (2020, December 30): "*Mechanisms of Parental Stress During and After the COVID - 19 Lockdown: A Two-wave Longitudinal Study*", Retrieved from: https://doi. org/10. 31234/osf. io/76pgw.

[4] 吴天浩、张一、王仁杰、伍晓艳:《新型冠状病毒肺炎居家防疫期间大学生数字媒体使用与焦虑症状的关联》,《中国学校卫生》2020 年第 41 卷第 11 期,第 1625 - 1628 页。

[5] 王一、高俊岭:《2019 冠状病毒病(COVID - 19)居家防疫期间公众媒体暴露及其与心理健康的关系》,《复旦学报(医学版)》2020 年第 2 期,第 173 - 178 页。

[6] Wheaton M G, Prikhidko A, Messner G R. (2021, January 5): "*Is Fear of COVID - 19 Contagious? The Effects of Emotion Contagion and Social Media Use on Anxiety in Response to the Coronavirus Pandemic*". Retrieved from: https://www. frontiersin. org/articles/10. 3389/fpsyg. 2020. 567379/full.

来说，他们是家庭的主要支撑力量；从社会层面来说，他们具有丰富社会经验且尚未到达退休年龄，是社会的中坚力量。此外，这些中年家长都经历过2003年非典疫情，他们对紧急突发的公共卫生事件拥有共同的集体经验与记忆，值得进一步探索、记录，而他们的情绪变化亦应得到更多的关注与关怀。

## 三、研 究 设 计

本文对30名家中有青少年子女（年龄介于11～18岁）的家长进行访谈，最后对完全符合设定条件的26位家长的访谈数据进行分析。访谈为半结构式，访谈形式包括面对面访谈与线上视频访谈，初次访谈之后先做初步分析，再根据需求进一步约谈受访者。访谈团队由学习过深度访谈的新闻传播专业大三学生组成[1]，由于样本数量有限，只能概况地了解一些家庭的情况，因此采取样本分散的策略，而非集中一个地区，如此就像一张拼图里的碎片，拼起来可以见到更多的图景。

访谈数据的分析使用NVivo12对文字稿进行逐段编码，依据该软件中的自由节点（free nodes）和树状节点（tree nodes）两种编码形式，对访谈进行编码、分类、解析及汇整，先以人工方式对原始访谈资料进行关键字分析，再依据关键字建构自由节点进行编码及相关内容资料的整理，并根据自由节点进行树状节点的建构和归类，通过此程序完成概念聚拢和范畴整并。其中，自由节点是进行试探性的质性分析所建立的节点，树状节点是能被分类且具有树状结构的节点，即存在主从关系，而子节点从属于树状节点，是树状节点的下一层级。

编码流程第一步是先导入访谈文稿资料进行初步编码，此阶段形成207个初始节点。对其进行分析、归纳和调整后，以概念来组织树状节点，把相同的概念归类在一起，归纳出19个树状节点，并将207个节点分别归类到树状节点中。如果无法确定某段访谈内容归属哪个节点，则将其视为自由节点，在后期确定内容归属后，再将其归入。第二步是通过软件分类提取不同类别节点下的内容，将所有访谈文稿资料编码结束后，通过软件分类提取不同类别节点下的内容，将其合并或重

---

[1] 本研究访谈团队成员包括姚孟雪、涂樱芝、姜懿宸、曾琢、龙雨欣、李小龙、陈奕宁、王梵璐、刘慧雯、刘佳琪、马汀、李泽雨、郑相麒。

组，对部分子节点的内容进行相应调整。第三步是将层级关系整理形成主要研究类别，在对编码中的层级关系以及相互关系进一步分析整理后，形成 8 个主要研究类别，共计编码 635 个节点。访谈及研究的主要类目见表 1。

表 1　主要研究类目

| 序　号 | 研　究　类　目 | 参考点 |
|---|---|---|
| 1 | 基本情况 | 115 |
| 2 | 经济影响 | 26 |
| 3 | 生活影响 | 20 |
| 4 | 健康影响 | 12 |
| 5 | 学习影响 | 19 |
| 6 | 媒介使用 | 194 |
| 7 | 家庭焦虑变化 | 101 |
| 8 | 屏幕—焦虑相关关系 | 83 |

受访者以女性为主(20 名女性、6 名男性)，平均年龄为 45 岁。2020 年上半年的居住地有 6 个家庭在上海、6 个家庭在四川、3 个家庭在山东，各有 2 个家庭在浙江、安徽、江西、湖南、新疆，还有 1 个家庭在云南。其中，七成的家庭是家长与子女同住，三成的家庭是家长与子女及其祖辈三代同住。大部分家长为企业人员以及教育行业从事者，其中也有疫情一线工作人员，比如小区居委主任、书记以及媒体从业人员等，工人只有 1 位。受访家庭的子女集中于初中和高中阶段，其中处于升学阶段的(高三、初三、小升初)有 13 个家庭(表 2)。

表 2　受访者信息汇总

| 编号 | 受访者 | 年龄 | 性别 | 居 住 地 | 职　业 | 学历 | 子女性别 | 子女年龄 | 子女就读情况 |
|---|---|---|---|---|---|---|---|---|---|
| S1 | 姚女士 | 41 | 女 | 湖南省长沙市 | 早期教育 | 大学 | 女 | 13 | 初一 |
| S2 | 江女士 | 52 | 女 | 湖南农村 | 无 | 小学 | 男 | 17 | 高三 |

（续表）

| 编号 | 受访者 | 年龄 | 性别 | 居住地 | 职业 | 学历 | 子女性别 | 子女年龄 | 子女就读情况 |
|---|---|---|---|---|---|---|---|---|---|
| S3 | 聂女士 | 44 | 女 | 四川省绵阳市 | 小学教师 | 本科 | 男 | 18 | 高三 |
| S4 | 李女士 | 42 | 女 | 四川省绵阳市 | 小学财务 | 大专 | 女 | 16 | 高二 |
| S5 | 王先生 | 48 | 男 | 山东省烟台市 | 培训讲师 | 大学 | 女 | 16 | 初四 |
| S6 | 李女士 | 42 | 女 | 山东省烟台市 | 公司副总 | 大学 | 女 | 14 | 初四 |
| S7 | 田女士 | 43 | 女 | 安徽省芜湖市 | 小学教师 | 本科 | 女 | 17 | 高二 |
| S8 | 张女士 | 45 | 女 | 安徽省合肥市 | 药学研究者 | 博士 | 男 | 14 | 初二 |
| S9 | 葛女士 | 43 | 女 | 四川省汶川县 | 国企职工 | 本科 | 男 | 16 | 高二 |
| S10 | 江女士 | 47 | 女 | 四川省成都市 | 国企职工 | 本科 | 女 | 16 | 高二 |
| S11 | 李先生 | 52 | 男 | 四川省南充市 | 乡镇小学教师 | 本科 | 男 | 12 | 初一 |
| S12 | 李女士 | 46 | 女 | 四川省南充市 | 教育机构人员 | 高中 | 男 | 19 | 高三 |
| S13 | 高女士 | 47 | 女 | 浙江省杭州市 | 银行职员 | 本科 | 女 | 18 | 高三 |
| S14 | 杨女士 | 50 | 女 | 浙江省嘉兴市 | 驾校教练 | 初中 | 男 | 17 | 高三 |
| S15 | 王先生 | 48 | 男 | 新疆乌鲁木齐 | 建材行业 | 专科 | 女 | 18 | 高三 |
| S16 | 范女士 | 44 | 女 | 新疆乌鲁木齐 | 公务员 | 专科 | 女 | 14 | 初三 |
| S17 | 李女士 | 56 | 女 | 山东省潍坊市 | 个体户 | 高中 | 女 | 14 | 初二 |
| S18 | 曹女士 | 47 | 女 | 云南省普洱市 | 工厂工人 | 初中 | 女 | 15 | 高一 |
| S19 | 谢女士 | 35 | 女 | 江西省新余市 | 美甲店老板 | 本科 | 女 | 12 | 预初 |
| S20 | 袁先生 | 49 | 男 | 江西省新余市 | 融媒体中心 | 本科 | 男 | 17 | 高三 |
| S21 | 蒋先生 | 39 | 男 | 上海市 | 小区居委主任 | 本科 | 女 | 14 | 初二 |
| S22 | 陈女士 | 44 | 女 | 上海市 | 小区居委书记 | 本科 | 男 | 18 | 中专 |
| S23 | 张女士 | 42 | 女 | 上海市 | 初中数学教师 | 本科 | 男 | 15 | 初三 |
| S24 | 张先生 | 47 | 男 | 上海市 | 管理人员 | 高中 | 女 | 18 | 高三 |

（续表）

| 编号 | 受访者 | 年龄 | 性别 | 居住地 | 职　业 | 学历 | 子女性别 | 子女年龄 | 子女就读情况 |
|---|---|---|---|---|---|---|---|---|---|
| S25 | 华女士 | 39 | 女 | 上海市 | 银行经理 | 硕士 | 男 | 13 | 初一 |
| S26 | 时女士 | 40 | 女 | 上海市 | 公司人事 | 大专 | 男 | 11 | 预初 |

## 四、家庭媒介使用情况与变化

家庭的疫情信息获知渠道以手机为主，特别是社交类与资讯类的应用程序（48.72%），传统媒体只有电视仍被提及（15.39%）。调研人员对受访家庭的疫情信息获知渠道进行编码，共得到 39 个信息来源渠道，其中 30 个被提到的信息来源为网络媒体，这 30 个网络媒体中有 22 个来源确认为手机 App 即至少有 56%的家长使用手机来获取疫情相关信息。在传统媒体中，电视是受访家庭中提到的唯一的传统媒体渠道，还有少数人通过线下交流获知疫情相关信息，比如亲友聊天（7.69%）（表 3）。

表 3　疫情信息获知渠道

| 编码名称 | | 参考点 |
|---|---|---|
| 疫情信息获知渠道 | | 39（合计） |
| 网络媒体 | 社交类 App | 11（28.21%） |
| | 资讯类 App | 8（20.51%） |
| | 其余网络媒体 | 8（20.51%） |
| | 搜索类 App | 3（7.69%） |
| 传统媒体 | 电视 | 6（15.39%） |
| 线下交流 | 亲友交流 | 3（7.69%） |

2020 年上半年，家长的媒介使用目的主要集中于工作、娱乐和信息获取三个

方面，居家隔离阶段（2020 年 3～4 月）屏幕使用时间总体增加，主要源于休闲娱乐增多、线上办公增多、信息获取增多。复工返校阶段（2020 年 5～6 月），家长的屏幕使用逐渐减少，主要体现在线上办公、休闲娱乐的减少，但是对于疫情信息的获取需求没有减少。媒介使用的变化从居家隔离阶段（2020 年 3～4 月）屏幕时间的急剧增加，到复工返校后（2020 年 5～6 月）稍微降低，但是 2020 年 6 月之后又有持续增长的趋势。

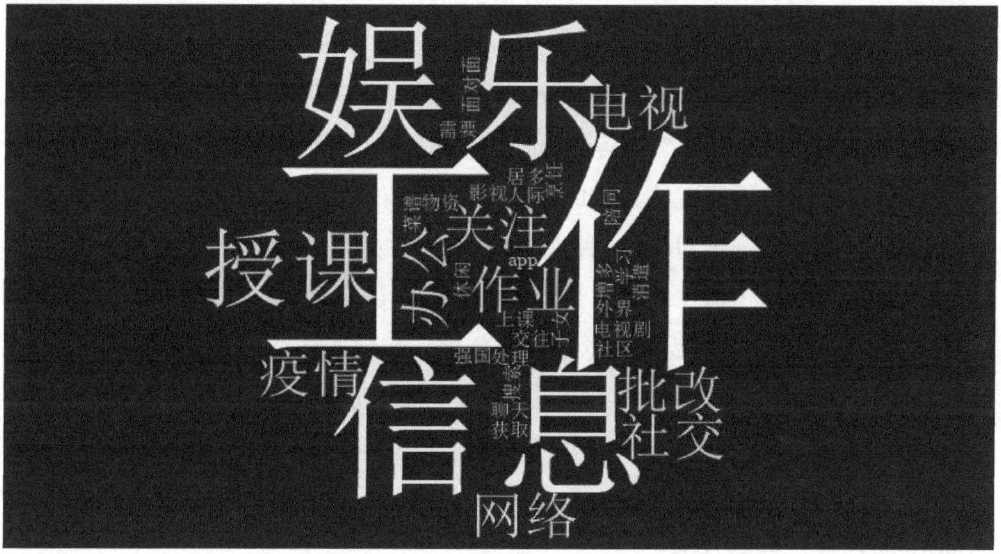


图 1　2020 年上半年家长媒介使用目的词频分析

数据分析公司 APP Annie 在《新冠肺炎已永久改变移动消费行为（2020 上半年）》中分析指出：仅在 2020 年上半年，消费者在移动设备上花费的时间已超过 1.6 万亿小时[1]。伦敦大学的心理研究学者通过实验研究发现，养成一种习惯平均需要 66 天。从 2020 年年初疫情发生到同年 5 月复工返校，人们的媒介使用已养成新的习惯。受访家长表示比起疫情之前，现在更习惯线上购物与线上办公，子女则更习惯线上交流以及线上学习的状态。可见居家防疫的经历使得多数家庭屏幕使用时间增加，无论是工作、学习、获取信息、社交、娱乐都是通过网络媒体达成，

[1] APP Annie：《新冠肺炎已永久改变移动消费行为》，2020 上半年，Retrieved from：https://www.data.ai/cn/insights/market-data/covid19-consumer-behavior-mobile/.

其中最多使用的设备是手机。

“至少工作的时候你肯定不会去刷一些什么新闻啊或者上网购物……几个月下来了之后呢，有一些人觉得线上交流也可以解决问题了，那么倒更加习惯于这种方式。”(高女士，47 岁，银行职员，浙江省杭州市)

## 五、家长的焦虑影响因素

焦虑如何定义？Scovel 认为焦虑是一种不安的紧张状态，是客体发生间接联系的而产生的恐慌[1]；Horwitz 和 Cope 认为焦虑是一种紧张、恐惧、不安和担心的主观感受[2]；国内学者李焰等人认为焦虑的定义因研究者理解不同显得广泛而模糊，如认知定向研究者认为焦虑是对消极事物的预期，生理定向研究者则把焦虑看成是一种情绪、一个动机、一种人格特质[3]。另有学者从哲学视角出发对焦虑进行研究，如罗洛·梅在存在主义哲学的基础上认为，个体无时无刻不受到存在感丧失的威胁，而对这种威胁的觉知就是焦虑。焦虑的实质是当人的存在受到威胁时的一种心理活动，这种威胁不仅是指死亡威胁，还包括价值观、信念受到威胁，是一种强烈的心理冲突[4]。本文对焦虑的定义是个体不安和担忧的主观感受，并自觉产生行为和情绪的变化，行为包括失眠、踱步、脾气暴躁等，情绪变化体现为强烈的不安、挫败、恐惧的状态。

从访谈分析中发现，影响受访者焦虑的因素包括疫情发展、子女学业、家人健康、工作压力、经济状况等。对编码情况进行词频分析后发现：“疫情”是出现频率最高的焦虑来源，其次是“学习”，指的是子女的学习情况。经过文本分析与编码汇总，在所有影响受访者焦虑的因素中，提取“学习”“健康”“生活”“经济”“工作”五个主要因素进行分析(图 2～图 3)。

---

[1] Scovel T："The effect of affect on foreign language learning: a review of the anxiety research", *Language Learning*, 1978, 28, pp. 129 - 142.

[2] Horwitz E K, Cope J："Foreign language classroom anxiety", *The Modern Language Journal*, 1986, 70, pp. 125 - 132.

[3] 李焰、王极盛：《焦虑理论研究的回顾与展望》,《健康心理学杂志》1999 年第 2 期，第 127 - 128 页。

[4] 夏烨、丁建略：《罗洛·梅的焦虑理论述评》,《医学与哲学(人文社会医学版)》2008 年第 7 期，第 71 - 72 页。

图 2　影响家长焦虑的词频分析

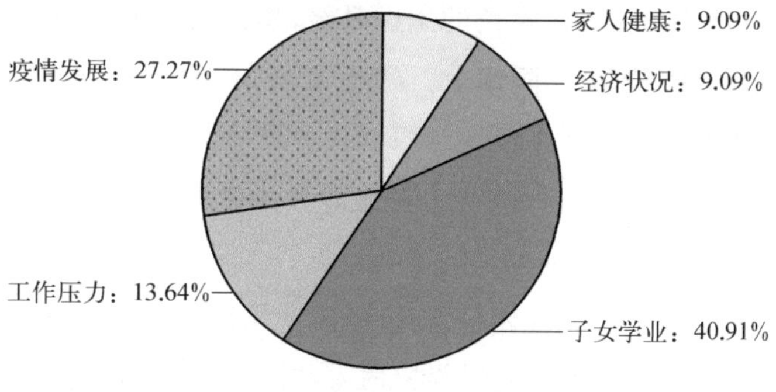


图 3　居家隔离阶段(2020 年 3～4 月)家长焦虑的影响因素

### （一）学习与焦虑

除了对疫情的担忧之外，子女的学业状况是引起家长焦虑的最主要因素，且在居家隔离阶段，家长对其子女学习的担忧远超过对疫情的担忧。访谈分析发现，子女处于升学阶段的家庭焦虑程度更高。升学压力普遍存在于青春期阶段的子女。其中，面对升学考试这一年的压力最大，受访家庭中，子女面临升学考试的家庭，家长和子女焦虑的程度更高，家长会因子女延期开学，在家学习状态不佳等问题而产生比较严重的焦虑心理。部分家长提出，网课对于孩子的学习效果十分不确定，学习质量普遍不佳，且还存在无人监督的各种诱惑，有的孩子会出现“开着网课、玩着游戏或是忙着聊天”等各种情况。

“她要高考了，然后我们着急，为什么学校还不开学，毕竟是最后一年，像高三毕竟是就是因为这个高考的问题着急。”（张先生，47 岁，管理人员，上海市）

“你看包括我的娃儿，你看他不是高三是高四了，应该是很紧迫的一个事情是吧？但他不重视，我还记得我直接把他手机从窗户上扔下去……他就自己听网课，然后他经常挂在上面（不听课）。然后自己去玩，我刚开始晓不得，因为我觉得他那么大个应该是比较知事了，又是自己想去复习的。自己想复习，我觉得他应该对人生有一个目标嘛，但当我发现第一回之后，然后第二回第三个回，我气得不行了，我就把手机扔下去了。”（李女士，42 岁，教育机构人员，四川省南充市）

### （二）健康与焦虑

居家隔离阶段家长对家庭成员健康的担忧最为强烈，多数受访者都表示健康状况下滑，包括失眠与视力下降等，主要原因是运动量不足、缺乏锻炼、屏幕使用过多、焦虑情绪等。复工返校后，家长的焦虑升级，焦虑的原因从对自己与家人的健康状况转移到了对疫情感染的隐忧上。

“就是感觉他的视力怎么办？本身眼睛视力就不好，这样成天地看屏幕，成天地坐着，然后连站起来的时间都很少。对他的身体健康还是很担忧的。”（江女士，47 岁，国企职工，四川省成都市）

“因为学生和学生家长的群体范围很广，所以就很担心，万一是有人感染了，或者是怎么样的，就会对自己或者是对周围的人，对家人都造成影响。所以最开始的时候，又比在疫情居家防疫期间的焦虑有所增加。”（聂女士，44 岁，小学教师，四川省绵阳市）

### （三）生活与焦虑

疫情对于生活的影响集中于两个方面：一是受访者感到生活质量下降，二是不适应社交方式的变化。访谈发现，生活质量与线下社交机会减少的幅度越大，家长的焦虑程度越高。多名受访者表示，在居家隔离期间原有的出行等日常计划被迫中止，延期开学与复工使得家长的日常生活重心转移到家庭内部，地理位置上被困于家庭这一狭小空间，日常交流沟通也被家庭琐事所占据，与此同时，物质条件与精神条件也受到一定程度的影响。虽然信息化交往手段能在一定程度上弥补朋友网络受到的弱化，但非接触式的人际交往仍然无法完全实现沟通的即时性和全面性。

"因为商场关门所以什么都买不到或者能够买到的东西比较少，因为封闭式的居家隔离，所以也很少有机会能够出去……购不到物，生活用品买不到，吃的方面可能质量有所下降。"(曹女士、工厂工人)

"主要问题是待在家里无聊，本来就是天天晚上该干吗，要出去就出去玩，天天待在家里，什么地方都封掉。"(张先生，47 岁，管理人员，上海市)

### （四）经济与焦虑

经济条件是维持家庭运作的必备条件，受访者在经济方面虽然有半数受到影响，但在一定时间内都还能够支撑，因此经济情况没有成为最主要的焦虑因素。即使如此，依然可见家庭收入受到疫情影响越大的受访者，越容易引发焦虑情绪。从受访者的经济状况编码来看，46％的受访者表示疫情对于家庭经济情况并无影响，50％的受访者表示家庭的收入减少，支出增加。

"当时主要焦虑的来源就是这个嘛，就是生活收入一下没了、停了。"(王先生，48 岁，培训讲师，山东省烟台市)

"我最担心的一块儿就是对我们经济的影响，因为这个疫情都需要在家隔离，在家不外出，我们什么时候上班，对我们特别是我们这个行业，因为它毕竟不是生活必需品，而是高档消费品，这个影响会有多大。这个比较担心。"(李女士，42 岁，公司副总，山东省烟台市)

### （五）工作与焦虑

职业性质与工作环境同样会引起个人的心理焦虑。家庭成员的职业与疫情越相关，工作环境或方式与原有情况相差越大，越容易引发焦虑。身为小区居委书记的受访者陈女士表示，居家隔离期间因为要跟进防控工作，长期处于一种身心紧绷状态，还有受访者因为配偶在抗疫一线工作而感到担忧。此外，还有工作方式的不适感，居家办公的工作模式引起了多数家长的不适，家庭内部的活动领域被工作占据，感到私人生活空间受到侵犯。

"睡不着，晚上睡不着。11 点之后我过了我最想睡的时间，我就睡不着，翻来覆去想：明天早上小区居委干吗，做什么事情对吧？有一些紧急的宣传；然后谁家的探头坏掉了还没装，有的装了之后要调试的，要叫电信，明天早上通知他们过来；楼道里面人传人也蛮危险，人家都不愿意去的。”（陈女士，44岁，小区居委书记，上海市）

“我爱人是政府机关的，大年初二就要出去执勤。那时候我们也害怕他，都不想让他回家了。因为我们最初是不知道（病毒）传染能力到底有多强、有多严重，我们心里还是有些恐惧的。而且当时也没有特效药……怎么治还是个问题。”（李女士，42岁，公司副总，山东省烟台市）

“那个环境就不像是办公的环境，家里就不应该用来办公，家里就是一个家庭生活的休息的地方。”（江女士，47岁，国企职工，四川省成都市）

## 六、媒介使用对焦虑的影响

受访者的焦虑程度随着疫情初始阶段、居家隔离阶段、复工返校阶段三个阶段发生改变。从占比来看，居家隔离阶段（2020年3～4月）既是家长的媒介与屏幕使用最高阶段，也是受访者焦虑程度最高阶段，但是这并不能说明焦虑与媒介使用的因果关系（图4）。访谈发现，媒介使用既能缓解焦虑，也能增强焦虑，甚至可能是焦虑的来源。媒介使用对家长的焦虑影响主要有两个方面：一方面是获取的信

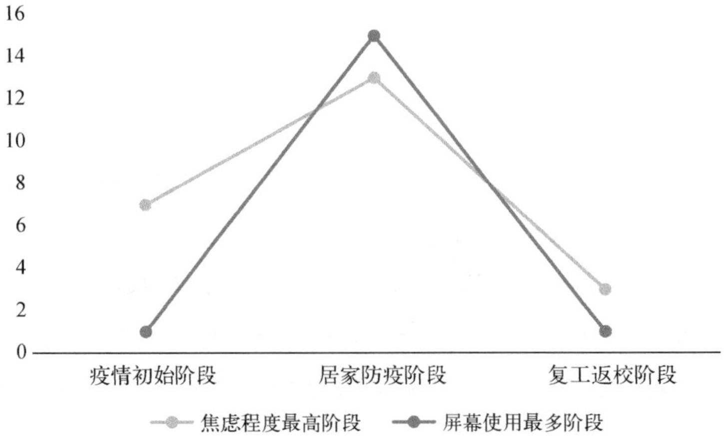


图4　家长媒介使用与焦虑程度的阶段变化

息内容，另一方面是子女的媒介使用。事实上，前述分析与焦虑相关的因素中，除了经济状况之外，其他如疫情、工作、子女学习、家人的健康、生活等都与媒体相关。此外，媒介使用也与家庭沟通紧密关联。

### （一）媒介使用缓解焦虑

媒介使用在减少焦虑方面的作用主要是通过信息的获取降低疫情环境的不确定性、休闲娱乐转移注意力、线上社交缓解情绪、媒介使用增强家庭沟通等。

“社交媒体有时候传播新闻不一定是真的，但是有的时候因为它传播速度很快嘛，一些没被官方承认的新闻流出来，我看见了之后会比较担心紧张，而一些官方媒体的报道比较客观真实，看出来并没有什么焦虑感。”（华女士，39岁，银行经理，上海）

“会啊，比如说看会看一些娱乐新闻，或者是一些积极向上的东西，来稍微缓冲一下，就不那么紧张。”（谢女士，35岁，美甲店老板，江西省新余市）

“比如说在居家防疫的时候，和朋友聊天嘛，可以疏解缓解焦虑嘛。”（聂女士，44岁，小学教师，四川省绵阳市）

### （二）媒介使用增强焦虑

媒介使用增强焦虑主要在于“信息疫情”带来的认知危机、子女线上学习的效果担忧、媒介依赖导致亲子关系疏远以及过度的媒介使用对身体健康的危害几方面。

1. “信息疫情”焦虑

世界卫生组织（WHO）全球传染性危害防范部门主任茜尔维·布里安德（Sylvie Briand）博士指出，伴随着新型冠状病毒感染疫情的暴发，同时也是“信息疫情”（infodemic）的暴发。“信息疫情”指的是过多的或正确或错误的信息反而使得人们难以发现值得信任的信息来源和可以依靠的指导，甚至可能对人们的健康产生危害[1]。另外，由于许多社交媒体平台的算法推荐机制，会将更多的疫情信息推送至用户手中，如此形成一个“疫情信息茧房”，更加强化了用户的焦虑情绪。

“现在屏幕使用，你关注了一些信息之后，它不是会智能识别，把一些你曾经关

---

［1］ 世界卫生组织：《病毒之外，“信息疫情”同样会危害健康》，（2020－02－09），Retrieved from：https://zhuanian.zhihu.com/p/106004551.

心过的信息就集中推送给你,那么有时候这种信息可能会加重你的焦虑感……接受了一些使人焦虑的信息之后,会变得更焦虑吧。"(高女士,47 岁,银行职员,浙江省杭州市)

"焦虑肯定是有……人家给我们说的就是最好睡觉前会把不要看那些信息,因为那阵真的很严峻的……每天电子产品或者手机上头条或各方面接触的全是那样子,你说哪有可能不看的。"(范女士,44 岁,公务员,新疆乌鲁木齐市)

"对,开始就是这样的,因为信息获取不太全面、不太完整,也不太准确,所以说会增加我个人的焦虑状态……但是因为我当时就是太焦虑导致会在网上搜各种信息,然后将自己错误的状态和它匹配,导致了我(处于)比较焦虑的状态。"(李女士,56 岁,个体商户,山东省潍坊市)

2. 子女的网课学习焦虑

受访家长感到焦虑最多的是子女网课学习与学习效果。特别是认为自己孩子自制力不好的家长更是焦虑,而其子女面临升学压力的家长,其焦虑程度已经影响日常生活。自疫情出现以来,大多数父母都面临着居家教育的压力,不仅国内如此,国外研究也发现,每 5 个父母中就有 2 个符合严重抑郁症标准和中度焦虑标准,育儿压力与家庭教育都与父母的焦虑指数呈正相关[1]。

"在家里待着虽说是看的学习,可是觉得成效还是没有想象的那样。她可能,也不是特别集中……看着我觉得家长的焦虑比学生的焦虑可能会更大。"(范女士,44 岁,公务员,新疆乌鲁木齐市)

3. 子女的屏幕依赖焦虑

Elizabeth Johnson Avery 等人研究指出,在新冠疫情期间,家长们接收到了许多保护指令,包括社交距离、卫生命令、媒介限制等,为了保证子女的学习生活、身体健康,父母制定出这些行为规则,但是让孩子正确遵守规则却是一项更加艰巨的任务[2],在命令与控制的环境下,亲子之间难免会产生冲突。另外,家长和子女各

[1] Shawna J L, Kaitlin P W, Olivia D C, Kasey M D:"Parenting activities and the transition to home-based education during the COVID - 19 pandemic", *Children and Youth Services Review*, 2021, pp. 122.

[2] Elizabeth J A, Sejin P:"Perceived knowledge as [protective] power: parents' protective efficacy, information-seeking, and scrutiny during COVID - 19", *Health Communication*, 2021, 36 (1), pp. 81 - 88.

自使用屏幕可能导致家庭成员的沟通交流减少。

“他们(子女)其实现在不知道,线下正式开学之后,他们对于电子产品的依赖性会非常明显,然后家长有时候杜绝不了,孩子会在家里闹,不给不行。”(张先生,47岁,初中教师,上海)

“我觉得在家里待了一段时间之后,不知道是因为玩电子产品还是什么原因,很多时候因为以前我们上下班,下课回家,他(子女)有什么新鲜事物都会和我们沟通,但是通过不知道是因为他年龄段还是这次疫情宅家的原因,他情愿大部分的时间用来看书或刷一些电子产品,也不太愿意跟我们聊,而主要在社交网络上去聊。”(谢女士,35岁,美甲店老板,江西省新余市)

## 七、结论与建议

根据访谈数据分析结果,此次访谈“中年家长”主要有以下五点发现。

### (一) 社交媒体成为疫情信息获取的主要渠道

与2003年的非典相比,这次的新冠疫情有一个突出的特征,就是互联网技术、移动通信技术等支撑的社交媒体系统改变了传统的信息传播模式,丰富了人们信息获取的渠道。包括新闻媒体、社交媒体、医学媒体、聚合媒体、政务媒体等在内的多种媒介,既提升了信息传播的速度,做到全时化、实时化,也在这一次的疫情当中极大地凸显了媒介在社会治理体系中的重大作用,全面发挥了传递信息、社会协调、舆论引导、社会治理、凝心聚气的关键作用,是抗疫工作能够顺利开展的重要纽带和关键环节之一。

### (二) 信息焦虑来自于信息过载下的情绪蔓延

新媒体带来全球各地的即时消息,但与此同时,“信息疫情”也随之暴发。在社交媒体看到的疫情相关信息或真或假,牵动着人们的情绪。Richard S. Wurman在20世纪80年代首次提出了“信息焦虑”这一概念,他认为“信息焦虑是数据和知识之间的一个黑洞,在信息不能告知人们需要了解的东西时,它就会产生”[1]。

[1] Wurman R S:《信息饥渴——信息选取、表达与透析》,李银胜等译,电子工业出版社,2001年,第19-23页。

Bawden 等认为，引发信息焦虑的因素主要是源于个体无法获取、理解或利用信息，他认为这种压力状态主要受个体对信息环境的理解、信息组织与呈现方式、信息超载等方面的影响[1]。在居家防疫期间，这种由信息引发的焦虑表现得尤为明显。受访家长表示，2003 年的非典确实没有信息焦虑的问题，但是他们仍然选择现在的媒介生态，且认为官方媒体的信息发布不太会带来焦虑情绪，只是如何克制自己只看官媒有一定的难度。

**（三）新媒体犹如双刃剑亦是家庭关系的调节阀**

媒介使用对家庭关系的影响具有正负双向作用：一方面是负面影响，主要体现在家长限制子女媒介使用而造成的亲子关系冲突，且家长与子女沉浸在各自的设备中，压缩家庭交流的时间；另一方面是正面影响，居家防疫期间的媒介使用促进亲子关系，例如在媒介上看到的信息成为共同谈天的话题，还有少数家长会陪同子女进行网课学习，增加相处的时间与沟通的频率。由此可见，家长与其子女双方共同制定媒介使用规则极为重要，减少各自使用设备的时间，不仅可能减少冲突，还能增进家庭成员沟通交流的机会。

**（四）子女的学业与健康是家长最主要的焦虑来源**

子女居家学习期间，家长不仅扮演父母的角色，也参与到子女的学习中来，成为子女学习的监督者、参与者。多数家长对网课的学习效果并不满意，一方面，网课缺乏传统课堂的监督性和学习氛围，对于一些自制力较差的同学而言学习效果欠佳；另一方面，网课缺乏对学习效果的及时测验，使得家长们因无法把握子女的学习状况而促使焦虑情绪的形成。

**（五）对国家的信念有效缓解焦虑**

访谈发现，受访者对国家的信念力量可以有效缓解焦虑，且受访者在工作岗位上抗疫的精神令人印象深刻。一位从事记者工作的受访者告诉我们，他每天的压力是如何呈现真实的报道并且不引起恐慌；还有一名小区居委书记，为了做好小区的服务工作而屡屡失眠。从新冠疫情暴发到有所控制的整个 2020 年，在繁重的工作与对子女的重重担心之下，支持他们的是对国家的信念。

---

[1] Bawden D, Robinson L："The dark side of information: overload, anxiety and other paradoxes and pathologies", *Journal of Information Science*, 2009, 35(2), pp. 180 - 191.

“尽量不要造成恐慌，这是肯定的，是吧？有国家这么坚强后盾，党和政府牢靠，其实这么牢靠不用担心。”（袁先生，49岁，融媒体中心记者，江西省新余市）

“有些时候害怕，是因为当逐渐了解到疫情是一种比较严重性的传染疾病之后，害怕的情绪逐渐多了起来。但是我相信我们国家这么强大，看到政府开始积极应对疫情，开始为了疫情做出各种措施，我相信是没有问题的，我的害怕的情绪其实是慢慢减少的。”（曹女士，47岁，工厂工人，云南省普洱市）

我们所访谈的“中年家长”们，最主要的焦虑都是来自子女的学习情况与健康状况，而这两点都与媒介使用相关，即长时间使用新媒体与过度依赖屏幕带来的时间耗费及健康问题。俗话说，“家家有本难念的经”，但从我们的受访家长来看，对于子女的担忧更像是一本“共同难念的经”。如何减轻家长的焦虑？家庭的媒介使用有什么准则？我们从这次的居家防疫学到了什么？未来如果再次出现居家封闭的需要时，我们要做哪些的准备？家长们需要哪些支持来维持家庭的正常运作？从访谈分析结果推导，减轻家长焦虑至少可从以下三个方面展开。

1. 升学压力的疏导

提高网课学习效果固然重要，但减轻升学压力才是治本。然而，在竞争激烈的现实环境中，减轻升学压力听起来像是不可能的任务，或许只能先从家长心态上调整，尽可能在心里放宽对子女的要求。在急剧成长的青少年阶段，给予子女关怀与支持，用关心替代担心，关心子女的学习情况、媒介使用内容，使用社交平台的感受等，并引发子女谈论使用互联网的所见所闻，由他们来引导家庭讨论，一步步陪伴他们从小孩到成人的蜕变。

2. 媒介使用的引导

一方面降低屏幕使用时间，另一方面增加家庭媒介共用的机会。降低屏幕时间并非个人努力就能达成的，还需要学校、企业、单位各方面的共识，例如学校可在网课期间减少作业量，家庭成员自定屏幕使用规范，全家人共同努力平衡线上与线下生活。引导家庭媒介共用的机会，已有国内学者提出以大屏取代小屏[1]，让全家人回到一同观赏节目的旧时光，至于西方学者倡导的新媒体共用方式在我们的

[1] 王冬冬、陈舒婷：《疫情防控背景下家庭连接关系强度的影响因素研究》，《新闻记者》2021年第3期，第87－96页。

语境中难度较高，因为中国多为双薪家庭，父母较难有时间和精力陪伴子女共同使用新媒体，且在青少年阶段更难达成。

3. 外部环境的支持

包括经济与社交两方面的支持政策。在我们访谈的家庭中，并没有严重经济问题的家庭，然而，经济情况是家庭稳定的基石，在特殊时期提供困难家庭基本的经济支持渡过难关是必要的。在社交方面，都市的生活空间有限，家庭隔离造成的幽闭空间对情绪有一定的影响，在实际考察可行的情况下，运用社交媒体加强邻里之间的交流，例如从家庭隔离扩大到一层楼或一栋楼的隔离，甚至扩大到小区的隔离，地理空间的扩大带来更多的资源共享与交流机会，犹如回到集体生活的形式，也便于组织体能锻炼与非接触式的社交活动。

我们的访谈团队由大学生组成，他们在分享访谈心得时提到，对于这些与自己父母年龄相仿的“中年家长”有了更深刻的认识，“以前知道父母的压力大，但不晓得是这么大”。团结一心“全民抗疫”令这些年轻的访员们深深感动，而家庭如何在居家防疫的特殊时期，维持线上与线下生活的平衡，不让媒体设备成为“最重要的家人”，这同样需要所有家庭成员团结一心、相互协作与积极应对；在家长的引导下，共同制定适合自己家庭的媒介使用规则，从而缓解家长自身对子女的焦虑，化解家庭成员因媒介使用而引起的冲突与矛盾。除了家庭自身的努力，各界也应提供必要的支持，巩固家庭作为社会基本单位的安定力量。

# 网络社会传播中传受情绪的“正”与“反”
## ——基于今日头条的实证分析

阳　恬*

**摘要**：随着自媒体时代的发展，传媒环境不断更迭换代，受众的自主性不断增强，这不仅表现在受众信息搜集与发布的自主性增强，受众情绪表达的自主性也在不断增强。在情绪传播过程中，传播者情绪与受众情绪之间的关系和结构特征即本文研究的主要问题。本文以国内的重要网站今日头条为对象，关注的核心问题是网络社会传播中的情绪传导机制问题。在网络传播过程中，情绪传播者与情绪接收者之间存在着情绪不对称性，受众情绪的可控性可能并非传统传播理论中预设的那么乐观，传者无法完全把控受众的情绪。受情绪本身愉悦度、激活度及优势度的影响，受众情绪会在接收过程中发生“变异”，传受之间的情绪传播效果不仅限于正向的情绪设置，还出现了受众的反向情绪对抗。

**关键词**：网络社会；情绪传播；情绪传导机制；反向情绪；情绪极化

## 一、文献回顾与理论阐述

在网络社会的环境下，情绪不再是媒介中被动的、被封装的对象，而是具有主动性的形式。情绪的类型和情绪特征，关系到它在媒介中的传播速度和力度[1]。

---

*　阳恬，同济大学艺术与传媒学院硕士。

[1]　徐翔：《新浪社会新闻传播中的“情绪偏好”效应与特征研究——基于新浪社会新闻的网络挖掘与实证分析》，《国际新闻界》2017年第4期，第76－94页。

换而言之，情绪在现代网络社会的信息传播中的作用越发重要。

进入情绪传播时代，情绪的作用越来越受到学界关注，有关情绪传播的研究也不断增多。在有关互联网情绪传播的研究中，Huffaker 研究在线论坛时发现，那些在消息中利用更多情感语言（包括积极的和消极的）的人比不这样做的人能收到更多的反馈[1]。Pfitzner 等人研究了 Twitter 中表达情感的情况对后续转发效果的影响，发现情绪分歧（emotional divergence）确实对微博的转发产生了影响，进而影响信息的传播，情绪分歧高的微博被转发的机会就多[2]。赖胜强、唐雪梅"通过对实验数据的分析，情绪化谣言组的受众比无情绪化谣言组的受众具有更高的信息转发意愿，从而证实了情绪化谣言对谣言受众的转发行为具有更大影响"[3]。冯杰等人针对微信的研究也发现，表达策略在情感维度上的差异会造成传播效果上的差异，较情绪化的表达比较能够唤起用户的共鸣[4]。

传播学的主要情感研究观点认为，传播过程中存在着情绪的传染和感染现象。最早提出情绪感染概念的是 McDougall，他认为情绪感染是通过基本的共鸣反应而产生的对情绪的直接感应[5]。Hatfield 等人把情绪感染看作是个体主动模仿他人的语言和非语言信息，并实现情绪上的同化[6]。情绪的感染在其强意义上会形成情绪的同向正反馈和社会"情绪的螺旋"。Smith 和 Conrey 指出，群体内某一成员的正面或负面情绪感染到群体内其他成员，并在成员间形成多次情绪的反复加强，推动群体中的成员形成同质化的情绪状态和社会认知[7]。群体内的情绪通过个体之间的社会交互作用形成，反过来增强和控制个体的情绪反应。

---

[1] Huffaker D: "Dimensions of leadership and social influence in online communities", *Human Communication Research*, 2010, 36(4), pp. 593 - 617.

[2] Pfitzner R, Garas A, Schweitzer F: "Emotional divergence influences information spreading in twitter", Proceedings of the Sixth International AAAI Conference on Weblogs and Social Media, Dublin, Ireland, 2012, pp. 543 - 546.

[3] 赖胜强、唐雪梅：《信息情绪性对网络谣言传播的影响研究》，《情报志》2016 年第 1 期，第 116 - 21 页。

[4] 冯杰、唐亚阳：《社交媒体情感化表达与传播效果的关系—以微信公众号文章情感化表达为例》，《新闻界》2017 年第 2 期，第 70 - 74 页。

[5] Mcdougall: "*Outline of Psychology*", New York: Scribner, 2018, pp. 923.

[6] Hatfield E, Cacioppo J, Rapson R L: "Emotional contagion", *Current Directionsin Psychological Science*, 1993, 2, pp. 96 - 99.

[7] Smith E R., Conrey F R: "Agent-based modeling: a new approach for theory building in social psychology", *Personality and Social Psychology Review*, 2007, (11), pp. 87 - 104.

情绪传染及“情绪的螺旋”理论，更多的是从情绪的正向设置角度出发，强调情绪在传播过程中的作用力，而忽略了媒介信息在接受与表达上的差异，也忽略了受众在情绪传播中的主动性。“社会情绪反向”现象是对受众在情绪传播主动性上的典型表现，所谓社会情绪反向即是社会情绪的反常表达。《社会心态蓝皮书》认为，“我国社会情绪总体的基调是正向为主，但存在的一些不利于个人健康和社会和谐的负向情绪基调不容乐观。困难群体中一些本该同情却欣喜、本该愤恨却钦佩、本该谴责却赞美的‘社会情绪反向’值得警惕”[1]。

网络社会传播中传受情绪的“正”与“反”关注的是传播者与受众情绪传导过程中的互相作用，受众在情绪传播中并非完全受控的乌合之众，并不会随着传播者的情绪意愿而摇摆，受众的情绪自主性是影响着受众的情绪反馈的关键因素，并能继而影响情绪传播的效果。本文将网络社会中的正反向情绪传导机制作为研究对象，探析其传播机制与内在逻辑结构。并希望通过对传受之间的情绪传导机制的把握，为我国网络社会舆论的引导提供建议。

## 二、研究设计与研究方法

结合考察上述理论基础，本文针对“今日头条”中传受之间的情绪传播结构与情绪传导机制进行研究，从不同的维度对网络社会的情绪传导机制进行考察并加以实证检验与分析。

### (一) 理论方法与测量工具

在情绪传播的研究中，对情绪的分类及界定尤为重要。在情绪分类方面，Ekman 提出人类共通的 6 种基本情绪——快乐、悲伤、愤怒、厌恶、惊讶和恐惧——的观点，并得到学界较多的认可。徐琳宏等人在 Ekman 的 6 类情感分类体系的基础上，构建了乐、好、怒、哀、惧、恶、惊、无情感 8 个大类，并在此基础上进一步细分为 23 小类[2]。本文根据研究需要与网络传播的实际特点，最终将帖子和信息的情绪分为 8 类，即乐、好、怒、哀、惧、恶、惊、无情感。每一大类的情绪下又包

[1] 中国社会科学院社会学研究所：《社会心态蓝皮书》，社会科学文献出版社，2013 年。

[2] 徐琳宏、林鸿飞、赵晶：《情感语料库的构建和分析》，《中文信息学报》2008 年第 1 期，第 116－122 页。

括若干数目不等的小类，包括“无情绪”的类别在内，共计25小类。需要说明的是，上述分类体系中表述的是“情感”类型，而本文的表述则是“情绪”类型。而且本文对于情绪和情感的概念使用，更注重的是情绪和情感的共性，即它们作为主体对于外界信息、刺激产生的一种感情反应。因此，借鉴和引用上述情感分类模型并无实际上的困难。

最终划分的25小类的情绪类别中：“乐”大类包含3种具体的小类情绪，分别为快乐、轻松、振奋；“好”大类包含尊敬、接受、相信、期望、赞扬、感动、喜爱7种具体小类情绪；“怒”大类包含烦闷以及愤怒2种小类情绪；“哀”包含悲痛、遗憾、思念、同情、无奈5种情绪；“惧”大类仅包含恐惧1种情绪；“恶”大类包贬责、轻蔑、疑虑、妒忌4种小类情绪；“惊”大类则包含惊奇与慌2种小类情绪；此外还包括一种“无情绪”类型。对于“今日头条”帖子情绪的划分，基于这25种情绪的分类体系进行。

**（二）研究假设及其主要内涵界定**

本文考察网络社会传播中传者与受者在情绪传达之间的对应关系，基于既有的研究和本研究中的情绪分类框架及模型，本文的研究假设为H：在网络社会传播过程中，传者情绪与受众情绪之间存在着非线性的情绪传播规律，受众的情绪反馈不会被传者的情绪所掌控，而是存在着较大的自主性。在此基础上，本研究的两个子假设分别如下：

H1　在网络社会传播过程中，不仅存在着情绪设置理论所提出的正向情绪，同时也存在着与情绪设置截然相反的反向情绪；

H2　不论是在正向情绪设置还是在反向情绪对抗中，传者情绪与对应的受众情绪之间存在着一定的情绪偏好现象。

在对今日头条帖子及其评论的情绪传播分析中，为避免由于某些情绪占比太大从而引发误差，本文采用“被某种帖子情绪所引发的评论情绪”及“某种评论情绪所归属的帖子情绪”作为两个关键指标，从“传播→接受”及“接受→传播”两个角度来判断传者情绪与受众情绪类别及占比之间的对应关系。帖子及其评论的情绪从对应的文字内容进行分析，而情绪的占比则由该情绪出现的频次来衡量。

此外，由于情绪是主观性极强的个人心理活动，为更好地用量化指标对情绪进行分析，本文引入 PAD 情感模型理论[1]，将离散的情绪种类与连续的情绪模型相结合，从 PAD 三个维度对本文选定 24 种情绪（不包含无情绪）进行赋值。PAD 情感模型主要由愉悦度（Pleasure-Displeasure）、激活度（Arousal-Nonarousal）、优势度（Dominance-Submissiveness）三项指标构成，每一种情感都唯一对应一个 PAD 空间坐标位置，如表 1 和图 1 所示。当 PAD 参数归一化后，情感可以用唯一的三维坐标来标识，具有高置信度的评价。

表 1　PAD 情感状态模型三维度

| | |
|---|---|
| Pleasure-Displeasure：愉悦度 | 情绪状态的正、负性 |
| Arousal-Nonarousal：激活度 | 个体的神经生理激活程度 |
| Dominance-Submissiveness：优势度 | 个体对情境和他人的控制状态 |

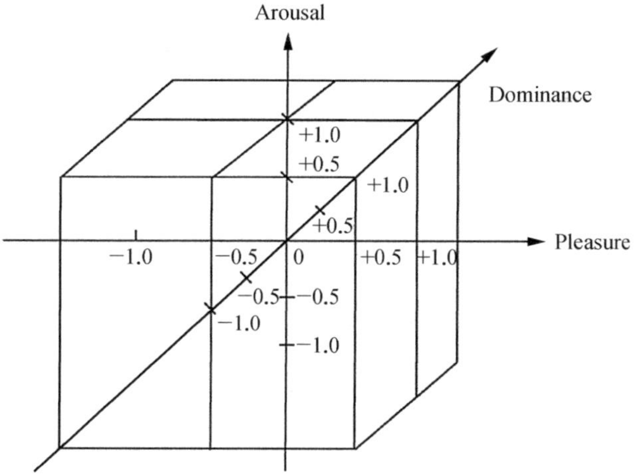


图 1　PAD 三维情感模型

在 PAD 赋值过程中，PAD 情感坐标是通过设计完整的量表体系来判定的。本文使用的量化表是由中国科学院心理研究所修订的中文简化版 PAD 情感量表

[1] Floyd M F: “Pleasure, arousal, and dominance: exploring affective determinants of recreation satisfaction”, *Leisure Sciences*, (University of Florida), 1997, 19(2), pp. 83 - 96.

(详情见附录 A)。根据对应情绪的强度,分别给每个情绪的 12 个项目分数赋值,并根据 PAD 原始分数计算公式(详情见附录 B),得出 24 种情绪最终的 PAD 值,如表 2 所示。

表 2　24 种情绪的 PAD 值三维坐标

| 情　绪 | *P* 值 | *A* 值 | *D* 值 |
|---|---|---|---|
| 悲痛 | −0.937 5 | 0.562 5 | 0.187 5 |
| 贬责 | −0.875 | 0.5 | 0.687 5 |
| 妒忌 | −0.687 5 | 0.625 | −0.25 |
| 烦闷 | −0.937 5 | 0.125 | 0.187 5 |
| 愤怒 | −1 | 0.625 | 0.812 5 |
| 感动 | 0.875 | 0.375 | −0.562 5 |
| 慌 | −0.687 5 | 0.75 | −0.5 |
| 接受 | 0.5 | 0.125 | −0.187 5 |
| 惊奇 | −0.125 | 0.437 5 | −0.625 |
| 恐惧 | −0.687 5 | 0.875 | −0.437 5 |
| 快乐 | 1 | 0.687 5 | 0.625 |
| 期望 | 0.687 5 | 0.687 5 | 0.312 5 |
| 轻蔑 | −0.937 5 | 0.562 5 | 0.75 |
| 轻松 | 0.562 5 | −0.187 5 | 0.187 5 |
| 思念 | −0.062 5 | −0.312 5 | −0.25 |
| 同情 | −0.312 5 | −0.125 | 0.125 |
| 无奈 | −0.437 5 | −0.375 | −0.625 |
| 喜爱 | 1 | 0.625 | 0.437 5 |
| 羡慕 | 0.75 | 0.375 | −0.187 5 |

（续表）

| 情　绪 | P 值 | A 值 | D 值 |
|---|---|---|---|
| 遗憾 | −0.687 5 | −0.562 5 | −0.75 |
| 疑虑 | −0.812 5 | 0.562 5 | 0.562 5 |
| 赞扬 | 0.937 5 | 0.75 | 0.312 5 |
| 振奋 | 0.812 5 | 0.562 5 | 0.562 5 |
| 尊敬 | 0.937 5 | 0.312 5 | −0.75 |

确定每种情绪的PAD值三维坐标后，通过将情绪向量坐标值绘制到向量空间中，通过余弦相似度计算公式，判断不同情绪之间的相似度。情绪余弦相似度虽受限于情绪的复杂性无法明确界定所有的正向情绪与反向情绪，但是却可作为重要的辅助判定情绪正反向的指标。余弦相似度计算公式如下所示：

$$\text{Similarity}=\cos(\theta)=\frac{A \cdot B}{||A|| \, ||B||}=\frac{\sum_{i=1}^{n} A_i \times B_i}{\sqrt{\sum_{i=1}^{n}(A_i)^2} \times \sqrt{\sum_{i=1}^{n}(B_i)^2}} \tag{1}$$

### （三）样本抓取及数据处理

今日头条是一款基于数据挖掘的推荐引擎产品，是国内移动互联网领域成长最快的产品服务之一。选择今日头条的原因一方面是取决于它强大的影响力及庞大的用户群体，另一方面是基于它强大的舆论引导能力。因为它主要提供的是新闻媒介服务，信息量大且全面，针对今日头条上的信息进行分析存在较强的普适性。

在研究过程中，首先通过编写网络爬虫代码抓取今日头条上的数十万条样本帖以及这些帖子评论区首页的热门评论。具体抓取的方法为：先从《今日头条》全部各个版面抓取到数千名发布者的账户网址（url），再对这些账户的历史发帖进行抓取。经抓取后的数据包括每一条帖子的页面链接、标题、正文、发布者、发布时间、评论数量、评论者、评论者链接、评论时间、评论内容、评论回复数、评论点赞数等信息。其中，帖子与评论存在“一对多”的关系，即若一条帖子有 $n$ 条评论，则它们总共用 $n$ 行来表示，这 $n$ 行中帖子内容都一样、但其对应的评论是不同的。抓取结果包括所属的帖子标题不为空的 5 733 585 条评论，这些评论分属于 537 972 条不同的帖子，帖子发布时间在 2015 年 10 月和 2017 年 8 月之间。进行数据清洗和删除无效数据后，剩下评论共 5 068 536 条，它们分属于 543 753 条不同的帖子。随后针对抓取到的帖子文本进行数据清洗，筛选出评论数量在 15 条以上的帖子，并在此基础上进行随机抽样，最终得到 539 条帖子及其对应的 8 085 条评论数据。

## 三、传受情绪传播过程中的正向设置与反向对抗实证分析

针对今日头条中在表达和接受上所倾向的情绪类型，研究主要从两个角度开展：一是从传者到受众，被某种帖子情绪所引发的评论情绪；二是从受众回溯传者，某种评论情绪所归属的帖子情绪。

经随机抽样，本文最终选取了 539 条帖子，95.73％的发帖为包含情绪的内容，只有 4.27％的内容为无情绪内容。此外，不同类别的情绪被表达的程度与比重是存在差异性的。从情绪的分布来看，传播者的情绪总体来说是比较正面的，“好”类、“乐”类情绪出现的频率最高。而在 539 条帖子所对应的 8 085 条评论中，94.4％的评论为包含情绪的内容，受众的评论情绪分布呈现出一个“好”“恶”参半的形势，“恶”类情绪占比最高，而“好”类情绪占比则仅次于“恶”类情绪。由此可判断，虽然传者及受众都爱表达包含情绪的内容，但显然传播者更倾向于表达正面的情绪，而受众则不存在明显的正负面情绪偏向，这也意味着传受之间并未出现明显的情绪设置倾向，传受情绪并未呈现出强烈的一致性。为进一步验证此观点，本文从被某种帖子情绪所引发的评论情绪及某种评论情绪所归属的帖子情绪两个角度出发，深入研判传授情绪在类别上的对应关系。

被某种帖子情绪所引发的评论情绪即发布者的发帖情绪类型及其对应的受众反馈的评论情绪类型。对于 8 085 条评论及其所属的帖子正文情绪，通过 SPSS 进行交叉表分析，筛选出每种帖子情绪及其 top5 的评论情绪，可得表 3。

表 3　24 种发帖情绪及其对应的 TOP5 评论情绪

| 情绪类型 | TOP1 | TOP2 | TOP3 | TOP4 | TOP5 |
|---|---|---|---|---|---|
| 悲痛 | 轻蔑 20.95% | 贬责 10.16% | 赞扬 7.62% | 接受 6.98% | 悲痛 6.67% |
| 贬责 | 轻蔑 25.24% | 贬责 20.95% | 愤怒 19.05% | 疑虑 6.19%% | 赞扬 4.76% |
| 妒忌 | 轻蔑 37.5% | 赞扬 14.58% | 接受 8.33% | 无情绪 5.42% | 贬责 4.58% |
| 烦闷 | 轻蔑 17.33% | 愤怒 16.67% | 接受 11.33% | 悲痛 9.33% | 贬责 8% |
| 愤怒 | 轻蔑 22.03% | 愤怒 19.42% | 赞扬 13.04% | 贬责 8.41% | 烦闷 7.54% |
| 感动 | 赞扬 38.18% | 轻蔑 11.52% | 感动 10.3% | 喜爱 9.09% | 接受 6.06% |
| 慌 | 赞扬 13.78% | 轻蔑 12.44% | 轻松 12% | 接受 11.56% | 贬责 9.33% |
| 振奋 | 轻蔑 23.51% | 振奋 14.74% | 疑虑 9.3% | 赞扬 8.25% | 愤怒 8.07% |
| 接受 | 轻蔑 29.58% | 接受 13.75% | 赞扬 12.5% | 疑虑 11.67% | 轻松 6.67% |
| 惊奇 | 轻蔑 29.33% | 无情绪 13% | 赞扬 11.67% | 愤怒 8.33% | 接受 6.67% |
| 恐惧 | 轻蔑 20% | 贬责 12.44% | 接受 12% | 愤怒 10.22% | 疑虑 8.44% |
| 快乐 | 轻蔑 23.7% | 赞扬 14.81% | 疑虑 10% | 无情绪 7.04% | 快乐 6.67% |
| 期望 | 轻蔑 24% | 期望 18% | 愤怒 16% | 赞扬 10.67% | 疑虑 6.67% |
| 轻蔑 | 轻蔑 32.28% | 愤怒 11.23% | 赞扬 8.42% | 接受 8.42% | 疑虑 8.07% |
| 轻松 | 轻蔑 16.13% | 轻松 15.6% | 赞扬 12.53% | 疑虑 9.33% | 无情绪 7.73% |
| 思念 | 思念 32.94% | 喜爱 10.2% | 轻蔑 8.24% | 赞扬 8.24% | 疑虑 4.71% |
| 同情 | 轻蔑 27.5% | 愤怒 11.39% | 贬责 8.33% | 接受 8.06% | 同情 7.22% |
| 无奈 | 无奈 16.67% | 轻蔑 15.19% | 愤怒 11.48% | 赞扬 9.63% | 烦闷 8.15% |
| 喜爱 | 喜爱 23.53% | 赞扬 20.39% | 轻蔑 16.47% | 愤怒 5.88% | 无情绪 5.88% |
| 羡慕 | 轻蔑 26.67% | 赞扬 16% | 疑虑 8.67% | 羡慕 8.67% | 喜爱 6% |
| 遗憾 | 轻蔑 22.42% | 遗憾 16.97% | 赞扬 13.94% | 无情绪 6.67% | 疑虑 5.45% |
| 疑虑 | 轻蔑 22.22% | 赞扬 13.78% | 接受 9.78% | 轻松 8.89% | 疑虑 6.22% |

（续表）

| 情绪类型 | TOP1 | TOP2 | TOP3 | TOP4 | TOP5 |
|---|---|---|---|---|---|
| 赞扬 | 赞扬 28.71% | 轻蔑 22.79% | 疑虑 6.94% | 无情绪 6.39% | 愤怒 5.24% |
| 尊敬 | 尊敬 30.67% | 赞扬 17.33% | 轻蔑 9.33% | 愤怒 7.33% | 接受 6% |

而某种评论情绪所归属的帖子情绪则是从受众情绪出发，返溯传者情绪。用上文相同方法对 539 条帖子正文及其引起的 8 085 条评论的情绪进行交叉表分析，并将每种评论情绪及其诱发该种评论情绪的 TOP5 帖子情绪进行总结，结果如表 4 所示。其中，行变量为发布者的情绪，列变量为发帖情绪所对应的 TOP5 评论者的情绪。

表 4　24 种评论情绪及其对应的 TOP5 发帖情绪

| 情绪类型 | TOP1 | TOP2 | TOP3 | TOP4 | TOP5 |
|---|---|---|---|---|---|
| 悲痛 | 悲痛 25.3% | 烦闷 16.87% | 无奈 9.64% | 赞扬 9.64% | 思念 8.43% |
| 贬责 | 赞扬 10.49% | 振奋 9.42% | 贬责 9.42% | 悲痛 6.85% | 轻松 6.64% |
| 妒忌 | 妒忌 23.53% | 赞扬 17.65% | 轻松 8.82% | 振奋 5.88% | 愤怒 5.88% |
| 烦闷 | 愤怒 15.38% | 无奈 13.02% | 振奋 8.88% | 赞扬 8.28% | 同情 7.69% |
| 愤怒 | 赞扬 11.99% | 愤怒 10.44% | 轻松 7.48% | 振奋 7.17% | 同情 6.39% |
| 感动 | 感动 38.64% | 赞扬 11.36% | 快乐 9.09% | 愤怒 4.55% | 轻松 4.55% |
| 慌 | 慌 18.42% | 轻松 15.79% | 愤怒 10.53% | 悲痛 10.53% | 疑虑 7.89% |
| 振奋 | 振奋 42.21% | 赞扬 11.56% | 无奈 6.53% | 轻松 3.52% | 悲痛 3.52% |
| 接受 | 赞扬 10.4% | 振奋 7.4% | 接受 6.6% | 轻松 6.2% | 同情 5.8% |
| 惊奇 | 惊奇 15.15% | 赞扬 12.12% | 轻松 12.12% | 无情绪 9.09% | 振奋 6.06% |
| 恐惧 | 恐惧 25.35% | 赞扬 18.31% | 轻松 11.27% | 无情绪 5.63% | 同情 5.63% |
| 快乐 | 轻松 21.36% | 快乐 17.48% | 赞扬 12.62% | 悲痛 11.65% | 无奈 4.85% |
| 期望 | 赞扬 17.62% | 期望 10.34% | 轻松 8.81% | 振奋 8.05% | 快乐 6.13% |

（续表）

| 情绪类型 | TOP1 | TOP2 | TOP3 | TOP4 | TOP5 |
|---|---|---|---|---|---|
| 轻蔑 | 赞扬 19.07% | 振奋 7.63% | 轻松 6.89% | 同情 5.63% | 轻蔑 5.24% |
| 轻松 | 轻松 29.62% | 赞扬 9.87% | 慌 6.84% | 疑虑 5.06% | 恐惧 4.81% |
| 思念 | 思念 72.41% | 悲痛 8.62% | 赞扬 7.76% | 喜爱 6.03% | 轻松 0.86% |
| 同情 | 同情 20.97% | 赞扬 14.52% | 悲痛 12.1% | 轻松 12.1% | 愤怒 6.45% |
| 无奈 | 无奈 23.44% | 赞扬 10.42% | 悲痛 9.38% | 轻松 8.85% | 慌 8.33% |
| 喜爱 | 赞扬 19.19% | 喜爱 16.22% | 轻松 12.43% | 思念 7.03% | 感动 4.05% |
| 羡慕 | 羡慕 20.97% | 赞扬 14.52% | 妒忌 12.9% | 轻松 11.29% | 振奋 6.45% |
| 遗憾 | 遗憾 24.35% | 赞扬 20% | 无情绪 6.96% | 振奋 5.22% | 慌 5.22% |
| 疑虑 | 赞扬 18.55% | 轻松 12.73% | 振奋 9.64% | 无情绪 7.64% | 接受 5.09% |
| 赞扬 | 赞扬 35.88% | 轻松 7.99% | 感动 5.36% | 喜爱 4.42% | 振奋 4% |
| 尊敬 | 尊敬 46.94% | 赞扬 13.27% | 悲痛 12.24% | 思念 12.24% | 同情 4.08% |

根据表3及表4可知，基于情绪类型分布的维度分析，从传者的角度看，"乐"类以及"好"类等帖子，其评论中总是存在着大量的负面情绪的评论，如轻蔑、愤怒、疑虑等均为其高频评论情绪类别。而在"恶"类、"哀"类、"怒"类等帖子中，除赞扬外，其他大部分高频评论情绪类别均为与帖子情绪相近的负面情绪。从受众角度来看，将评论情绪回溯发帖情绪可以发现，"乐"类及"好"类的评论所属的帖子类别中，赞扬、轻松、快乐等帖子总是属于占比最大的部分；而在"恶"类、"怒"类等评论中，占比最高的帖子类别则多为赞扬、轻松、振奋。

以具体帖子为例，在"足坛商业奇迹！最牛老板1 500万元买一个中国球员，不到2月赚了41亿元"为标题的赞扬情绪的帖子中，在其对应的评论中，以"武磊的考验才刚刚开始，别高开低走，到时股价下跌别说我没提醒你们""股票升值40亿元与赚了40亿元是有本质区别的，只有套现了才能说赚了40亿元，小编能严谨一些吗?""市值涨了41亿元，就代表他赚了41亿元？他的股份占100%?"等质疑类贬责类评论是其主要的评论情绪类别。与此同时，其对应的评论中也存在"希望陈老板把上港的奥斯卡带过去，2 亿～3 亿元人民币差不多了吧，这样武磊有人传球了，西班牙队关注的人会更多，股价还会涨，多赢”“武磊有中国球迷支持会越走越远，好戏还在后头”“归根到底还是武磊的出色表现才会有今天的业绩”等以期望类、赞扬类的评论情绪。

由此可知，从发帖角度而言，正面积极的帖子更易引发负面的评论，而负面的帖子同样也易引发负面的评论。从评论角度而言，正面的评论更多的属于正面的帖子，而负面的评论大多也属于正面的帖子。虽然数据显示负面消极情绪的帖子会诱发消极情绪的评论，但也存在大量的正面积极情绪的帖子诱发大量的消极情绪的评论。与此同时，虽然数据显示大量正面积极情绪的评论是由正面积极情绪的帖子诱发，但同时也存在大量的负面消极情绪的评论同样也是由正面积极情绪的帖子诱发。因此通过这部分的研究可知，正向情绪设置理论并不完全成立，情绪正向设置现象与情绪反向对抗现象是同时存在的。

## 四、基于情绪正向与反向理论的情绪传导机制分析

根据以上分析可知，在网络社会的情绪传播过程中，正向情绪设置与反向情绪对抗这两种现象是同时存在的。为了深入探析网络传播环境下的情绪传导规律，本文将在正向情绪与反向情绪这两种传播现象的基础上对这二者的传播机制进行深入分析。为了分析的精确性以及避免某些情绪的综合占比过大引发误差，研究将对“被某种帖子情绪所引发的评论情绪”的占比进行二次处理，将每一行的评论情绪占比减去这种评论情绪的平均值，将绝对占比转化为相对占比，得出“被某种帖子情绪所引发的评论情绪的相对占比”。再将“被某种帖子情绪所引发的评论情绪的相对占比”与不同情绪之间的余弦相似度结合，通过相对占比辅以余弦相似度指标来具体分析每一种情绪的情绪正反向现象。为避免信息冗余，本文仅选取每一种发帖情绪及其所对应的相对占比排行前 6 的评论情绪进行分析。将每一种发帖情绪与对应的相对占比 TOP6 的评论情绪以及发帖情绪与评论情绪之间的余弦相似度结合，可得表 5，其中，行变量为发帖情绪，列变量中偶数列为相对占比排名 TOP6 的评论情绪及其相对占比值，奇数列（除首列外）为发帖情绪与前一评论情绪之间的余弦相似度。

表 5 发帖情绪所引起的 TOP6 评论情绪相对占比及二者之间的余弦相似度

| 评论情绪 | TOP1 | | TOP2 | | TOP3 | | TOP4 | | TOP5 | | TOP6 | |
|---|---|---|---|---|---|---|---|---|---|---|---|---|
| 帖子情绪 | 情绪类别及相对占比 | 余弦相似度 | 情绪类别及相对占比 | 余弦相似度 | 情绪类别及相对占比 | 余弦相似度 | 情绪类别及相对占比 | 余弦相似度 | 情绪类别及相对占比 | 余弦相似度 | 情绪类别及相对占比 | 余弦相似度 |
| 快乐 | 快乐 5.47% | 1 | 疑虑 3.69% | −0.048 | 期望 2.43% | 0.972 3 | 轻蔑 2.25% | −0.045 | 赞扬 2.11% | 0.973 4 | 感动 0.75% | 0.517 6 |
| 疑虑 | 轻松 4.27% | −0.646 | 接受 2.93% | −0.708 | 烦闷 2.23% | 0.855 1 | 期望 1.40% | 0.003 4 | 赞扬 1.07% | −0.116 | 无奈 0.95% | −0.214 |
| 期望 | 期望 14.51% | 1 | 愤怒 7.54% | −0.003 | 轻蔑 2.54% | −0.017 | 喜爱 1.36% | 0.976 2 | 振奋 1.20% | 0.965 4 | 无奈 0.73% | −0.868 |
| 轻蔑 | 轻蔑 10.83% | 1 | 愤怒 2.77% | 0.999 9 | 疑虑 1.76% | 0.995 | 接受 1.57% | −0.741 | 贬责 1.13% | 0.999 8 | 恐惧 0.53% | 0.510 1 |
| 赞扬 | 赞扬 16.00% | 1 | 轻蔑 1.33% | −0.135 | 疑虑 0.63% | −0.116 | 喜爱 0.19% | 0.988 8 | 恐惧 0.01% | −0.084 | 妒忌 −0.04% | −0.213 |
| 感动 | 赞扬 25.48% | 0.674 9 | 感动 9.57% | 1 | 喜爱 4.45% | 0.620 7 | 同情 2.72% | −0.984 | 悲痛 0.56% | −0.583 | 慌 0.08% | −0.031 |
| 妒忌 | 轻蔑 16.04% | 0.633 9 | 妒忌 2.89% | 1 | 羡慕 2.43% | −0.284 | 赞扬 1.88% | −0.213 | 接受 1.48% | −0.415 | 慌 −0.11% | 0.977 7 |
| 振奋 | 振奋 12.61% | 1 | 疑虑 2.99% | −0.021 | 轻蔑 2.05% | −0.016 | 贬责 1.48% | −0.031 | 烦闷 0.42% | −0.534 | 期望 0.19% | 0.965 4 |

(续表)

| 评论情绪 | TOP1 | | TOP2 | | TOP3 | | TOP4 | | TOP5 | | TOP6 | |
|---|---|---|---|---|---|---|---|---|---|---|---|---|
| 帖子情绪 | 情绪类别及相对占比 | 余弦相似度 | 情绪类别及相对占比 | 余弦相似度 | 情绪类别及相对占比 | 余弦相似度 | 情绪类别及相对占比 | 余弦相似度 | 情绪类别及相对占比 | 余弦相似度 | 情绪类别及相对占比 | 余弦相似度 |
| 贬责 | 贬责 14.72% | 1 | 愤怒 10.59% | 0.999 5 | 轻蔑 3.78% | 0.999 8 | 感动 0.22% | −0.715 | 惊奇 0.14% | −0.108 | 恐惧 0.08% | 0.506 1 |
| 同情 | 轻蔑 6.04% | 0.664 7 | 同情 5.70% | 1 | 愤怒 2.93% | 0.653 4 | 贬责 2.10% | 0.677 8 | 烦闷 1.40% | 0.868 9 | 接受 1.20% | −0.992 |
| 慌 | 轻松 7.38% | −0.881 | 接受 4.70% | −0.251 | 无奈 4.51% | 0.344 5 | 贬责 3.10% | 0.457 6 | 慌 2.58% | 1 | 疑虑 2.13% | 0.542 4 |
| 喜爱 | 喜爱 18.89% | 1 | 赞扬 7.69% | 0.988 8 | 思念 1.08% | −0.721 | 遗憾 0.31% | −0.935 | 羡慕 0.27% | 0.834 9 | 快乐 −0.02% | 0.992 |
| 惊奇 | 轻松 7.38% | −0.103 | 接受 4.70% | 1 | 无奈 4.51% | −0.108 | 贬责 3.10% | −0.204 | 慌 2.58% | 0.282 3 | 疑虑 0.02% | −0.004 |
| 恐惧 | 恐惧 7.13% | 1 | 贬责 6.21% | 0.506 1 | 接受 5.15% | −0.232 | 轻松 3.82% | −0.851 | 疑虑 2.13% | 0.591 9 | 愤怒 1.76% | 0.513 3 |
| 羡慕 | 羡慕 7.76% | 1 | 轻蔑 5.21% | −0.555 | 赞扬 3.30% | 0.868 5 | 疑虑 2.35% | −0.516 | 恐惧 1.79% | −0.103 | 无奈 1.40% | −0.481 |
| 遗憾 | 遗憾 15.32% | 1 | 赞扬 1.23% | −0.902 | 轻蔑 0.97% | −0.152 | 期望 0.75% | −0.921 | 慌 0.69% | 0.323 1 | 快乐 0.02% | −0.972 |

（续表）

| 评论情绪 | TOP1 | | TOP2 | | TOP3 | | TOP4 | | TOP5 | | TOP6 | |
|---|---|---|---|---|---|---|---|---|---|---|---|---|
| 帖子情绪 | 情绪类别及相对占比 | 余弦相似度 | 情绪类别及相对占比 | 余弦相似度 | 情绪类别及相对占比 | 余弦相似度 | 情绪类别及相对占比 | 余弦相似度 | 情绪类别及相对占比 | 余弦相似度 | 情绪类别及相对占比 | 余弦相似度 |
| 悲痛 | 悲痛 5.41% | 1 | 贬责 3.92% | 0.909 3 | 同情 3.24% | 0.617 9 | 无奈 3.11% | 0.087 | 快乐 2.62% | −0.286 | 尊敬 1.99% | −0.613 |
| 轻松 | 轻松 10.98% | 1 | 疑虑 3.02% | −0.646 | 快乐 1.74% | 0.648 8 | 喜爱 1.49% | 0.674 2 | 同情 0.47% | −0.577 | 慌 0.27% | −0.881 |
| 烦闷 | 愤怒 8.21% | 0.845 9 | 悲痛 8.07% | 0.920 4 | 接受 4.48% | −0.923 | 期望 3.84% | −0.508 | 烦闷 3.12% | 1 | 振奋 1.87% | −0.534 |
| 思念 | 思念 31.28% | 1 | 喜爱 5.55% | −0.721 | 尊敬 2.88% | 0.062 2 | 悲痛 1.48% | −0.365 | 慌 0.26% | −0.145 | 期望 0.04% | −0.812 |
| 尊敬 | 尊敬 28.84% | 1 | 赞扬 4.63% | 0.571 1 | 同情 1.81% | −0.956 | 惊奇 1.19% | 0.509 1 | 悲痛 0.74% | −0.613 | 期望 −0.16% | 0.493 3 |
| 无奈 | 无奈 14.07% | 1 | 烦闷 5.94% | 0.300 2 | 愤怒 3.02% | −0.25 | 振奋 2.68% | −0.95 | 悲痛 1.70% | 0.087 | 接受 0.93% | −0.318 |
| 接受 | 轻蔑 8.13% | −0.741 | 接受 6.90% | 1 | 疑虑 5.35% | −0.708 | 轻松 2.04% | 0.652 8 | 妒忌 −0.03% | −0.415 | 恐惧 −0.04% | −0.232 |
| 愤怒 | 愤怒 10.96% | 1 | 烦闷 5.32% | 0.845 9 | 贬责 2.17% | 0.999 5 | 同情 0.79% | 0.653 4 | 慌 0.63% | 0.462 | 轻蔑 0.57% | 0.999 9 |

根据表5研究结果可知，传受之间的情绪传导机制是正反并存的，在网络社会的情感传播中，不仅存在着情绪设置理论所提出的正向情绪，同时也存在着与情绪设置截然相反的反向情绪。

将传者情绪视为来源情绪，评论情绪视为结果情绪来分析。从第一位的结果情绪来看，作为来源情绪，被他引发的结果情绪中，相对比重居于第一位的，大部分是和来源情绪相同的情绪，例如愤怒的评论情绪更多出现在愤怒的帖子中，悲痛的评论更多被悲痛的帖子所触发，思念的评论由思念的帖子所触发。在现有的24种细化类型的情绪中，有16种第一位结果情绪与来源情绪相同，即占比达到了67%。在剩下的8种不同于结果情绪的第一位结果情绪中，有3种情绪且第一结果情绪与来源情绪相似度接近，主要包括：妒忌←轻蔑（余弦相似度为0.633 855）；感动←赞扬（余弦相似度为0.664 882）；烦闷←愤怒（余弦相似度为0.845 869）。然而，并非所有的第一结果情绪都是与来源情绪相同或相近的正向情绪。本文研究中发现，有5种情绪的第一结果情绪与来源情绪相似度极低，甚至呈反向关系。这5种情绪分别是：接受←轻蔑（余弦相似度为−0.741 36）；疑虑←轻松（余弦相似度为−0.646 33）；慌←轻松（余弦相似度为−0.881 01）；惊奇←轻蔑（余弦相似度为−0.107 69）；同情←轻蔑（−0.664 694）。这表明，情绪之间的并不存在着绝对的情绪引导理论，传者情绪的影响力并不如传统宣传理论所描绘的那么强烈。

从结果情绪的正反向分布而言，针对本文中的24种来源情绪的前6位结果情绪分析后可知，存在6种来源情绪其结果情绪分布为3正3反，7种来源情绪其结果情绪分布为4正2反，8种来源情绪其结果情绪分布为2正4反，两种来源情绪的结果情绪分布为5正1反，有且仅有愤怒一种来源情绪，其全部前6位的结果情绪均为与愤怒相近的正向情绪。将24种情绪类别按这5种正反向不同分布进行分组，在分别匹配该情绪的PAD值并计算不同分组的PAD值均值后可得表6。

表6 不同正反向分布的情绪PAD值均值

| 2正4反 | | | | 3正3反 | | | |
|---|---|---|---|---|---|---|---|
| 情绪 | *P*值 | *A*值 | *D*值 | 情绪 | *P*值 | *A*值 | *D*值 |
| 振奋 | 0.812 5 | 0.562 5 | 0.562 5 | 轻松 | 0.562 5 | −0.187 5 | 0.187 5 |
| 赞扬 | 0.937 5 | 0.75 | 0.312 5 | 期望 | 0.687 5 | 0.687 5 | 0.312 5 |

（续表）

| 2 正 4 反 | | | | 3 正 3 反 | | | |
|---|---|---|---|---|---|---|---|
| 情绪 | *P* 值 | *A* 值 | *D* 值 | 情绪 | *P* 值 | *A* 值 | *D* 值 |
| 羡慕 | 0.75 | 0.375 | −0.187 5 | 感动 | 0.875 | 0.375 | −0.562 5 |
| 接受 | 0.5 | 0.125 | −0.187 5 | 妒忌 | −0.687 5 | 0.625 | −0.25 |
| 疑虑 | −0.812 5 | 0.562 5 | 0.562 5 | 无奈 | −0.437 5 | −0.375 | −0.625 |
| 思念 | −0.062 5 | −0.312 5 | −0.25 | 烦闷 | −0.937 5 | 0.125 | 0.187 5 |
| 遗憾 | −0.687 5 | −0.562 5 | −0.75 | 均值 | 0.010 417 | 0.208 333 | −0.125 |
| 惊奇 | −0.125 | 0.437 5 | −0.625 | 5 正 1 反 | | | |
| 均值 | 0.164 063 | 0.2421 88 | −0.070 31 | 情绪 | *P* 值 | *A* 值 | *D* 值 |
| 4 正 2 反 | | | | 轻蔑 | −0.937 5 | 0.562 5 | 0.75 |
| 情绪 | *P* 值 | *A* 值 | *D* 值 | 同情 | −0.312 5 | 0.125 | 0.125 |
| 快乐 | 1 | 0.687 5 | 0.625 | 均值 | −0.625 | 0.343 75 | 0.437 5 |
| 喜爱 | 1 | 0.625 | 0.437 5 | 6 正 0 反 | | | |
| 尊敬 | 0.937 5 | 0.312 5 | −0.75 | 情绪 | *P* 值 | *A* 值 | *D* 值 |
| 贬责 | −0.875 | 0.5 | 0.687 5 | 愤怒 | −1 | 0.625 | 0.812 5 |
| 悲痛 | −0.937 5 | 0.562 5 | 0.187 5 | 均值 | −1 | 0.625 | 0.812 5 |
| 慌 | −0.687 5 | 0.75 | −0.5 | | | | |
| 恐惧 | −0.687 5 | 0.875 | −0.437 5 | | | | |
| 均值 | −0.035 71 | 0.616 071 | 0.035 714 | | | | |

根据表 6，87.5%的来源情绪所诱发的结果情绪的分布都是正反向相当的，不存在正向情绪占绝对优势的情况。除愤怒情绪外，来源情绪所诱发的前 6 位结果情绪中，必然包含着与来源情绪相似度极低的结果情绪。而从情绪正反向分布来看，可以判断，正反向分布为 4 正 2 反、5 正 1 反以及 6 正 0 反的情绪中，其唤醒度及优势度的均值要普遍高于 2 正 4 反以及 3 正 3 反的情绪。即意味着唤醒度以及

优势度较低的情绪其反向性可能比唤醒度及优势度较高的情绪更强。

综上所述,在网络社会的情绪传导机制中,正向情绪设置与反向情绪对抗两种现象是并存的。过去的研究过于重视传受情绪之间的同质性与正向性,而忽视了传受情绪的反向性与对抗性。因此,证明反向情绪的存在以及网络社会传播中的正向与反向情绪现象的并存对于研究情绪传导机制是非常重要的。一方面可以避免过于神化正向情绪设置的作用,另一方面也可以加大对于反向情绪对抗的认知与关注。

本文在针对具体的情绪传导机制分析时发现,不论是正向情绪设置还是反向情绪对抗,这两种情绪传导现象之中都存在着“情绪偏好”现象。

在正向情绪设置方面,研究发现,从情绪所归属的大类来看,除“惧”类情绪外,所有的情绪大类所引发的正向评论情绪中,同一大类的评论情绪的相对占比都是最高的,即大部分情绪大类主要的正向评论情绪类别就是与来源情绪大类一致的情绪类别。作为传播者意愿的发帖情绪,最易引发与自己本源情绪一致的正向评论情绪。而从具体细化情绪类别来看,对第一位的结果情绪而言,作为来源情绪,被他引发的结果情绪中,相对比重居于第一位的,大部分是和来源情绪相同的情绪,例如愤怒的评论情绪更多出现在愤怒的帖子中,悲痛的评论更多是被悲痛的帖子所触发的,思念的评论则由思念的帖子所触发。在现有的 24 种细化类型的情绪中,有 16 种第一位结果情绪与来源情绪相同,即占比达到了 67%。在剩下的 8 种不同于结果情绪的第一位结果情绪中,有 3 种情绪,其第一结果情绪与来源情绪相似度接近,且第一结果情绪与来源情绪同属于一种情绪大类下的具体细化小类,主要包括:妒忌←轻蔑(余弦相似度为 0.633 855);感动←赞扬(余弦相似度为 0.664 882);烦闷←愤怒(余弦相似度为 0.845 869)。因此,可以认为,在网络社会中的正向情绪设置方面,受众更愿意表达与来源情绪一致的情绪或者是与来源情绪相似度高度接近的同一大类下的其他具体细化情绪。

根据上述分析可知,本文认为在网络社会中的正向情绪设置中,受众更愿意表达与来源情绪一致的情绪或者是与来源情绪相似度高度接近的同一大类下的其他具体细化情绪。

而在反向情绪机制中,也存在着情绪偏好的现象。即传者情绪与对应的反向情绪之间存在着情绪偏好,不同类型传者情绪所偏好的常见反向情绪是不同的。

从情绪所归属的大类来看，“乐类”来源情绪主要的反向结果情绪类别为“恶”类评论情绪，其他大类的评论情绪在“乐”类帖子中占比均低于1%，与“恶”类评论情绪相比差距较大。而“好”类情绪主要的反向情绪类别则比较分散，主要包括“恶”类评论与“哀”类评论与“怒”类评论。即与“乐类”情绪的帖子相比，“哀”类评论与“怒”类评论更容易被“好”类的帖子所诱发。“好”类评论情绪与“乐”类评论情绪是“惧”类帖子、“怒”类帖子、“恶”类帖子、“哀”类帖子以及“惊”类帖子等以负向情绪为主的帖子的非常重要的反向评论情绪的大类。但这几种整体基调较为负向的帖子其反向情绪的大类也并非完全一致。其中，“惊”类帖子相对占比最大、出现频率最高的评论情绪大类并非为“好”类或者“乐”类，而是“恶”类评论情绪。以轻蔑、贬责、疑虑为代表的“恶”类评论情绪在“惊”类帖子的热门评论情绪中出现了3次，其中轻蔑类评论情绪的单次相对占比高达7.88%，是“惊”类帖子的评论情绪中单次相对占比最高的反向情绪类别。而“哀”类情绪的主要反向评论情绪类别除了“好”类评论情绪与“乐”类评论情绪外，“怒”类评论情绪也非常重要。虽然以愤怒类评论为代表的“怒”类情绪在“好”类帖子的热门评论情绪中仅出现了一次，但是单次的相对占比高达7.54%，是“好”类帖子的具体反向情绪类别中单次相对占比排第二位的情绪类别。由此可知，从情绪大类而言，虽然某些相对而言比较接近的情绪大类所对应的反向情绪大类存在着一定的重合现象，但是并非完全重合，大部分情绪大类之间依旧存在着显著的差异，某种情绪大类的帖子会对相对应的某种情绪大类的评论存在着情绪类别上的偏好。

根据表7可知，细化后的具体结果情绪，以“乐”类情绪与“好”类情绪为例，快乐、轻松、振奋、尊敬、感动等来源情绪，除了易诱发快乐、期望、赞扬、感动、轻松、振奋、喜爱等正向情绪外，疑虑、轻蔑、贬责、愤怒、悲痛等反向情绪也是出现频率较高的结果情绪类别。

在“乐”类情绪与“好”类情绪共计10种具体的来源情绪，疑虑和轻蔑分别出现在6种不同的“乐”类与“好”类来源情绪的高频结果情绪中。其中，“乐”类情绪最高频的反向情绪为疑虑，三种具体的“乐”类情绪的帖子其主要的反向评论情绪都包括了疑虑；其次是轻蔑，轻蔑是快乐与振奋两种乐类帖子的主要反向评论情绪。而“好”类情绪最高频的反向情绪则为轻蔑，轻蔑出现在了以赞扬、期望、羡慕以及接受为主的四种“好”类帖子的主要评论情绪中；其次为疑虑，疑虑为三种“好”类情

表 7　来源情绪对应的前 6 位结果情绪中的反向情绪

| 类型 | 来源情绪 | 反向结果情绪 | 类型 | 来源情绪 | 反向结果情绪 |
|---|---|---|---|---|---|
| “乐”类 | 快乐 | 疑虑、轻蔑 | “恶”类 | 轻蔑 | 接受 |
| | 轻松 | 疑虑、同情、慌 | | 贬责 | 感动、惊奇 |
| | 振奋 | 疑虑、轻蔑、贬责、烦闷 | | 妒忌 | 羡慕、赞扬、接受 |
| “好”类 | 赞扬 | 轻蔑、疑虑、恐惧、妒忌 | | 疑虑 | 轻松、接受、赞扬、无奈 |
| | 期望 | 愤怒、轻蔑、无奈 | “哀”类 | 悲痛 | 快乐、尊敬 |
| | 喜爱 | 思念、遗憾 | | 思念 | 喜爱、慌、期望 |
| | 羡慕 | 轻蔑、疑虑、恐惧、无奈 | | 同情 | 接受 |
| | 尊敬 | 同情、悲痛 | | 无奈 | 愤怒、振奋、接受 |
| | 接受 | 轻蔑、疑虑、妒忌、恐惧 | | 遗憾 | 赞扬、轻蔑、期望、快乐 |
| | 感动 | 同情、悲痛、慌 | “慌”类 | 慌 | 轻松、接受 |
| “怒”类 | 烦闷 | 接受、期望、振奋 | | 惊奇 | 轻蔑、贬责、快乐、疑虑 |
| | 愤怒 | 无 | “惧”类 | 恐惧 | 接受、轻松 |

绪帖子的主要评论情绪。值得注意的是，除了轻蔑与疑虑外，恐惧、妒忌、同情、悲痛、愤怒等评论情绪也是“好”类帖子主要的反向评论情绪类别，其中愤怒作为期望的反向评论情绪，相对占比高达 7.54%。

除了出现频率以及相对占比较高的以上几种情绪类别外，“好”类帖子的热门评论情绪中还出现了诸如烦闷、悲痛、遗憾、思念等反向情绪，这都是有且仅有在“好”类帖子的热门评论情绪中出现过的反向评论情绪类别，属于只易被“好”类帖子引发的特定反向情绪类别；而在“恶”类情绪常见的结果情绪中，接受与赞扬是出现频率最高的两种情绪，除接受与赞扬外，羡慕、感动、惊奇等则是属于“恶”类情绪独有的反向情绪类别，这三种情绪仅在“恶”类情绪的热门评论情绪中出现，在其他情绪的热门反向评论情绪中并未出现过；“哀”类来源情绪常见的反向结果情绪为接受、快乐、期望，而“哀”类情绪也存在独有的热门反向情绪，即喜爱，喜爱类评论只在“哀”类情绪中作为热门反向评论情绪出现了一次，其相对占比高达 5.55%；“惊”类来源情绪常见的反向结果情绪为轻松、接受、轻蔑、期望等，其中轻松作为“慌”类帖子的典型反向情绪，相对占比高达 7.38%，是“惊”类帖子单词相对占比最高的情绪类别；“惧”类来源情绪有且仅有一种具体的细分情绪，即恐惧，恐惧类帖子的常见反向情绪与“恶”类情绪相似，主要为接受与轻松，这二者的相对占比分别 5.15%与 3.82%，均大于 1%，属于相对占比较大的反向情绪类别。

根据表 7 可知，“怒”类情绪中的愤怒类情绪，在其前 6 类热门评论情绪中是唯一一种不存在反向情绪，全部为正向情绪的情绪类别。因此此处讨论的“怒”类情绪的常见反向情绪是指烦闷类帖子所诱发的热门反向情绪类别。“怒”类情绪的常见反向结果情绪是接受、期望与振奋，其中振奋是一种比较少出现作为热门反向情绪的情绪类别，振奋在“怒”类情绪中的相对为 1.87%。

根据上述分析可知，不同的反向结果情绪类别会更易被不同的来源情绪所触发，不同的来源情绪也拥有区别于其他情绪的独有的反向结果情绪。当一种来源情绪在诱发其反向结果情绪时，特定大类的来源情绪会对某些特定的反向情绪类别存在着偏好的现象，例如“好”类情绪会倾向于引发愤怒类、恐惧类的反向评论情绪，而“乐”类情绪则倾向于引发疑虑类的反向评论情绪。综上所述，不同大类的传者情绪针对其所对应的具体反向评论情绪也是存在偏好的。

然而不仅大类情绪存在整体的偏好现象，同一大类情绪下的具体情绪类别也存在着偏好的现象。将 24 种具体来源情绪以及其对应的相对占比最高的反向结果情绪罗列出来，结果如表 8 所示。

表 8　24 种来源情绪以及其对应的相对占比最高的反向结果情绪数据表

| 来源情绪所归属情绪大类 | 具体来源情绪 | 相对占比最高反向结果情绪 | 相对占比 | 来源情绪所归属情绪大类 | 具体来源情绪 | 相对占比最高反向结果情绪 | 相对占比 |
|---|---|---|---|---|---|---|---|
| 乐 | 快乐 | 疑虑 | 3.69% | 好 | 接受 | 轻蔑 | 8.13% |
| | 轻松 | 疑虑 | 3.02% | | 期望 | 愤怒 | 7.54% |
| | 振奋 | 疑虑 | 2.99% | | 羡慕 | 轻蔑 | 5.21% |

(续表)

| 来源情绪所归属情绪大类 | 具体来源情绪 | 相对占比最高反向结果情绪 | 相对占比 | 来源情绪所归属情绪大类 | 具体来源情绪 | 相对占比最高反向结果情绪 | 相对占比 |
|---|---|---|---|---|---|---|---|
| 好 | 感动 | 同情 | 2.72% | 恶 | 贬责 | 感动 | 0.22% |
| | 尊敬 | 同情 | 1.81% | 哀 | 思念 | 喜爱 | 5.55% |
| | 赞扬 | 轻蔑 | 1.33% | | 无奈 | 愤怒 | 3.02% |
| | 喜爱 | 思念 | 1.08% | | 悲痛 | 快乐 | 2.62% |
| 怒 | 烦闷 | 接受 | 4.48% | | 遗憾 | 赞扬 | 1.23% |
| | 愤怒 | 赞扬 | 0.34% | | 同情 | 接受 | 1.20% |
| 恶 | 疑虑 | 轻松 | 4.27% | 惊 | 惊奇 | 轻蔑 | 7.88% |
| | 妒忌 | 羡慕 | 2.43% | | 慌 | 轻松 | 7.38% |
| | 轻蔑 | 接受 | 1.57% | 惧 | 恐惧 | 接受 | 5.15% |

根据表 8 可知，在 24 种具体来源情绪以及其对应的相对占比最高的反向结果情绪中，同一大类下的不同情绪对应的相对占比最高的反向情绪也不完全相同。以“恶”类情绪为例，“恶”类情绪下包含疑虑、妒忌、轻蔑、贬责四种不同的具体情绪，而这四种不同的具体情绪所对应的相对占比最高的反向结果情绪均不相同。除了“乐”类情绪下的快乐、轻松、振奋三种情绪所对应的相对占比最高的反向结果情绪都相同外，其他大类的情绪所包含的具体情绪中，大部分情绪所对应的相对占比最高的反向结果情绪都不相同。即同一大类情绪下的具体情绪类别与其对应的反向结果情绪也存在着偏好的现象。

此外，基于以上分析，本文还发现，传受情绪在情感距离维度（即情感余弦相似度）上也存在着一定的偏好现象。研究通过将每一种来源情绪与其所引发的前 6 位常见的结果情绪之间的相似度（S 值）进行分类，两种情绪之间的 S 值＞0.7 时为两极化趋势中的主级相似度，S 值处于 0.5～0.7 的层级为次级相似度，S 值处于 0～0.5 之间的层级则为第三级相似度。而当两种情绪之间的S值＜－0.7时为两极化趋势中的主级相似度，当S值处于－0.5～－0.7之间的层级时为次级相似度，S值处于－0.5～0之间时则为第三级相似度。分类后的结果如表9所示。

表9 传受情绪余弦相似度等级分布

| 情绪类型 | 比 较 项 | 主级相似度 | 次级相似度 | 第三级相似度 |
|---|---|---|---|---|
| 正向情绪 | 余弦相似度 | S＞0.7 | 0.5≤S≤0.7 | 0＜S＜0.5 |
| | 频次 | 47 | 20 | 11 |
| | 占比 | 60.26％ | 25.64％ | 14.10％ |
| 反向情绪 | 余弦相似度 | S＜－0.7 | －0.7≤S≤－0.5 | －0.5＜S＜0 |
| | 频次 | 21 | 11 | 34 |
| | 占比 | 31.82％ | 16.67％ | 51.52％ |

根据表9可知，在24种来源情绪所对应的144个热门结果情绪中，正向结果情绪共计78个，反向结果情绪共计66个。在正向情绪中，47个结果情绪与来源情绪的相似度＞0.7，占比为60.26％；20个结果情绪与来源情绪的相似度处于0.5至0.7之间，占比为25.64％；还有11个结果情绪与来源情绪的相似度低于0.5，占比为14.10％。可知，在正向情绪中，其结果情绪与来源情绪的相似度大多集中于＞0.7的主级相似度层级。而在反向情绪中，21个结果情绪与来源情绪的相似度＜－0.7，占比为31.82％；11个结果情绪与来源情绪的相似度处于－0.7至－0.5之间，占比为16.67％；34个结果情绪与来源情绪的相似度＞－0.5，占比为51.52％。故在反向情绪中，其结果情绪与来源情绪的相似度则大多集中于＞－0.5的第三级相似度层级。

因此可以判定，当受众接受到传者情绪并作出正向的情绪反馈时，受众更愿意表达与来源情绪极度接近的情绪类别；而当受众接受到传者情绪并作出反向的情绪对抗时，受众表达出的反向情绪通常是与来源情绪处于第三级相似度的层级。

从以上有关情绪传播正反向传导机制的分析可知，网络传播中传者与受众之间的情绪传导并非简单的线性对应，受众的情绪反馈不会被传者的情绪所掌控，而是存在着较大的自主性。首先，从传者情绪与对应的受众情绪类别来看，传者情绪与受众情绪之间存在着正向情绪设置与反向情绪对抗并存的现象。一方面，每一种来源情绪所引发的常见结果情绪中，必然包含着与来源情绪相似度高的正向情绪；另一方面，每一种来源情绪所引发的常见结果情绪中也存在着与来源情绪相似度极低的反向结果情绪。其次，在确定了传受情绪传导中必然存在正向情绪设置与反向情绪对抗两种现象之后，不论是正向的情绪设置还是反向的情绪对抗，传者情绪与对应的受众情绪之间存在着一定的情绪偏好现象。在正向情绪设置中，受众总是更愿意表达与来源情绪一致或是属于同一大类的情绪类别；而在反向情绪对抗中，不同情绪类别对于不同的结果情绪也存在着一定的偏好现象，特定的来源情绪总是更易诱发某些特定的结果情绪。最后，在情感类别偏好的基础上，不论是在情绪正向设置，还是在情绪反向对抗过程中，传受情绪在情感距离维度（即情感余弦相似度）上也存在一定的偏好现象。在正向情绪设置中，结果情绪主要集中于与来源情绪相似度极高的主级相似度层级；在反向情绪对抗中，结果情绪的极化程度虽然不如正向情绪那么高但也出现了层级化现象。

传播学的效果研究经历了很多个发展的阶段，从早期的"子弹论""皮下注射论"到后来的"有限效果论""宏观效果论"。近些年来，情绪传播成为网络时代传播的主流，情绪的有效传播对于个人发展、社会舆论以及媒介环境都起到关键的作用。而在情绪的传播过程中，传者与受众之间的情绪传播并非一个直接的线性的过程，受众情绪的生成与作用路径会受到传播过程中的情绪传导机制的制约，从而对情绪传播的效果产生影响，并最终影响到整个社会的舆论环境。本文所分析的网络情绪传播中的传导机制研究，体现了网络情绪传播背后的驱动规律。希望通过对网络情绪传播机制的研究能够为网络社会情绪调控、舆情引导提供有益借鉴，以促进网络传播的规范化与成熟。

# 附录 A　PAD 情感量表

| 项目 | 情　感 | −4 | −3 | −2 | −1 | 0 | 1 | 2 | 3 | 4 | 情　感 |
|---|---|---|---|---|---|---|---|---|---|---|---|
| S1 | 愤怒的 | | | | | | | | | | 感兴趣的 |
| S2 | 清醒的 | | | | | | | | | | 困倦的 |
| S3 | 受控的 | | | | | | | | | | 主控的 |
| S4 | 友好的 | | | | | | | | | | 轻蔑的 |
| S5 | 平静的 | | | | | | | | | | 兴奋的 |
| S6 | 支配的 | | | | | | | | | | 顺从的 |
| S7 | 痛苦的 | | | | | | | | | | 高兴的 |
| S8 | 感兴趣的 | | | | | | | | | | 放松的 |
| S9 | 谦卑的 | | | | | | | | | | 高傲的 |
| S10 | 兴奋的 | | | | | | | | | | 激怒的 |
| S11 | 拘谨的 | | | | | | | | | | 惊讶的 |
| S12 | 有影响力的 | | | | | | | | | | 被影响的 |

# 附录 B　PAD 原始分数计算公式表

| 情感维度 | 计　算　公　式 |
|---|---|
| $P$ | $P=(S1-S4+S7-S10)/16$ |
| $A$ | $A=(-S2+S5-S8+S11)/16$ |
| $D$ | $D=(S3-S6+S9-S12)/16$ |

# 附录 C　24 种情绪之间的余弦相似度

附表 C1　“悲痛”等 8 种情绪的余弦相似度

| 类　型 | 悲　痛 | 贬　责 | 妒　忌 | 烦　闷 | 愤　怒 | 感　动 | 慌 | 接　受 |
|---|---|---|---|---|---|---|---|---|
| 悲痛 | 1 | 0.909 27 | 0.889 358 | 0.920 358 | 0.907 385 | −0.582 81 | 0.773 475 | −0.712 73 |
| 贬责 | 0.909 27 | 1 | 0.632 291 | 0.860 1 | 0.999 46 | −0.715 26 | 0.457 567 | −0.753 15 |
| 妒忌 | 0.889 358 | 0.632 291 | 1 | 0.728 423 | 0.635 03 | −0.212 95 | 0.977 666 | −0.414 54 |
| 烦闷 | 0.920 358 | 0.860 1 | 0.728 423 | 1 | 0.845 869 | −0.824 37 | 0.589 654 | −0.923 37 |
| 愤怒 | 0.907 385 | 0.999 46 | 0.635 03 | 0.845 869 | 1 | −0.693 19 | 0.461 98 | −0.731 13 |
| 感动 | −0.582 81 | −0.715 26 | −0.212 95 | −0.824 37 | −0.693 19 | 1 | −0.031 16 | 0.972 656 |
| 慌 | 0.773 475 | 0.457 567 | 0.977 666 | 0.589 654 | 0.461 98 | −0.031 16 | 1 | −0.251 31 |
| 接受 | −0.712 73 | −0.753 15 | −0.414 54 | −0.923 37 | −0.731 13 | 0.972 656 | −0.251 31 | 1 |
| 惊奇 | 0.286 972 | −0.107 69 | 0.693 193 | 0.073 366 | −0.098 79 | 0.475 243 | 0.829 028 | 0.257 969 |
| 恐惧 | 0.795 185 | 0.506 126 | 0.981 258 | 0.582 773 | 0.513 289 | −0.020 68 | 0.994 216 | −0.232 32 |
| 快乐 | −0.286 36 | −0.060 99 | −0.315 26 | −0.557 97 | −0.031 97 | 0.517 605 | −0.313 01 | 0.626 148 |
| 期望 | −0.175 86 | −0.034 49 | −0.123 23 | −0.507 77 | −0.002 67 | 0.605 355 | −0.097 85 | 0.662 556 |

（续表）

| 类型 | 悲痛 | 贬责 | 妒忌 | 烦闷 | 愤怒 | 感动 | 慌 | 接受 |
|---|---|---|---|---|---|---|---|---|
| 轻蔑 | 0.908 374 | 0.999 843 | 0.633 855 | 0.852 53 | 0.999 886 | −0.703 44 | 0.460 012 | −0.741 36 |
| 轻松 | −0.866 4 | −0.602 43 | −0.920 51 | −0.859 94 | −0.592 16 | 0.460 146 | −0.881 01 | 0.652 848 |
| 思念 | −0.365 15 | −0.553 36 | −0.230 53 | −0.070 01 | −0.579 15 | −0.069 77 | −0.144 62 | −0.105 51 |
| 同情 | 0.617 914 | 0.677 788 | 0.305 304 | 0.868 851 | 0.653 374 | −0.983 95 | 0.143 958 | −0.991 9 |
| 无奈 | 0.086 992 | −0.226 | 0.272 217 | 0.300 238 | −0.250 28 | −0.182 85 | 0.344 536 | −0.318 38 |
| 喜爱 | −0.361 17 | −0.170 56 | −0.335 68 | −0.640 97 | −0.140 96 | 0.620 716 | −0.306 83 | 0.719 169 |
| 羡慕 | −0.553 28 | −0.570 16 | −0.283 5 | −0.834 55 | −0.542 86 | 0.949 749 | −0.144 37 | 0.969 861 |
| 遗憾 | 0.145 394 | −0.137 71 | 0.275 877 | 0.386 809 | −0.164 24 | −0.303 87 | 0.323 065 | −0.428 86 |
| 疑虑 | 0.938 368 | 0.994 027 | 0.703 361 | 0.855 084 | 0.995 53 | −0.649 32 | 0.542 427 | −0.707 81 |
| 赞扬 | −0.289 53 | −0.152 28 | −0.212 71 | −0.607 4 | −0.120 93 | 0.674 882 | −0.169 43 | 0.740 621 |
| 振奋 | −0.269 43 | −0.030 98 | −0.317 76 | −0.534 43 | −0.002 4 | 0.481 555 | −0.324 24 | 0.595 065 |
| 尊敬 | −0.613 13 | −0.779 46 | −0.219 26 | −0.819 67 | −0.760 76 | 0.990 966 | −0.025 | 0.953 048 |

附表 C2 “惊奇”等 8 种情绪的余弦相似度

| 类型 | 惊奇 | 恐惧 | 快乐 | 期望 | 轻蔑 | 轻松 | 思念 | 同情 |
|---|---|---|---|---|---|---|---|---|
| 悲痛 | 0. 286 972 | 0. 795 185 | −0. 286 36 | −0. 175 86 | 0. 908 374 | −0. 866 4 | −0. 365 15 | 0. 617 914 |
| 贬责 | −0. 107 69 | 0. 506 126 | −0. 060 99 | −0. 034 49 | 0. 999 843 | −0. 602 43 | −0. 553 36 | 0. 677 788 |
| 妒忌 | 0. 693 193 | 0. 981 258 | −0. 315 26 | −0. 123 23 | 0. 633 855 | −0. 920 51 | −0. 230 53 | 0. 305 304 |
| 烦闷 | 0. 073 366 | 0. 582 773 | −0. 557 97 | −0. 507 77 | 0. 852 53 | −0. 859 94 | −0. 070 01 | 0. 868 851 |
| 愤怒 | −0. 098 79 | 0. 513 289 | −0. 031 97 | −0. 002 67 | 0. 999 886 | −0. 592 16 | −0. 579 15 | 0. 653 374 |
| 感动 | 0. 475 243 | −0. 020 68 | 0. 517 605 | 0. 605 355 | −0. 703 44 | 0. 460 146 | −0. 069 77 | −0. 983 95 |
| 慌 | 0. 829 028 | 0. 994 216 | −0. 313 01 | −0. 097 85 | 0. 460 012 | −0. 881 01 | −0. 144 62 | 0. 143 958 |
| 接受 | 0. 257 969 | −0. 232 32 | 0. 626 148 | 0. 662 556 | −0. 741 36 | 0. 652 848 | −0. 105 51 | −0. 991 9 |
| 惊奇 | 1 | 0. 802 911 | −0. 203 59 | 0. 024 738 | −0. 102 9 | −0. 560 64 | 0. 087 323 | −0. 337 76 |
| 恐惧 | 0. 802 911 | 1 | −0. 220 19 | −0. 006 4 | 0. 510 063 | −0. 851 05 | −0. 250 03 | 0. 118 289 |
| 快乐 | −0. 203 59 | −0. 220 19 | 1 | 0. 972 332 | −0. 045 33 | 0. 648 847 | −0. 784 22 | −0. 653 58 |
| 期望 | 0. 024 738 | −0. 006 4 | 0. 972 332 | 1 | −0. 017 31 | 0. 498 209 | −0. 812 12 | −0. 713 78 |
| 轻蔑 | −0. 102 9 | 0. 510 063 | −0. 045 33 | −0. 017 31 | 1 | −0. 596 96 | −0. 567 37 | 0. 664 694 |
| 轻松 | −0. 560 64 | −0. 851 05 | 0. 648 847 | 0. 498 209 | −0. 596 96 | 1 | −0. 093 05 | −0. 577 35 |

（续表）

| 类 型 | 惊 奇 | 恐 惧 | 快 乐 | 期 望 | 轻 蔑 | 轻 松 | 思 念 | 同 情 |
|---|---|---|---|---|---|---|---|---|
| 思念 | 0.087 323 | −0.250 03 | −0.784 22 | −0.812 12 | −0.567 37 | −0.093 05 | 1 | 0.188 025 |
| 同情 | −0.337 76 | 0.118 289 | −0.653 58 | −0.713 78 | 0.664 694 | −0.577 35 | 0.188 025 | 1 |
| 无奈 | 0.427 958 | 0.242 111 | −0.935 84 | −0.868 39 | −0.239 14 | −0.554 19 | 0.873 535 | 0.345 558 |
| 喜爱 | −0.128 55 | −0.220 78 | 0.991 973 | 0.976 162 | −0.154 6 | 0.674 2 | −0.720 74 | −0.743 9 |
| 羡慕 | 0.282 27 | −0.102 66 | 0.759 355 | 0.814 638 | −0.555 49 | 0.592 157 | −0.336 72 | −0.987 66 |
| 遗憾 | 0.343 355 | 0.221 998 | −0.972 3 | −0.921 22 | −0.152 06 | −0.583 54 | 0.862 722 | 0.458 565 |
| 疑虑 | −0.004 44 | 0.591 851 | −0.047 82 | 0.003 364 | 0.994 972 | −0.646 33 | −0.576 73 | 0.621 931 |
| 赞扬 | 0.016 292 | −0.084 27 | 0.973 431 | 0.992 778 | −0.135 37 | 0.577 217 | −0.738 5 | −0.780 52 |
| 振奋 | −0.235 51 | −0.229 85 | 0.999 119 | 0.965 411 | −0.015 55 | 0.646 33 | −0.797 24 | −0.621 93 |
| 尊敬 | 0.509 115 | −0.028 97 | 0.403 674 | 0.493 306 | −0.769 47 | 0.425 318 | 0.062 19 | −0.955 92 |

附表 C3 “无奈”等 8 种情绪的余弦相似度

| 类 型 | 无 奈 | 喜 爱 | 羡 慕 | 遗 憾 | 疑 虑 | 赞 扬 | 振 奋 | 尊 敬 |
|---|---|---|---|---|---|---|---|---|
| 悲痛 | 0. 086 992 | −0. 361 17 | −0. 553 28 | 0. 145 394 | 0. 938 368 | −0. 289 53 | −0. 269 43 | −0. 613 13 |
| 贬责 | −0. 226 | −0. 170 56 | −0. 570 16 | −0. 137 71 | 0. 994 027 | −0. 152 28 | −0. 030 98 | −0. 779 46 |
| 妒忌 | 0. 272 217 | −0. 335 68 | −0. 283 5 | 0. 275 877 | 0. 703 361 | −0. 212 71 | −0. 317 76 | −0. 219 26 |
| 烦闷 | 0. 300 238 | −0. 640 97 | −0. 834 55 | 0. 386 809 | 0. 855 084 | −0. 607 4 | −0. 534 43 | −0. 819 67 |
| 愤怒 | −0. 250 28 | −0. 140 96 | −0. 542 86 | −0. 164 24 | 0. 995 53 | −0. 120 93 | −0. 002 4 | −0. 760 76 |
| 感动 | −0. 182 85 | 0. 620 716 | 0. 949 749 | −0. 303 87 | −0. 649 32 | 0. 674 882 | 0. 481 555 | 0. 990 966 |
| 慌 | 0. 344 536 | −0. 306 83 | −0. 144 37 | 0. 323 065 | 0. 542 427 | −0. 169 43 | −0. 324 24 | −0. 025 |
| 接受 | −0. 318 38 | 0. 719 169 | 0. 969 861 | −0. 428 86 | −0. 707 81 | 0. 740 621 | 0. 595 065 | 0. 953 048 |
| 惊奇 | 0. 427 958 | −0. 128 55 | 0. 282 27 | 0. 343 355 | −0. 004 44 | 0. 016 292 | −0. 235 51 | 0. 509 115 |
| 恐惧 | 0. 242 111 | −0. 220 78 | −0. 102 66 | 0. 221 998 | 0. 591 851 | −0. 084 27 | −0. 229 85 | −0. 028 97 |
| 快乐 | −0. 935 84 | 0. 991 973 | 0. 759 355 | −0. 972 3 | −0. 047 82 | 0. 973 431 | 0. 999 119 | 0. 403 674 |
| 期望 | −0. 868 39 | 0. 976 162 | 0. 814 638 | −0. 921 22 | 0. 003 364 | 0. 992 778 | 0. 965 411 | 0. 493 306 |
| 轻蔑 | −0. 239 14 | −0. 154 6 | −0. 555 49 | −0. 152 06 | 0. 994 972 | −0. 135 37 | −0. 015 55 | −0. 769 47 |
| 轻松 | −0. 554 19 | 0. 674 2 | 0. 592 157 | −0. 583 54 | −0. 646 33 | 0. 577 217 | 0. 646 33 | 0. 425 318 |

（续表）

| 类　型 | 无　奈 | 喜　爱 | 羡　慕 | 遗　憾 | 疑　虑 | 赞　扬 | 振　奋 | 尊　敬 |
|---|---|---|---|---|---|---|---|---|
| 思念 | 0.873 535 | −0.720 74 | −0.336 72 | 0.862 722 | −0.576 73 | −0.738 5 | −0.797 24 | 0.062 19 |
| 同情 | 0.345 558 | −0.743 9 | −0.987 66 | 0.458 565 | 0.621 931 | −0.780 52 | −0.621 93 | −0.955 92 |
| 无奈 | 1 | −0.884 1 | −0.481 31 | 0.992 087 | −0.214 18 | −0.840 8 | −0.949 66 | −0.055 56 |
| 喜爱 | −0.884 1 | 1 | 0.834 937 | −0.934 98 | −0.150 22 | 0.988 83 | 0.985 975 | 0.515 693 |
| 羡慕 | −0.481 31 | 0.834 937 | 1 | −0.586 57 | −0.515 76 | 0.868 499 | 0.731 655 | 0.901 48 |
| 遗憾 | 0.992 087 | −0.934 98 | −0.586 57 | 1 | −0.135 93 | −0.901 9 | −0.981 04 | −0.178 75 |
| 疑虑 | −0.214 18 | −0.150 22 | −0.515 76 | −0.135 93 | 1 | −0.116 3 | −0.021 15 | −0.714 43 |
| 赞扬 | −0.840 8 | 0.988 83 | 0.868 499 | −0.901 9 | −0.116 3 | 1 | 0.963 645 | 0.571 066 |
| 振奋 | −0.949 66 | 0.985 975 | 0.731 655 | −0.981 04 | −0.021 15 | 0.963 645 | 1 | 0.365 521 |
| 尊敬 | −0.055 56 | 0.515 693 | 0.901 48 | −0.178 75 | −0.714 43 | 0.571 066 | 0.365 521 | 1 |

# 计算传播、智能传播与技术应用

# 基于爬虫技术和机器学习的竞争情报系统设计与实现*

唐剑锋　蒋鹏威　邱　娟　陆　坤**

**摘要：** 竞争情报是采集和分析有关于竞争环境、竞争对手、竞争形势和竞争策略信息的相关工作。在大数据的背景下，传统的竞争情报系统已经越来越难满足企业日渐严峻的竞争需求，人工智能或自然语言处理技术的发展同时也推动着竞争情报系统的发展，因此，利用机器学习方案设计和优化竞争情报系统在当下是很有必要的。

本文旨在设计并实现一个基于语义分析的竞争情报系统，其主要功能是爬取各类新闻情报，提取其中的主题词并生成摘要，自动分类并打上标签，建立情报库。然后用户可通过该系统前端检索其关心的情报，并计算该情报文本与用户所提供的关键词的相关度值，结果以可视化形式呈现。

本系统利用 Word2vec 实现了新闻相关词向量的训练，并在词向量的基础上实现了关键词扩展；通过融入词向量的 TextRank 算法，优化了关键词提取算法；基于文章主题词，提出了一种基于 Word2vec 的主题相关度计算模型；结合 TextRank 与 Word2vec 实现了文本自动摘要模型；最后基于卷积神经网络实现了文本分类模型。总计 10 个类别，准确率基本达到 95%左右。

**关键词：** 主题爬虫；文本分类；自动摘要；Word2vec；TextRank 算法

---

* 上海市"科技创新行动计划"软科学研究项目"从各有所好到共同牢笼：推荐算法平台公共信息茧房形成机理与调控策略"(23692110600)阶段成果。

** 唐剑锋，同济大学软件学院教师；蒋鹏威，同济大学软件学院学生；邱娟，同济大学软件学院博士生；陆坤，大连理工大学软件学院副教授。

# 一、引　　言

## (一) 企业竞争情报系统的背景与意义

1995 年 4 月,中国成立了科技情报学会竞争情报分会(SCIC),标志着我国竞争情报业开始进入有组织、规范化的发展阶段。至今,竞争情报系统已经成为 21 世纪企业最具竞争力的资源之一。根据统计,90%的 500 强企业都有着独立的竞争情报系统。随着互联网时代的降临,企业面对的信息和数据大规模增长,当下企业的需求已经远远超过传统的基于人工搜集和分析的竞争情报系统的能力,如何利用机器学习或人工智能方法对情报文本进行分析,为用户呈现有效信息,已经成为我们探讨的重要课题。

开发竞争情报系统有以下主要意义:企业收集和分析有关运营环境、对手和本身相关行业的准确、具体、实时的情报,帮助管理者分析对手和行业的实时信息,可以有效降低企业经营的风险。竞争情报是企业制定有效竞争策略的依据,同时提供市场营销的切入点。而竞争情报系统则是帮助企业采集、分析和维护其关心的竞争情报,帮助管理者更方便、准确地了解到竞争环境,提供调整企业策略的相关依据。

目前自然语言处理(Natural Language Processing, NLP)是一个重要研究领域,各类机器学习相关算法和模型已经被应用在文本分类、观点挖掘、情感倾向分析等方面。TF-IDF、Topic-Model、LDA、Word2vec、TextRank 以及相互融合的算法(解决方案)等在自动摘要、主题(关键字)提取和相似度分析方面的应用已经成为研究的重要组成部分。大数据环境下,企业竞争情报系统的设计与实现得益于自然语言处理的快速发展,基于大数据和文本分析的竞争情报系统目前也成为学者们的研究热点。

## (二) 国内外研究现状

本文所说的竞争情报系统实际上是语义分析的一个具体应用。目前自然语言处理范围广泛,包括文本分类、自动摘要和情感分析等,本系统中主要有关键词提取、摘要提取、自动分类等的应用。目前的关键词提取技术较为成熟,从较早的基于词数,即过滤掉词数过少的词语的关键词提取算法到目前应用较为广泛的 TF-

IDF 算法，基于 Google 搜索引擎核心算法 PageRank 的 TextRank 也被广泛应用于文本关键词提取领域，python 也为该算法提供了相应的方法库；关于自动摘要提取的方法也层出不穷，早期“抽取式”摘要提取技术因大多采用统计的方式，并没有真正去解析文章的内容而遭遇瓶颈。Google 在 2016 年发布了开源项目“TextSum”作为“生成式”摘要提取方法的代表，主要基于 seq2seq＋attention 的深度学习模型，但效果不佳，Google 公司也说明该项目仍然需要不断更新。目前较为成熟的方案是结合 Word2vec 和 TextRank 的抽取式文本摘要方法，该方法也被多个学术研究所和学者写入文献，并不断有人提出改进方法；时至今日，文本分类的技术实现方法累积了很多，主要可以分为基于机器学习的文本分类方法和基于深度学习的文本分类方法，在深度学习发展起来后，卷积神经网络（Convolutional Neural Networks）在文本分类中取得了很好的成果，众多学者在应用 CNN 实现文本分类时也在尝试改进神经网络，不断优化参数，而搜狗、新浪、清华大学等研究机构也为此提供了充分的数据集，基于 CNN 的中文文本分类也因此得以发展。目前基于深度学习的中文文本分类已经可以达到 95％左右的准确率。

爬虫技术也是竞争情报系统赖以发展的技术手段之一。尤其在大数据时代背景下，爬虫技术逐渐兴起。有学者称，爬虫技术已经成为当下工程师进行科学研究的新钥匙。在数据研究领域，爬虫能够迅速灵活地采集互联网上的信息，为数据分析提供原始数据。Scrapy 作为一个快速、高层次的 Web 抓取框架，有着可配置、高效、高抽象性、支持分布式爬虫等优点，十分适合我们的竞争情报系统的设计与实现[1]。

### （三）论文完成的工作

论文主要完成了以下工作：

（1）完成爬虫编写，爬取中新网等新闻网站的新闻，将重要信息如标题、日期、来源、内容等写入数据库。

（2）完成新闻文本关键词提取，并给出每个关键词的权值，取权值前二十的关键词作为新闻的主题词写入数据库。

（3）完成自动摘要模型，提取新闻文本摘要，取权值前二的语句作为摘要写入

---

[1] 马进：《主题网络爬虫关键技术研究》，硕士学位论文，湖南工业大学，2018 年。

数据库。

（4）实现基于 CNN 和 THUCNews 的文本自动分类模型。

（5）提出了一种基于 Word2vec 的主题相关度比较算法，并应用于本系统。

## 二、系统理论和相关技术

### （一）竞争情报系统主要流程

本竞争情报系统的主要流程如图 1 所示。

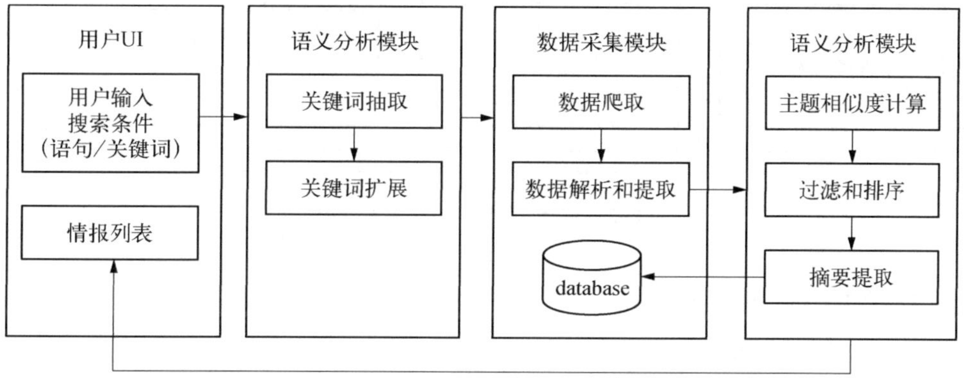


图 1　竞争情报系统的主要流程

首先，数据采集模块采集互联网上的各类新闻网页，对网页进行解析，提取出新闻内容、时间、来源、标题等主要信息，对新闻内容应用主题词提取、自动摘要生成、自动分类等模型，将主题词、摘要和类别等信息作为重要字段建立情报库[1]。其次，用户输入搜索语句或关键词，若用户输入语句进行搜索，对语句进行语义分析，得到关键词，对关键词进行适当的扩展，扩大用户搜索范围，弥补用户考虑欠缺。最后，将扩展后的关键词作为查询条件，从情报库中查询出符合条件的情报，通过计算关键词与文章主题词的相似度得出主题相关度，基于主题相关度将排序后的情报列表返回给用户。

用户查看情报详情的流程如图 2 所示。

首先，用户为获知某情报详细流程，点击进入该情报详情页面，将新闻情报内

[1] 李晓宇：《基于网络的专家观点自动分类和提取研究》，硕士学位论文，首都经济贸易大学，2018 年。

容呈现给用户；其次，查询为该情报生成的主题词及其权值或影响因子，以此为依据生成用于绘制词云的数据；最后，将其他相关统计数据综合形成图表数据，将上述可视化数据渲染成图表呈现给用户。

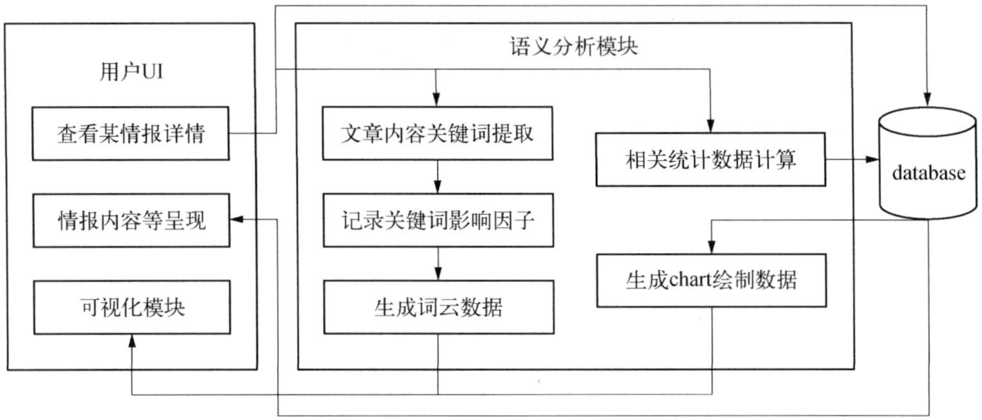


图 2　用户查看情报的详情流程

## (二) 相关语义分析方法

### 1. 关键词提取方法

关键词提取指从文本中尽可能准确地提取出反映文章主题的词列表，并给出各个词语的权值，即它在本文中的影响因子。在本系统中具体表现在两个方面：以提取用户输入的语句的关键词作为查询条件，提取情报文本的关键词生成词云数据并用于计算主题相似度。因此，在提取关键词的过程中计算它在文章中的影响因子是重要且必需的。

关键词提取目前已经有一些成熟的方案，TF-IDF 算法、主题模型、TextRank 算法等是我们常用的关键词提取方法。传统的 TF-IDF 方法是一种基于统计的计算方法，常用于标识文本中某个词语对文档的影响程度。但传统的 TF-IDF 算法仅考虑了统计信息，对文本其他信息如语义信息的利用率很低；主题模型认为词与文本之间并不存在联系，它们应当通过一个维度进行串联，这个维度就是主题。一个或多个主题构成了一个文本，每个主题都存在着对应主题的词分布；不同于主题模型等需要通过大规模的学习来发掘文档隐藏的主题，TextRank 脱离了语料库规模和质量的约束。该方法的主要思想继承自 Google 网页排序的核心算法 PageRank，仅需要对单篇文本进行算法分析就可以得到该文本的关键词及其权重。

在本系统中，使用 TextRank 融合 Word2vec 的方法来生成情报关键词或主题词。TextRank 认为文档中的每一个词并不是都存在联系的，因此提出通过窗口来界定链接关系，只有在指定窗口范围内的词才存在链接关系。基于该窗口计算每个节点的初始权值，接着通过不断迭代各个节点的权值直到它们收敛。而融合了 Word2vec 的 TextRank 算法则更为准确。Word2vec 是用来产生词向量的模型，通过一定的训练可以用来映射每个词到对应的词向量，而基于词向量就可以表示词与词之间的关系（常用方法为计算余弦相似度等）。由于传统的 TextRank 方法仅考虑了词与词之间的位置关系元素，通过优化词与词之间连线的初始值，即将初始权值设置为各个节点之间的相互影响力，具体表现为余弦相似度，就可以将词语的位置关系和语义关系综合考虑进关键词的提取过程中。本文基于该方法实现了关键词提取。

2. *文本摘要提取方法*

所谓文本摘要提取，指的是找出或生成文本中最能够反映文本中心意思的语句，将其提取出来作为自动摘要生成模型的输出。该过程需综合考虑语句的位置及语义关系。摘要提取分为抽取式摘要提取与生成式摘要提取两个类别，目前较为成熟的方案是以结合 TextRank 和 Word2vec 自动摘要生成技术为代表的抽取式摘要提取技术。

抽取式摘要提取与关键词提取的相似点在于均是通过赋予一定初始权值，再反复迭代各权值直到收敛，区别在于摘要提取需要考虑的是由多个词语组成的句子之间的分值如何计算。

本系统采用结合 TextRank 和 Word2vec 的自动摘要提取方法。通过将句子分词，对该词语列表计算得到词向量的平均值记为句向量，作为初始化句子之间初始权值的依据。我们遵照上述 TextRank 的思想，即可得到句子在文中的权值或影响因子[1]。

3. *文本分类方法*

文本分类具体指自动识别文本内容所属的类目，是自然语言处理中很重要的

---

［1］ 张波飞：《基于 LDA 和 TextRank 相结合的中文多文档自动摘要提取》，硕士学位论文，内蒙古师范大学，2018 年。

一个模块。文本分类方法一般有基于经典机器学习的方法和基于深度学习的方法。

本文采用基于卷积神经网络的文本分类方法，而卷积神经网络则基于TensorFlow库搭建。作为一个多层的神经网络，若干二维平面构成了卷积神经网络的每一层，由输入层输入之后，此处将低维向量作为每个词语的映射，在卷积层使用过滤器对嵌入的词向量进行卷积运算，再连接池化层将卷积层的结果最大化为一个特征向量，在全连接层综合分析前面提取到的特征，最后的结果分类任务由SoftMax层完成。卷积神经网络的权值共享机制很好地实现了网络参数的约束，简化了模型训练过程，而使用Word Embedding技术将词汇表达为向量后，可以很方便地将文本表示为类似图片的二维向量。因此，卷积神经网络在自然语言处理领域存在着强大的发展潜力。

**（三）网络爬虫技术**

网络爬虫是一种自动抓取互联网信息或数据的程序或脚本，当然事先需要编写指定的爬取规则与解析规则，可以采集它访问到的页面的内容，以获取这些网站的可见内容和部分数据。从功能上来讲，数据采集、解析、存储三个功能模块构成了爬虫系统的主要功能模块。网络爬虫的基本工作流程主要是模拟用户行为，获取信息。首先，向目标站点发起请求，即发送一个Request对象，其中包括请求头、请求体等。其次，服务器如果能够正常响应这个请求，则会得到一个Response对象，其中可能包括HTML页面、json格式数据、图片内容等。最后，根据返回结果的类型，可以选择不同的方式解析数据。

网络爬虫的系统框架层次也很清晰。控制器、解析器和资源库三个组件控制着爬虫的工作过程。控制器作为网络爬虫的核心，它的主要作用是获取传给它的URL链接或URL列表，为它们各自分配空闲的线程资源，然后启动线程开始采集网页的内容；解析器主要负责的工作是网页的下载以及对爬取到的网页内容进行处理，如抽取特殊的HTML标签内容等，并分析数据；资源库的主要职责是存储网页中下载下来的数据，并提供对应的索引。

本系统基于上述爬虫技术原理，选用Scrapy爬虫框架，完成数据采集工作。同时借助Scrapy Item Pipelines机制，嵌入各语义分析模型，管理最终的输出，并写入数据库。

Scrapy作为一个快速、高层次的Web抓取框架，有着可配置、高效、高抽象性等优点，并提供丰富的命令行工具用于开发、调试支持。其基本工作原理如下：

(1) Spider打开某个网页，生成一个Request对象或一组Request对象，传递给调度器，在调度器中维护了一个用于管理请求的队列，由调度依次安排执行请求。

(2) 调度器按照一定的次序取出请求，经由引擎，将请求对象传递给下载器。

(3) 下载下来的网页数据传送给爬虫Spider，由Spider对数据进行解析，按照Item对象指定的字段，经由中间件和引擎传递给管道。

(4) 管道管理着最后的输出，可以对数据进行进一步清洗、处理、存储等操作。本系统对应的关键词提取、摘要抽取、文本分类等均可嵌入Pipeline中处理，最终建立情报库。

## 三、竞争情报系统设计

### (一) 竞争情报系统逻辑模型

#### 1. 系统总体模型

竞争情报系统逻辑模型设计如图3所示。

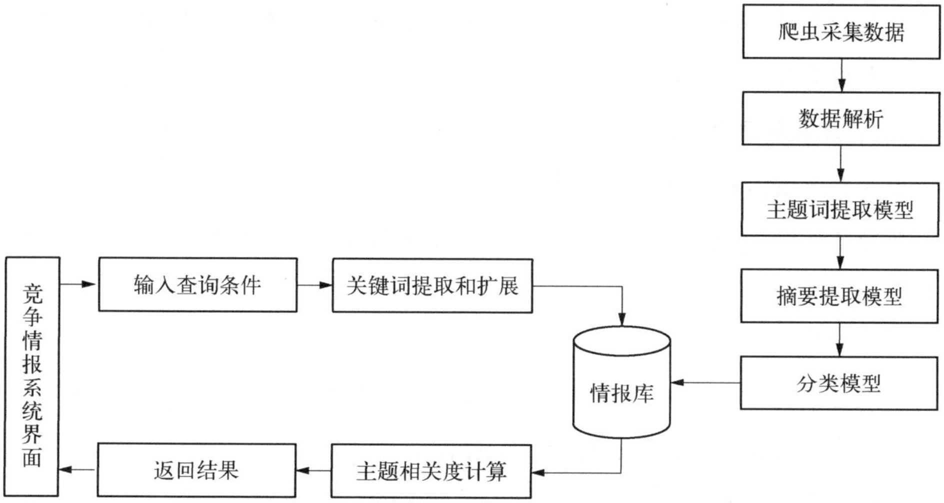


图3 竞争情报系统逻辑模型设计图

基于前后端分离的思想，结合本竞争情报系统的功能和特点，可以大体上设计如图 3 所示的竞争情报系统模型。该模型包括竞争情报系统界面、查询条件输入或选择、查询条件关键词提取和扩展、情报数据库、主题相关度计算等元素，而情报库的形成依赖于爬虫技术、主题词提取模型、摘要提取模型、分类模型等。

2. 部分系统逻辑模块说明

(1) 竞争情报系统界面

该界面可以供用户与系统进行交互，获取用户输入的情报查询条件，同时将检索结果呈现出来，并提供诸如查看详情等相关操作和可视化服务。

(2) 关键词提取和扩展

该模块主要是对用户的输入进行处理，扩展其输入条件、补充条件，有利于优化最终的查询结果。

(3) 情报库

该模块由爬虫爬取的数据经过解析处理和相关自然语言处理后组成，存储着情报的各类信息，例如时间、来源、标题、内容、主题词、摘要、类别等。

(4) 主题相关度计算

该模块提取出情报中的主题词字段，将该字段与用户输入的关键词作为主题相关度模型的输入，得到主题相关度，可用于标识查询结果的重要度和契合度，进而以此为基准对结果完成排序。

**(二) 竞争情报系统结构**

本文竞争情报系统结构如图 4 所示。

从设计上看，本系统可以分为三个模块，分别为数据采集模块、语义分析模块和可视化呈现模块。

1. 数据采集模块

本系统中的数据采集模块的主要功能是收集情报数据，用于构建情报库。该模块主要分为数据收集和数据存储两个过程。

数据收集包括调用网络爬虫爬取互联网上的新闻情报信息以及解析该情报，提取出有效的信息如标题、内容等。数据存储即将爬取到的情报写入数据库。本系统选用 MongoDB 存储情报，与 Scrapy 适配良好。以上述过程为依据，即可构建本系统的情报库。

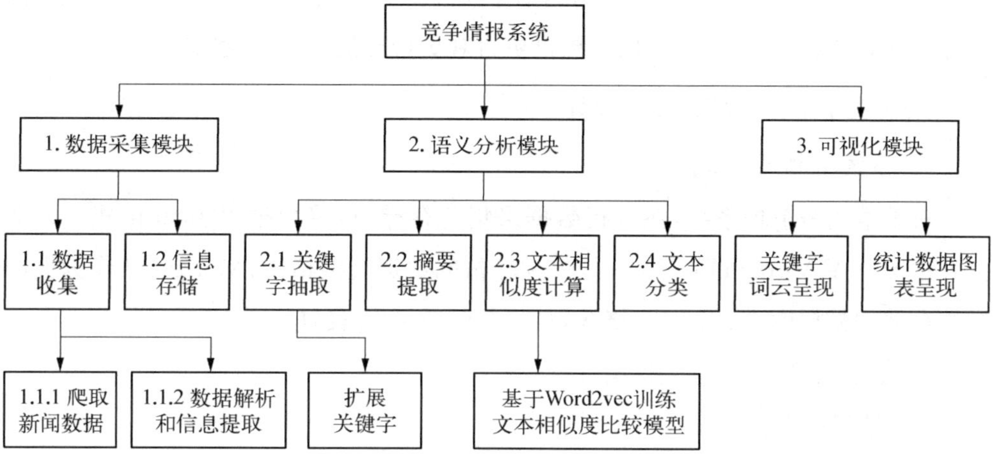


图 4　竞争情报系统结构图

2. 语义分析模块

本系统中的语义分析模块主要为其余模块提供语义分析模型。该模块主要分为四个部分，即对应四个模型的建立。

关键词提取模型从提取用户输入的描述条件中提取关键词，以及从情报内容中提取主题词及其权重，其中还涵盖对用户的输入进行关键词扩展，帮助用户完善其查询条件；摘要提取模型从情报内容中提取摘要，用于情报列表的展示，方便用户大致了解本情报的中心思想，确定是否需要查阅详情或收录；文本相似度计算模型即主题相关度模型，它的主要功能是计算用户输入的查询条件与本情报的相关度，可用于情报排序；文本分类模型将自动分类情报，标注情报类别，可供用户筛选。

3. 可视化模块

本系统中的可视化模块主要功能是以图表的形式呈现情报内容。该模块可分为两部分：主题词词云展示和其他统计数据的图表展示。主要作用是让用户更直观了解到本篇情报的中心或重点，供用户快速查阅情报详情。

本系统中对于每条情报提取了关键词及其权值，以此为依据，我们可以构造词云图表所需要的数据结构。可视化模块作为嵌入在情报详情中的功能模块，能够指引用户更直观地了解情报的大体内容或概览。在系统的界面设计过程中，可视化贯穿始终，无论是词云、栅格结构的情报呈现或以进度条为指示的配置过程，都是可视化的体现，目的都是为用户提供更直观更合理的操作体验或阅览体验。

**（三）竞争情报系统数据库设计**

1. 系统数据集格式

对于本竞争情报系统，在进行数据采集与存储时，将数据以 Json 格式写入非关系型数据库 MongoDB。Json 是一种轻量的数据交换格式，MongoDB 作为面向文档存储的数据库，采用 Json 格式，且与 Scrapy 配合良好。

2. 数据库设计与字段说明

(1) 情报库设计

基于 MongoDB 面向文档存储的特性，每个情报均作为一个文档存储于 news 表中。每个文档包含八个字段，分别是：_id、title、article、source、link、category、summary、keywords。

本系统并未指定 id、_id 字段为 MongoDB 引擎自动生成的字段，作为情报的唯一标识，每个情报都有唯一的编号。

title 字段代表情报的标题，它的数据类型为字符串型。在情报结果展示中，作为情报标题的填充内容。

article 字段代表情报内容即正文，它的数据类型为字符串型。在情报结果展示中，作为展开全文后正文内容的填充。

source 字段代表情报的来源，它的数据类型为字符串型，一般格式为“来源：×××”，需解析后获得来源字符串，用来标识情报的来源。

link 字段代表情报的链接，它的数据类型为字符串型。在情报结果展示中，绑定在标题和链接中，可通过 HTML 中的 href 属性直接打开该链接供用户参考。

category 字段代表情报的类别，它的数据类型为字符串型。该字段的值是对情报正文应用了文本自动分类模型得出的，作筛选器字段用。

summary 字段代表情报的摘要，它的数据类型为字符串型。该字段的值是对情报正文应用了自动摘要提取模型后得出的。

keywords 字段存储情报的主题词，它的数据类型是数组型，数组的每个元素也是一个数组型的值，分别存储着关键词及其对应的在正文中的权值。该字段的值是对情报正文应用了关键词提取模型后得出的，作为计算用户的输入与某情报的主题相关度的依据。

(2) 项目表设计

该表中存有用户创建的项目，用作历史查询的记录与保存。每个文档包括五个字段，分别为_id，name，settings，User Id，status。

name 字段代表项目的名称，此处作为主键，数据类型为字符串型。

settings 字段代表该项目的相关配置，即用户设置的情报搜集条件。数据类型为 Object，其中包括：

① User Input：用户输入的关键词或段落配置，可有多个，为数组类型。

② Category：用户输入的查询类别配置，若用户不指定类别，默认为全部类别。

③ Start Time：用于查询的时间范围的起始时间。

④ End Time：用于查询的时间范围的终止时间。

⑤ Relation：用户要求的最小相关度值。

⑥ Address：用户指定的爬取地址，可有多个，为数组类型。

User Id 字段代表用户的唯一 id，标识该项目所属的用户，系统初始化时，需要根据该字段查询用户所拥有的所有项目。

status 字段代表该项目的状态，该字段有两个值，分别为"set"和"result"，前者代表项目仍处于设置阶段，下次读取该项目时，将引导用户继续进行配置操作；后者代表项目已进入情报结果呈现阶段，下次读取该项目时，直接呈现出对应配置的情报列表。

## 四、竞争情报系统实现

本节将具体展开说明本系统的实现，包括选用方案、方案实现、公式说明等。系统实现是开发阶段的最后一个工作，它将上述需求分析和系统设计的结果变成可运行的系统或产品，它包括系统平台的建立、数据库的建立、对数据交换的处理、程序编码。完成本节后,系统将基本可以运行。

### (一) 竞争情报系统开发环境

1. 开发平台

Mojave 作为 Mac 系列最新的操作系统,承袭自 Unix,支持 Bash shell,支持丰富的命令行操作。系统本身适配的包管理工具非常适合用作开发环境,多窗口的互相切换也十分方便,对于我们的系统开发可以提供许多的便利,节约开发成本。系统详情如下:

处理器:2.9GHz Inter Core i5

系统内存:8GB

系统类型:MacOS Mojave v10.14.4

2. 开发工具

(1) Visual-Studio-Code:VSCode 作为微软研发的一款轻量级代码编辑器,功能强大并且开源,扩展性极高,且支持多编程语言,支持格式化、代码高亮、智能补全、定义跳转与寻找、调试等基本功能。对于本系统的开发而言,需要支持 Python、JavaScript 等语言,且需要快速搭建前端脚手架、Flask 框架等,VSCode 的插件机制能很好地满足该需求。在整个开发过程中,无论是前端开发或后端开发,对调试的要求都较高,因此,VSCode 无疑是最适合的选择,既轻便也能为开发人员提供整个开发过程中的各项服务。

(2) npm:在 Node.js 兴起后,模块化成为了前端发展过程中的重要一环,逐渐形成了包的概念,随之而来的问题即是包之间的导入和依赖关系。npm 的出现,驱动了前端模块化更进一步。作为一款优秀的包管理工具,它允许开发人员从 npm 服务器上下载包到本地使用,允许用户将自己的包上传到 npm 供别人使用,且能方便地控制包版本和包之间的依赖关系。本系统前端采用 AngularJS 框架,结合 npm,以达到快速、高效开发的目的。

(3) gulp:gulp 是一个应用于前端的基于流的自动化构建工具,开发者可以使用它在前端项目中自动执行常见的任务,gulp.js 拥有易于学习、易于使用、插件高质、构建快速等优点,能够极大地提升项目的开发效率。本系统基于 gulp 构建工具,实现前端的快速构建,完成代码压缩、图片合成、资源压缩、语法转换等前端任务。

(4) pip：pip 的理念与 npm 理念相似，它被设计用于管理 Python 包的依赖关系。对于本系统而言，模型的搭建过程中需要安装 jieba、TensorFlow 等常用 Python 库，pip 能够提供极大的便利。

(5) MongoDB 与 robo 3T：本系统数据库采用 MongoDB，有着面向文档、性能优越、生态丰富等优点，与 Scrapy 配合良好；robo 3T 则是一款用于管理 MongoDB 的数据库管理工具或可视化工具，提供查询、插入、删除、更新等数据库可视化的操作。

### (二) Word2vec 模型实现

2013 年，Word2vec 作为一款词向量计算工具问世，被 Google 开源。它是一种采用无监督形式的语义学习模型，在自然语言处理领域有着广泛的应用。Word2vec 算法实际上是由一个浅层神经网络支撑起来的，一般当我们提到 Word2vec 模型时，具体指的是用于计算词向量的 CBOW 模型或 Skip-gram 模型。

Word2vec 模型是一个较为简化的神经网络，通常被定义为输入层、隐藏层、输出层三层结构。该模型输入的是 One-Hot Vector，即独热编码。简单来说，独热编码是用向量的一位来标识对象的编码方式。例如，有十个不同的词汇需要编码成 One-Hot Vector，理论上就需要维持一个十维的向量，每个词对应着仅有一位为 1 的向量即可，即任意时候仅有一位有效。对于大型词库来言，One-Hot Vector 的维度可能达到很大的规模，因此将它映射成为我们想要的较小的维度也是我们需要通过 Word2vec 训练完成的工作。隐藏层没有激活函数，也就是 Word2vec 的隐藏层实际上是线性的单元。模型通过训练数据所学得的参数是我们尤其需要重视的。本系统后续的几个语义分析模型均来自该模型所学习到的权重矩阵，因为它的每一列对应着各个词汇的词向量。获得词向量之后，本系统中的各个模型才有得以实现的基础。

Word2vec 模型定义数据的输入输出由内部所采用的模型包括 CBOW 或 Skip-gram 两种不同的方式。CBOW 模型的训练的输入是某一个词周围或基于该词上下文多个词的词向量，而输出的则是预测这个词的词向量；Skip-gram 模型采用与 CBOW 模型相反的思路，即输入的是一个词的词向量，输出的则是预测该词可能连接的词的词向量或者该词对应上下文的多个词的词向量。

本文采用 Skip-gram 模型训练语料库。本文所采用的语料库来自搜狗实验室新闻数据，该数据由若干新闻站点 2020 年 10 月—11 月期间国内、国际、体育、社会、娱乐等 18 个频道的新闻数据构成。Skip-gram 模型结构如图 5 所示。

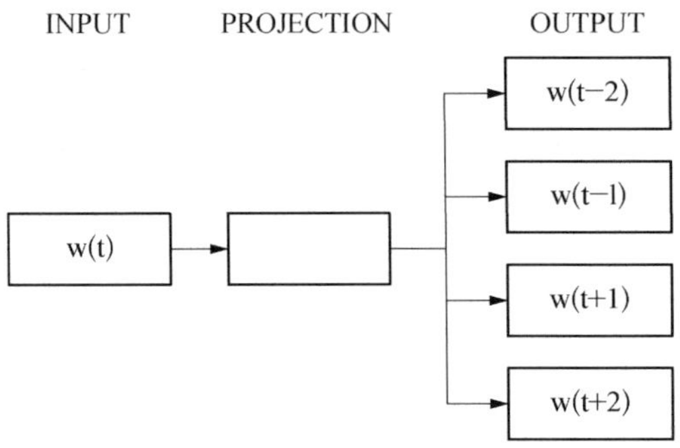


图 5　Skip-gram 模型结构

在进行正式训练之前，需要对语料库进行解析和分词处理。由于搜狗语料库提供的数据文本格式为 gbk，我们需要将其转化为 utf-8 格式，并提取出文本中<content>标签内的内容。该标签内提供了每条新闻的正文内容，我们将提取的内容写入新的文本文件。截至目前，新文件内保留的内容为所有新闻的正文内容。在进行 Word2vec 模型训练前，仍需将其进行分词处理。这里我们采用 python 提供的 jieba 库进行分词。jieba 分词作为国内最普遍的中文分词工具，支持精确模式、全模式、搜索引擎模式多种模式，基于 viterbi 算法可达到词性标注的目的。对每行文本进行分词处理后，剔除标点和常用停用词，将内容写入文本文件。至此，我们得到了搜狗语料库提供的全部新闻数据的正文经分词处理后的文本，该文本内容基本可用于 Word2vec 模型的训练。最终经文本预处理后形成的用于训练的新闻文本如图 6 所示。

Skip-gram 模型的一般训练过程为：首先，选取句子中的一个词，将它的词向量作为模型输入。接着，定义 skip_window 参数，即窗口大小，意义在于选取以该词为中心的特定窗口大小的词语列表。然后，从窗口中选取 num_skip 组训练数据，经过数据训练我们会得到一个概率分布，这些输出概率代表着词典中的每个词有多大可能性跟输入词同时出现，以此作为预测标准。最后，该过程中不断迭代优化权重矩阵，我们最终需要重点关注的也是权重矩阵。

Gensim 是一个第三方 python 开源库，其中已经实现了 Word2vec 在内的多个模型。本文即采用 Gensim 库中提供的 Word2vec Skip-gram 神经网络模型训练词向量。一般情况下，词向量维度在 25～1 000 之间。本文将训练 500 维度的词向量，窗口大小选择为 5，使用该库训练后的模型结果经加载后保存着每个词与它的词向量的键值对，可以供我们很容易地读取词向量使用。基于 Skip-gram 模型的特性，我们可以根据某个特定词语得到与它相近的词语集，用作关键词扩展。具体训练结果如图 7 所示。

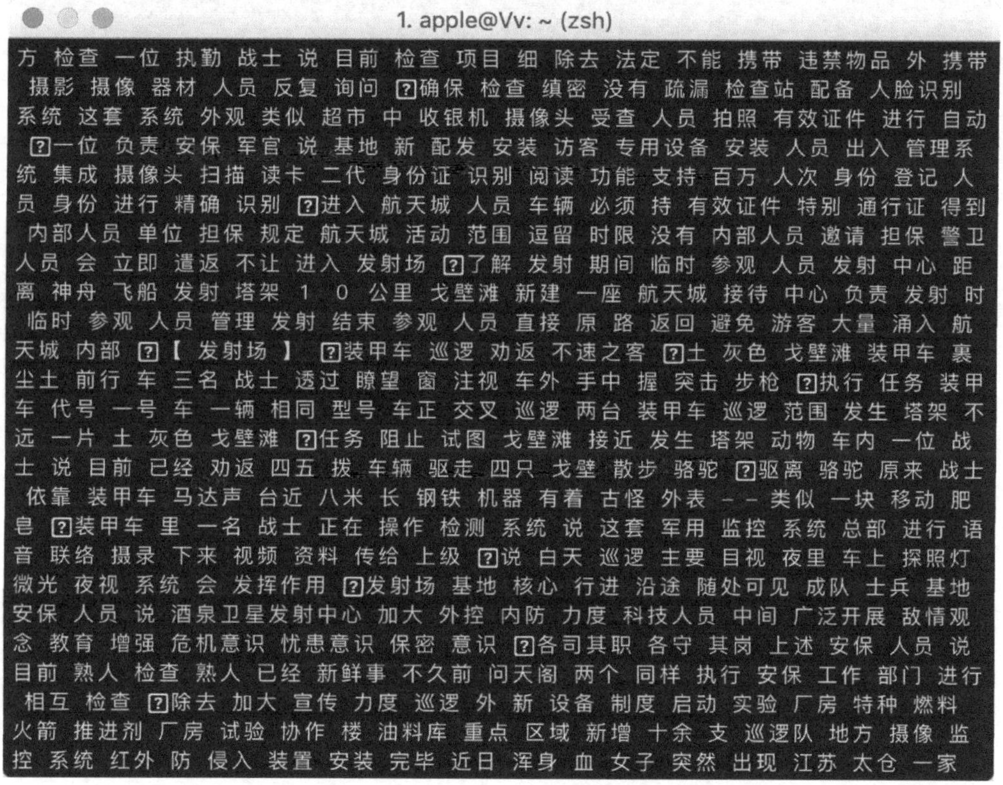


图 6　经分词处理后的搜狗新闻语料库

至此，Word2vec 模型的实现已基本完成，本系统中关键词扩展与主题相关度计算均需基于词向量模型。如前所述，关键词扩展可直接利用 Skip-gram 模型的特性即可，相关度计算则需要依据词向量之间的余弦相似度计算。Word2vec 模型的实现为本系统其余模型的实现奠定了基础。

### （三）关键词提取实现

本文所采用的关键词提取的主要方案是结合 Word2vec 与 TextRank 算法的

关键词提取方法[1]。TextRank 算法是一种用于文本的基于图的排序算法，它的基本思想源于 Google 的搜索引擎核心算法 PageRank 算法。TextRank 将文本看作是由若干个组成单元如单词或者短句构成的，根据这些单元建立图模型对文本中的相对重要的单元排序。关键词提取和内容摘要只需要基于单篇文档本身的信息即可，不需要事先对大量文档进行学习训练。

```
>>> model = gensim.models.word2vec.Word2Vec.load("news.model")
>>> print(model['中国'])
__main__:1: DeprecationWarning: Call to deprecated `__getitem__` (Method will be removed in 4.0.0, use self.wv.__getitem__() instead).
[ 0.8539398  -2.0835893  -0.92982    -0.34242547  1.4149932   0.2966932
  1.1625607  -0.3265651  -2.4978862   1.2005774   0.64539355 -0.5102373
  1.5264606   0.4905856   0.28623286  0.17977773 -0.1958142  -0.44403735
 -1.4328605   1.7913337   0.73005295 -1.4190037  -1.858826   -0.47657236
  1.4433507  -0.95535225  0.07989655 -0.2094846  -1.9142768   0.77114207
  1.7034938   0.53226775  1.4046203  -1.157696    0.21459165 -1.2542094
  0.1405422   0.1306388   1.1376052   0.25397512  1.573352   -2.118228
 -0.48438284  1.459604   -0.7777168  -0.6533247  -0.3214191   1.8224163
 -0.03754876 -0.9170454  -0.0638468   1.0598284   1.0026492   0.18651526
  0.78109473  0.4270823  -0.13145673  0.6150478  -0.4684314   2.2616634
  1.9089445  -0.03199231  0.46164396 -0.47910586 -1.7238877  -1.5223795
 -0.8506119   1.6433146   1.5464237  -0.1223928  -0.33712745  1.8138602
  1.3182068  -1.4290124  -1.1026796  -0.65186155 -0.89023095  0.0115035
 -0.08632506  1.1820116   1.4064547  -1.0533727   2.9696708  -0.27099308
 -1.5833796   1.5621926  -1.5411025   0.10428456 -1.9619539  -0.03339746
 -2.013544    1.8622354   0.23252194  0.45311713 -0.72411    -0.15360123
  0.03731196 -3.417516    1.4180424  -0.24954554 -0.2408699  -0.04724612
 -0.00521632  0.05054065  0.8572245  -1.5176328  -1.4191896   0.8566304
  0.8613089  -0.7742318  -0.34518734 -0.9406184  -0.15523419  0.39096576
 -1.0187664  -0.25389487 -0.30320805 -0.27674553 -0.10303622  1.8273317
 -1.2303594  -2.5282664   0.7447263   2.5119927  -0.6177938  -1.8569567
 -0.43917856  0.06158184  0.41842973 -0.63069856 -0.09066828 -0.53171283
 -0.5274323  -1.558585    0.1332753   0.03428304  0.6549421   1.4235369
 -1.0937878  -0.06712174  0.8722249  -0.2789055  -0.15669054 -0.5709524
  0.8820556  -0.12855418  2.3704178   0.676622   -0.7227688   1.1870061
  1.4493533  -0.7409163  -1.6825422  -1.5960189   0.23959629  0.03063696
 -0.39788225 -4.2033796   0.31295907 -0.09908666  1.4376639  -0.06326735
  0.7840704   0.05471281 -0.11935196 -2.666842   -1.4979043  -1.4459474
  0.80064344 -1.1862297  -1.9170277   0.89940494  1.0881467  -0.8048428
  0.13600948 -1.4241908  -0.0935277  -0.5762635  -0.3461077  -1.7149355
  1.0327516   2.5940802  -0.49499184 -1.0044293  -0.5394477  -2.0580387
 -0.6649148   2.2579095   1.2443016  -1.8144037  -1.7641956  -0.02096948
  0.17365995  2.7656555  -0.683793   -0.48609802  0.64619416 -0.7342459
 -0.35409445 -1.9471532  -0.00786901  1.1052808   0.2978732  -0.47071946
 -1.4496648   0.62215817 -1.3550665  -0.82454705 -0.61893713  0.27942535
  0.76489     0.69857645  1.9276466   1.523434   -1.0984312  -1.2551745
 -1.4879785  -1.7747567   0.88832855  0.42008948 -0.64839244  0.01955007
```

图 7　经训练的 Word2vec 模型使用示例

TextRank 的模型可以表示为一个由点集 $V$ 和边集 $E$ 组成的有向有权图 $G$，图中任意两点 $V_i$ 和 $V_j$ 之间的边的权重记为 $W_{ij}$。对于一个给定的点 $V_i$，$In(V_i)$为指向该点的点集合，$Out(V_i)$为点 $V_i$ 指向的点集合，根据以上条件，点 $V_i$ 的得分定义如下：

$$WS(V_i)=(1-d)+d\sum_{V_j\in In(V_i)}\frac{W_{ij}}{\sum_{V_k\in Out(V_j)}W_{jk}}WS(V_j) \tag{1}$$

---

[1] 顾益军、夏天：《融合 LDA 与 TextRank 的关键词抽取研究》，《现代图书情报技术》2014 年第 1 期，第 41 - 47 页。

其中，$d$ 为阻尼系数，一般取值为 0.85。计算得分之前，需要给节点指定初始值。我们在应用上述公式进行图中节点得分计算时，需要递归计算，直到结果收敛。

Jieba 分词库中已经实现了上述 TextRank 算法，阅读其源代码我们可以发现，jieba 分词实现 TextRank 算法时，为图中的边指定了初始值 0。TextRank 算法要求两个节点之间存在边的唯一条件是它们对应的词汇在指定的长度为 K 的窗口同时出现。因此，jieba 分词实现的 TextRank 算法构造图的唯一依赖元素仅仅是词语之间的位置关系，存在边则为该边赋初始值 0。接着迭代传播各节点的值，直到分值收敛。我们在训练了 Word2vec 模型后，已经有能力获取绝大多数新闻词汇的词向量。词向量带给我们的不仅仅是能够预测可能出现在特定词语的周围词语，通过向量计算我们完全有可能得出两个词的相似度，这个标准即为余弦相似度，通过计算两个词向量的余弦值可以给出。因此，我们认为可以通过 Word2vec 一定程度上优化传统的 TextRank 算法，即优化边的初始值，让它成为两个词汇之间的相关度。在后续的迭代传播中，考虑到词语之间的语义关系，而不仅仅是位置关系，能够促使 TextRank 算法最终的迭代结果更加准确。

至此，关键词提取模型实现完成，在传统的 TextRank 的基础上，融入了 Word2vec 模型训练得出的词向量元素，综合考虑词汇的位置关系和语义关系，优化了关键词提取算法。

### （四）文本摘要抽取实现

本文所采用的自动摘要生成方法为融合 Word2vec 与 TextRank 的抽取式摘要生成方法。实际上，抽取式摘要生成方法的思想基本与关键词提取相同，一个文档关键词或主题词的提取主要在于从中找出权值最大的 N 个词语，用这 N 个词语代表文档的中心思想。而摘要同样是需要找出文档中的一个单元，来概括文档的中心思想，不同的是，这里的组成单元并非词语而是句子。因此很容易想到的是，能否在上述优化的 TextRank 算法的基础上实现句子之间的 TextRank，即构造出一个有权图，它的节点代表的是文档中的每个句子，它的边则代表文档中句子之间的关系。答案是肯定的，在 Word2vec 模型提供词向量的基础之上，我们完全有能力计算出句子之间的相似度。本文所采用的用于计算句子之间相似度的方法是：通过将句子各自分词，对每个句子的分词集合求得其平均词向量，代表句子的词向量。例如,某个句子经分词、去停用词、去标点后得到的三个词语的词向量分别为 $\boldsymbol{V}_1$, $\boldsymbol{V}_2$, $\boldsymbol{V}_3$,那么该句子的向量则可以表示为:

$$\boldsymbol{V}_{\text{sentence}} = \frac{\boldsymbol{V}_1 + \boldsymbol{V}_2 + \boldsymbol{V}_3}{3} \tag{2}$$

若两个句子的向量分别为 $\boldsymbol{A}$ 和 $\boldsymbol{B}$,那么这两个句子之间的相似度则可以通过以下公式计算:

$$\text{similarity} = \cos\theta = \frac{\boldsymbol{A} \cdot \boldsymbol{B}}{||\boldsymbol{A}||||\boldsymbol{B}||} = \frac{\sum_{i=1}^{n} \boldsymbol{A}_i \times \boldsymbol{B}_i}{\sqrt{\sum_{i=1}^{n} (\boldsymbol{A}_i)^2} \times \sqrt{\sum_{i=1}^{n} (\boldsymbol{B}_i)^2}} \tag{3}$$

基于上述理论,本系统中融合 Word2vec 与 TextRank 的抽取式摘要生成方法的步骤如下:首先,将文本分句,将每一句分词,去标点及停用词,得到一个二维的列表。其次,通过上述句子相似度计算方法将每个句子与其他语句进行两两相似度计算,以此相似度作为句节点之间边的初始值,构造 TextRank 图。再次,应用上述 TextRank 分值计算公式,迭代计算每一句子的分数,直到分数收敛。本文判断收敛的原则是本次迭代相对于上次迭代后的分值修改不超过 0.0001。最后,取分值最高的 N 个句子,即为最能概括文档主题的句子,拼接形成摘要。本文决定用分数最高的两个句子作为摘要句。

至此,摘要抽取基本实现,其主要思想与关键词提取相似,代码实现上的差别几乎只体现在新增了对句子求句向量和计算句子相似度的函数。

**(五) 文本分类实现**

文本分类本质上可以视为多分类问题,我们基于卷积神经网络可以实现该需求。本文采用的训练集是 THUCNews 的一个子集,该训练集从新浪新闻订阅频道 2013—2019 年间的历史数据中筛选出了 50 000 条训练样本,10 000 条测试样本,并提供了验证集,共计 10 个类别。本文基于 Python TensorFlow 库实现卷积神经网络的搭建、训练和预测过程。

1. 数据预处理

(1) 获得词汇表

构建词汇表实质上是统计以上 THUCNews 子集中所有文本数据出现频率最

高的 5 000 个词，词汇表可以用于表征句子，后文将有说明。我们在构建词汇表时，在第 0 个位置写入<PAD>，用于补零操作，即当句子中某个词在词汇表中没有时，用<PAD>统一表示。这个过程可以通过 Python collections 中的 Counter 类来完成，其中 most_common 方法可以输出频率最高的 $N$ 个字符并以元组的形式返回。

(2) 句子向量化

基于词汇表，选择各单词对应在词汇表中的 id 作为词向量，拼接成句子向量。由于词汇表中词向量长度不一，导致句子长度不同，对于 CNN 而言，输入和输出都应该是固定的，若句子长度不同则不能够按指定的 batch 训练，因此我们指定每个句子的长度参数为 seq_length，本文取该值为 600，不足 seq_length 长度的句子须执行补零操作，超过 seq_length 长度则截断。这个过程我们可以借助 TensorFlow keras 的预处理模块去规范句子长度，该模块提供了 pad_sequences 方法，满足上述需求。

(3) 标签预处理

数据集中共计体育、娱乐、家居、房产、教育、时尚、时政、游戏、科技和财经 10 个类别，此处我们需要对这 10 个标签进行 one-hot 编码(one-hot 编码详细说明请见"(二) Word2vec 模型实现")。由于共有 10 个类别，one-hot 编码的维度大小为 10。这个过程可通过 sklearn 模块中的 LabelEncoder 完成。

数据预处理阶段总体来说完成了两件事：句子向量化并规范句长以适配 CNN 神经网络，以及实现类别标签的独热编码。完成预处理后，我们即可搭建 CNN 神经网络。

2. 构建 CNN 神经网络

Python 的 TensorFlow 库已经为我们封装了一系列用于搭建神经网络的 API。本文使用的神经网络结构是一维卷积核，高度是 1，大小定为 8，一层卷积，一层池化，以及一层全连接层。

我们的输入是一个矩阵表示的文档，矩阵的每一行对应着一个单词，通常这些向量是将单词嵌入低维度向量表示的。本文选择将单词嵌入 128 维的向量，随后将词嵌入层的输出放入卷积层。经过词嵌入层后的维度为 batch_size × seq_length × 128，卷积层可通过 TensorFlow. layers. conv1d 来构造，其中参数 inputs、 filters、kernel_size 分别为我们定义的词嵌入层、卷积核数目和卷积核尺寸。我们在卷积层之后接上一个池化层，该池化层类型为 max-pooling，在第一个维度上取最大值达到降低采样的目的。池化层可通过 TensorFlow 库的 reduce_max 方法构造，将上述全连接层作为参数传入即可。池化层之后连接全连接层，卷积层取的是局部特征，在全连接层中把之前的局部特征通过权值矩阵进行组装，全连接层可通过 TensorFlow 库的 layers. dense 方法构造。将上述池化层作为参数传入，且需指定全连接层的输出维度，本文指定该维度为 128。最后连接 SoftMax 层，可直接通过 TensorFlow. nn. SoftMax 方法构造，参数为上述全连接层。构造完神经网络后，我们定义损失函数，根据 TensorFlow 库最新提供的 softmax_cross_entropy_with_logits_v2 定即可。另外，我们需要定义用于计算准确率的函数，有助于我们在训练过程中评估训练结果。准确率本质上是比较某次迭代之后的预测结果是否与原标签相同。由于标签采用 one-hot 编码成 10 维的向量，因此仅有一个位置是 1，其余位置是 0，只需比较向量中最大值的位置与原标签 one-hot 编码最大值的位置是否一致即可。

至此，我们已经通过 TensorFlow 库构造了用于训练文本类别的卷积神经网络，且定义了损失函数与准确率。初始化 TensorFlow. Session 后，即可开始训练任务。我们规定每批训练的大小即 batch_size 为 64，进行 10 000 次迭代，每 100 次迭代即输出损失率和准确率。由于训练时间较长，我们通过 TensorFlow. train. Saver 定义了存储器，每迭代 100 次，将该阶段的模型保存为物理文件，防止训练过程被打断，同时下次无须重新训练，读取模型文件即可。文本分类模型训练过程如图 8 所示。

训练结束后，由于本文在存储器定义时传入参数 max_to_keep 的值为 1，于是得到了一组模型文件，即迭代 10 000 步后的最终模型文件。我们通过 Saver. Restore 读取文件后，将上述 THUCNews 数据集的验证集读入，模型预测后的结果输出为矩阵，如图 9 所示。

由图 9 可以看出，时政和游戏两个类别预测结果稍差，整个模型的预测准确率在 95%左右，基本可以投入使用。

**(六) 主题相关度比较模型实现**

本文提出了一种基于词向量的主题相关度比较模型，其思想主要是对用户输

```
1. apple@Vv: ~/WebApps/intelligence/tools (zsh)
step:900 loss:0.1875 accuracy:0.9450
step:1000 loss:0.1596 accuracy:0.9550
step:1100 loss:0.2086 accuracy:0.9500
step:1200 loss:0.1357 accuracy:0.9600
step:1300 loss:0.0802 accuracy:0.9750
step:1400 loss:0.1058 accuracy:0.9650
step:1500 loss:0.1898 accuracy:0.9500
step:1600 loss:0.2799 accuracy:0.9350
step:1700 loss:0.1113 accuracy:0.9750
step:1800 loss:0.1625 accuracy:0.9550
step:1900 loss:0.1565 accuracy:0.9450
step:2000 loss:0.1354 accuracy:0.9650
step:2100 loss:0.1386 accuracy:0.9650
step:2200 loss:0.2091 accuracy:0.9550
step:2300 loss:0.2091 accuracy:0.9450
step:2400 loss:0.1720 accuracy:0.9450
step:2500 loss:0.1497 accuracy:0.9400
step:2600 loss:0.2566 accuracy:0.9500
step:2700 loss:0.0487 accuracy:0.9900
step:2800 loss:0.1314 accuracy:0.9600
step:2900 loss:0.1768 accuracy:0.9450
step:3000 loss:0.1065 accuracy:0.9500
step:3100 loss:0.2200 accuracy:0.9350
step:3200 loss:0.2729 accuracy:0.9500
step:3300 loss:0.0549 accuracy:0.9850
```

图 8　文本分类模型训练过程

| | 体育 | 娱乐 | 家居 | 房产 | 教育 | 时尚 | 时政 | 游戏 | 科技 | 财经 |
|---|---|---|---|---|---|---|---|---|---|---|
| 体育 | 494 | 1 | 1 | 0 | 1 | 0 | 2 | 1 | 0 | 0 |
| 娱乐 | 1 | 467 | 2 | 0 | 0 | 7 | 0 | 15 | 8 | 0 |
| 家居 | 0 | 3 | 458 | 1 | 4 | 11 | 8 | 2 | 2 | 11 |
| 房产 | 0 | 0 | 42 | 445 | 3 | 1 | 5 | 0 | 2 | 2 |
| 教育 | 29 | 2 | 2 | 1 | 284 | 6 | 79 | 85 | 9 | 3 |
| 时尚 | 0 | 1 | 0 | 0 | 2 | 497 | 0 | 0 | 0 | 0 |
| 时政 | 1 | 2 | 4 | 0 | 6 | 0 | 477 | 3 | 3 | 4 |
| 游戏 | 0 | 0 | 0 | 0 | 0 | 1 | 0 | 496 | 2 | 1 |
| 科技 | 0 | 0 | 3 | 0 | 0 | 2 | 0 | 3 | 492 | 0 |
| 财经 | 0 | 0 | 1 | 0 | 2 | 0 | 1 | 0 | 1 | 495 |

(intelligence-sys)

图 9　文本分类模型验证结果

入的关键词和文档主题词进行相似度计算，该相似度计算基于 Word2vec。使用这种方案的好处在于，即使两组关键词无文本上的相似，我们也可以计算它们的相似度。假设文档 D 是由一组关键词条(D1，D2，D3，…，D$n$)组成，那么它对应的向量是(d1，d2，d3，…，d$n$)，主题 T 由一组词条(T1，T2，T3，…，T$m$)组成，对应

的向量是($t_1$, $t_2$, $t_3$, …, $t_m$),则文本与主题的相关度由以下公式给出:

$$\text{Simlarity} = \sum_{i=1}^{n} k_i [\text{maxSim}(D_i, T)] \quad (4)$$

其中,$k_i$ 指 $D$ 中关键词的权值,maxSim($D_i$,$T$))指 $D$ 中关键词 $D_i$ 和 $T$ 中所有关键词分别计算得出的最大相关度,该相关度即为两个关键词词向量的余弦相似度。从实现角度上来说,该模型需要导入已训练好的 Word2vec 模型,通过编码实现向量计算即可。

至此,我们已经实现了主题相关度比较模型,该模型的输出是一个 0～1 的相关度值。在用户每次查询情报时,用于计算本次用户输入关键词与每份情报的相关度大小,从而方便用户进行排序操作。

**(七) 网络爬虫实现**

本文实现过程中,暂未采用分布式爬虫的架构,爬虫的作用仅在于集成上述各模型构建一个情报库。系统在上线后可考虑采用分布式爬虫,以提高效率和快速扩展情报库。本竞争情报系统爬虫部分的实现分为两个部分,模型的集成和爬虫本身的编写。

1. 封装模型

考虑到我们的情报库不只是收集新闻情报,在一定程度上还需要替情报分析者完成一定的工作,即自动分类、关键词提取和摘要提取,因此我们选择现有的 Python 爬虫框架 Scrapy。理由在于,它提供的 pipeline 机制可以使我们清晰、有序地处理网页上的新闻数据后再进行持久化处理。因此,我们首先需要将上述各模型进行封装,即构造成类,可供 Scrapy 导入。我们共形成两个类文件(主题相关度比较模型和关键词提取模型除外):NewsSummerize. py 和 Classification. py。我们将一些自定义的服务于功能的方法作为私有方法在类中形成封装,最终 NewsSummerize 仅暴露出 do_summerize 方法供外部调用,Classification 仅暴露出 do_classify 供外部调用。而主题相关度比较模型应当用于用户请求数据时实时计算相关度,不在数据采集阶段中发挥作用。对于关键词提取模型,由于我们修改了 jieba 库 TextRank. py 源码,Scrapy 仅需导入 jieba 库即可调用。

2. 网络爬虫本身实现

在研究了 Scrapy 的原理与使用后,我们选择了基于 Scrapy 框架的爬虫结构。

首先定义数据模板，即 Scrapy. item。将该数据模板作为我们采集数据后写入的对象，该 item 有 7 个字段：title、time、source、article、summary、keywords、category、除 summary、keywords 和 category 由本系统模型输出外，其余字段均直接来自网页内容。接着编写爬虫，即 Scrapy. spider。在与业务人员进行沟通后，我们目前的目标网站指定为中国新闻网。中国新闻网提供的搜索接口中，规范了请求方法为 POST 请求，请求参数中较为重要的有索引方式 field、单页条目数 ps、当前页 start、频道 channel 及排序方式 sort。本系统中构造该请求为根据内容索引，单页条目指定为 10 条，频道为全部频道搜索，根据发表时间排序，将该请求对象连同请求 url 写入 Scrapy. Spider 的 start_requests 方法中。最后，在启动爬虫时，Spider 会根据此方法的定义开始爬取内容。此外，我们需要提供解析函数用于爬取内容的解析，即抽取出 item 对应字段的内容。Sipder 在请求发出后会收到响应对象，即 Response。我们对该对象应用 xpath 方法，即可根据我们提供的规则进行解析。由于该网站建立时间较长，网页结构不尽相同，在经过调研之后形成了对应的四种不同的规则，关键代码如图 10 所示。

```
if response.xpath("//div[@class='left_zw']"):
    item["article"] = "".join(response.xpath("//div[@class='left_zw']//p").xpath('string(.)').extract())
    paragraph_list = response.xpath("//div[@align='left']//p//text()").extract()
    for sub_paragraph in paragraph_list:
        item["article"] += sub_paragraph
elif response.xpath('//div[@id="ad0"]'):
    item['article'] = response.xpath('//div[@id="ad0"]').xpath('string(.)').extract_first().strip()
elif response.xpath('//font[@id="Zoom"]'):
    item['article'] = response.xpath('//font[@id="Zoom"]').xpath('string(.)').extract_first().strip()
elif response.xpath('//div[@class="video_con1_text_top"]/p'):
    item['article'] = response.xpath('//div[@class="video_con1_text_top"]/p').xpath('string(.)').extract_first()
else:
    print('error url', response.url)
```

图 10　网络爬虫解析关键代码

本质上是根据不同网页所拥有的元素 id 或元素样式类名来决定采用哪一种解析方式。最终的解析结果直接复制给 item 对应的字段，即可完成爬虫数据采集和解析阶段的工作。

接下来需要编写 pipelines. py 文件，对 item 对象做进一步处理。该文件就是需要导入上述模型类文件的地方。首先明确一点，本系统中各模型的输入应该是情报的正文部分，那么 pipelines 的第一步即取出 item 的 article 字段的值，并做规范化处理。接着我们仅需对每个功能模型定义独自的 pipeline，调用上述类文件暴露给外部的接口，传入的参数即为情报正文内容。关键代码如图 11 所示，pipelines 的最后一步是连接 MongoDb，将 Item 对象写入数据库。

```python
class NewsSummerize(object):
    def __init__(self):
        self.summerize = Summerize()

    def process_item(self, item, spider):
        item["summary"] = self.summerize.do_summerize(item["article"])
        return item

class NewsClassification(object):
    def __init__(self):
        self.classification = Classification()

    def process_item(self, item, spider):
        item["category"] = self.classification.do_classify(item["article"])
        return item

class NewsKeywords(object):
    def process_item(self, item, spider):
        item["keywords"] = jieba.analyse.textrank(item["article"],topK=20,withWeight=True,
                                                  allowPOS=('n', 'nr', 'ns'))
        return item
```

图 11　网络爬虫 pipelines 关键代码

至此，我们已经完成了 Scrapy 爬虫核心代码的编写，启动爬虫程序就可以爬取中国新闻网新闻。在解析网页内容初始化 Item 对象后，可以按序进入 pipelines 执行对应的处理，将最终形成的 Item 对象写入 MongoDB，以此作为本竞争情报系统的情报库。情报库详情如图 12 所示。

| | | |
|---|---|---|
| (21) ObjectId("5ca32975973afa65252bdf87") | { 8 fields } | Object |
| (22) ObjectId("5ca32993973afa65252bdf88") | { 8 fields } | Object |
| (23) ObjectId("5ca32995973afa65252bdf89") | { 8 fields } | Object |
| (24) ObjectId("5ca3299d973afa65252bdf8a") | { 8 fields } | Object |
| (25) ObjectId("5ca329a2973afa65252bdf8b") | { 8 fields } | Object |
| (26) ObjectId("5ca329a7973afa65252bdf8c") | { 8 fields } | Object |
| _id | ObjectId("5ca329a7973afa65252bdf8c") | ObjectId |
| title | 中国企业"数字化转型"机遇吸引全球目光 | String |
| article | 新华社上海4月1日电 题：中国企业数字化转型机遇吸引全球目光... | String |
| time | 2019年04月01日 09:23 | String |
| source | 来源：新华网 | String |
| category | 科技 | String |
| summary | 舍费尔博士说，各种全新产品和解决方案将为企业智能化管理和... | String |
| keywords | [ 20 elements ] | Array |
| (27) ObjectId("5ca329ad973afa65252bdf8d") | { 8 fields } | Object |
| (28) ObjectId("5ca329b4973afa65252bdf8e") | { 8 fields } | Object |

图 12　情报库详情

网络爬虫实现已基本完成，且情报库得以建立，本竞争情报系统的基础已经完成，接下来就是产品层面的工作，包括前端搭建和后端实现。

### (八)产品前后端实现

#### 1. 前端实现

本竞争情报系统设计为现有产品的一个独立模块，遵循现有产品的 UI 设计风格，前端代码直接在产品现有代码中开辟新的模块编写。我们的产品采用 AngularJS 框架，遵循了模块化的前端开发规范。因此需要为本系统新建模块文件夹，按照 AngularJS 框架的约定，编写对应的 controller. js 文件、css 文件和 html 文件。我们通过注入 AngularJS 的 $ resource 服务来进行接口调用和响应处理。基于 AngularJS 双向绑定的原理，可以直接获得表单中用户输入的用于检索的关键词或描述语句，将用户的输入作为请求参数向后端发起检索请求，会得到相应数据。通过 AngularJS ng-repeat 指令对响应数据中的情报列表进行渲染，就可以为用户呈现出符合搜索条件的情报集。前端开发中另一个重点是可视化呈现，我们集成了 Echart. js，将情报信息作为参数调用报告给相关接口，会得到包含用于渲染图表的数据的响应，在 js 文件中调用 Echart. js api 可以将 HTML 中对应的元素渲染为图表。具体的实现细节如下。

(1) 大列表渲染

本系统前端需要处理大列表的渲染，需要考虑到操作大量 DOM 元素时浏览器的效率问题。由于 AngularJS 特殊的脏检查机制，当一次性渲染大列表时，会大量创建 DOM 元素并创建相关的变量监听。由于本情报库将会不停扩展，一旦某次查询返回数组结果过大，将导致渲染时间过长，超出用户的接受范围。因此，本系统采用分页的渲染方式。对于使用 AngularJS 框架的前端项目而言，我们需要维护一个跟随页面索引不断更新的数组变量，通过对应指令将它渲染成 DOM 元素。我们在分页控件的每个页面按钮上绑定对应的事件，点击换页时，将页面索引作为一个参数传递给后端接口。后端返回对应页面的情报集合，前端将上述维护的数组变量替换成新的情报列表，触发 AngularJS 重新渲染。采用这种方式后，每次换页仅需渲染 20 条情报即可，不会造成卡顿，渲染时间完全在用户接受的范围内。

(2) 路由控制

为了尽可能地缩减每个 HTML、js 文件的大小，我们不在同一个文件中实现配置流程界面与结果呈现界面。通过 AngularJS 路由服务，将两部分分别写成不同的路由模块。在父控制器中，实现两个界面的通用部分，通过 ui-view 组件，传入子路由控制的控制器，即配置流程与结果呈现。采用这种方式带来的另一个好处是，我们可以在父控制器中很方便地获取某个项目的状态（status），通过状态值判断该项目需要进入哪一个子控制器。

2. 后端实现

本竞争情报系统的重点工作在于模型的建立和情报库的构建，接口编写相对较轻松，只需要为用户提供查询接口与可视化接口即可。上文提到，查询过程中需要根据本次查询的主题相关度对响应结果进行排序，因此需要调用已建立好的主题相关度比较模型。由于模型基于 Python 实现，本系统的后端框架决定选择 Flask，它是一个使用 Python 编写的轻量级的 Web 应用框架，简单易用，并且可以很容易地集成本系统的相关模型。集成 Flask-PyMongo 库后，可以连接并操作 MongoDB，即情报库。具体的实现细节如下。

（1）查询优化

如果某一次查询的满足条件的情报数量过多，在情报库较大的情况下，显得十分耗时，这不仅影响前端渲染，也可能会造成后端响应时间不满足需求。因此，为了适应分页机制，在查询接口中，指定页号参数，结合 PyMongo 库的 skip 与 limit 方法，实现了分页查询的需求。

（2）嵌入相关度模型

将已经封装成类的主题相关度模型引入 Flask 项目，并将上述查询的结果转化成列表对象。当用户传入的最低相关度值非 0 时，意味着我们必须进行相关度计算，循环列表，不断调用对应计算方法，将满足条件的记录留下即可。

本系统的用户界面主要提供用户检索和查看情报详情的功能。至此，前后端的开发已基本完成，用户已经可以使用本系统进行情报的检索与分析。

## 五、竞争情报系统运行示例

### （一）竞争情报系统运行示例

（1）进入竞争情报搜集模块后，得到如图 13 所示的界面。

图 13　竞争情报系统初始界面

顶部为导航栏，项目列表初始化为目前该用户已创建的项目。项目包含特定查询条件的一次情报搜索，用户可自由命名，不可重复命名。如上图所示，在初次进入系统时，系统会读出历史项目，供用户再次查看历史搜索的情报结果。

(2) 点击侧边栏添加按钮，可创建一个新的项目，如图 14 界面所示。

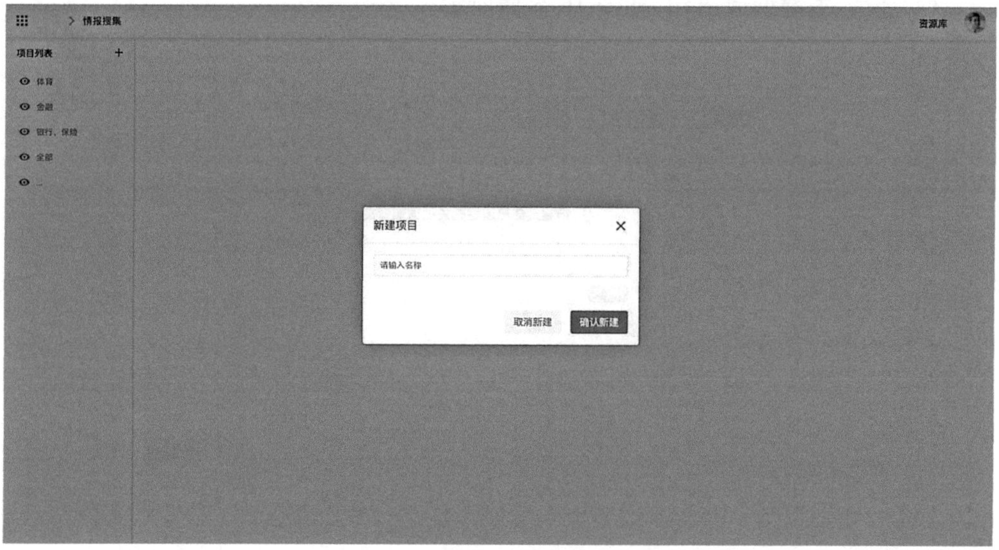


图 14　创建新项目界面

本步骤中需要为项目指定名称，用于上述历史查询的标识。

(3) 创建项目后，该项目被自动填入侧边栏，点击该项目即可进入配置页面，如图 15 界面所示。

图 15 项目配置界面

如上，创建了一个名为“近期银行相关情报”的项目，标识本次搜索的情报与银行有关。由于该项目为新项目，需要对该项目的搜索条件进行配置操作。

(4) 设置关键词或语句，如图 16 界面所示。

图 16 关键词设置界面

在输入框中输入关键词，按下回车键后该关键词将被保存为关键词配置。

（5）相关设置如图 17 界面所示。

图 17　相关设置界面

点击下一步后进入相关设置界面，其中可配置类别、时间范围和最低相关度。类别默认为全部类别。上图所示条件被认为是检索出全部类别、在 2019. 05. 07—2019. 05. 20 之间且相关度大于 20 的情报。

（6）点击下一步配置情报爬取地址，如图 18 界面所示。

图 18　爬取地址配置界面

本系统暂且仅支持上图所示地址，后续迭代可支持多个爬取地址或用户添加的地址。

(7) 点击下一步，完成基本配置，即可预览本次搜集的情报概要，如图 19 和图 20 界面所示。

图 19　情报搜集过程界面

图 20　情报预览界面

为提高效率和考虑到用户仅需了解本次搜索情况的概览信息，情报预览界面仅展示本次情报搜集的前 50 条信息，且仅展示标题、来源、类别和摘要等概要信息，供用户查阅。

(8) 点击确认，进入该项目对应的情报结果，如图 21 界面所示。

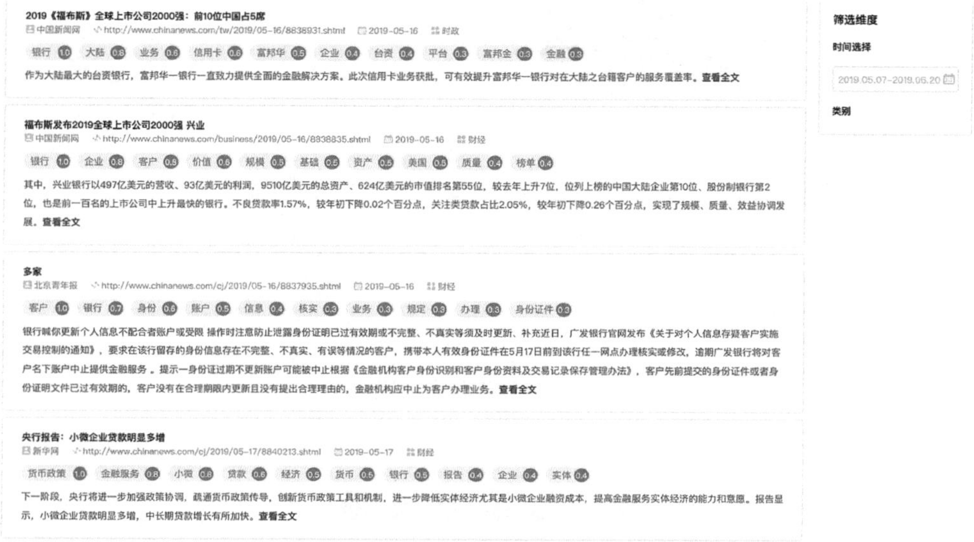


图 21　情报搜集结果呈现界面

考虑到查询效率和页面渲染时间等原因，为应对某次查询情报数量较多的情况，本界面采用分页渲染的机制，且按相关度排序，情报搜集结果初始呈现仍然与预览界面呈现内容一致。新增了影响因子排序前 10 的关键词及其权值的呈现，点击链接或标题可直接进入原网页查看该情报。点击查看全文可进一步得到该情报的其他信息，如图 22 界面所示。

该界面中会呈现此情报的正文内容和全部关键词的词云表示。右边栏可实时对本次情报搜集的结果进行时间维度的筛选。

下次进入本项目时，如已完成前述搜集条件的配置工作，可直接进入结果呈现界面，且该界面中的内容为实时查询的情报，即包括最新加入情报库的情报。

图 22 情报详细信息呈现界面

## 六、总结与展望

### （一）总结

本文有以下成果或结论。

（1）设计并实现了一个基于爬虫技术和机器学习的竞争情报系统。

（2）尝试并实现了以下几个自然语言处理相关模型：关键词提取模型、摘要生成模型、文本分类模型及主题相关度比较模型。

（3）搭建了情报库，可供业务人员检索，并帮助他们在一定程度上完成情报分析工作，提高了市场部同事或业务人员的工作效率。

（4）系统最后的运行结果基本符合系统设计中定义的要求。从功能角度上来讲，本系统实现了所有功能需求，且运行良好。从性能角度上来说，与传统的人工摘录情报的工作方式相比，本系统性能可靠，能够大大减少情报收集人员的工作时间。

### （二）展望

竞争情报系统已经逐渐成为一个企业的核心竞争力之一，在各企业中发挥着越来越重要的作用,其意义在上文中已进行过具体分析。大数据带来了企业机遇与挑战,人工智能在自然语言处理方面的应用正在逐步完善。在面对传统竞争情报系统无法高效率搜集并分析情报的短板时,我们设计并实现了一个基于爬虫技术与机器学习的竞争情报系统。该系统结合了大数据的背景特点和应用于自然语言处理的语义分析技术,能够达到情报采集并在一定程度上进行情报分析的目的,大大提高了相关业务人员的工作效率,为帮助企业更精准更快速地制定策略提供了一定的基础。

当然,本文目前也存在着以下一些不足,针对这些不足设计了相应改进方法。

1. 分页机制的隐患

对于本系统采取的分页方法,我们需要事先计算总条目,才可以初始化分页控件的状态。该过程比较耗时,虽然暂时基本不影响用户的体验,但是仍然有必要改进。我们可以在分页机制的基础上,将分页控件控制的分页改为上滑加载更多的方式,采用这一方式则需要进一步通过 java script 监听对应的滚动条事件。

2. skip 方法的效率问题

经过相关研究,MongoDB 的 skip 方法在数据库记录越来越多及情报库的不断扩展的情况下,效率会逐渐降低。解决此问题的方法是避免使用单一的 skip 方法。借用 skip 方法的思想,我们可以在插入每条记录时,为该记录添加一个有序的字段 X,每次查询结束后,记录最后一天记录的 X 值 last,下次查询可从 last 开始查询,采用这种方式可以提高查询效率。

3. 类别实时筛选

目前版本的产品模块要求对查询得到的情报列表能够进行时间维度的二次筛选,后续迭代我们将会加入类别筛选。实现该需求需要分为两步:第一步,我们需要遍历得到本次查询所包含的所有类别,渲染为复选框。第二步,监听复选框值的变化,一旦变化,我们需要重新调用查询接口,传入新的类别条件。

# CyberCan：粤语社交媒体文本分词词库

沈　菲　闵　晨　佘文婷　叶倩颖　夏川理　王天娇　吴　怿*

**摘要：**文本挖掘需要从大量非结构化的网络文本数据中提取有用信息。但是，现有的中文分词工具并不完全适合处理粤语社交媒体的文本数据。基于香港网络民意数据挖掘项目，作者开发制作了"CyberCan"（https://github.com/shenfei1010/CyberCan），一个基于1亿多条粤语网络文本的分词词库。本文首先详细介绍了CyberCan的开发过程，并将CyberCan的分词性能与现存的各种普通话和粤语词库进行了比较。结果表明，与现存词库相比，CyberCan的分析结果更为准确。

**关键词：**粤语；分词；词典建立

## 一、绪　论

社交媒体时代，互联网上每天会产生大量的文本内容。文本挖掘是依靠大量非结构化网络数据提取有用信息的重要研究手段。文本数据分析可以帮助研究人

* 沈菲，香港城市大学媒体与传播系副教授；闵晨，华中科技大学新闻与信息传播学院传播学系讲师；佘文婷，香港理工大学中文及双语学系助理教授；叶倩颖，香港城市大学媒体与传播系博士研究生；夏川理，北京师范大学香港浸会大学联合国际学院助理教授；王天娇，广东外语外贸大学新闻与传播学院副教授；吴怿，深圳大学传播学院助理教授。

员理解公共政策偏好[1-2]，消费者信心[3-4]，股票市场波动率[5-6]，甚至是国与国之间的文化差异[7]。

分词是自然语言处理的重要步骤。现代汉语以双字或多字词居多，若将字作为分词的最小单位，其颗粒度太小，无法表达完整含义；而句子的颗粒度太大，承载的信息量太多，难以重复使用。所以，“词”往往是汉语独立运用且表达完整含义的最小语言单位。一个词既可以只包含单一的字符，也可以包含多个字符。与以英文为代表的拉丁语系语言相比，英文利用空格作为天然的分隔符（delimiter），而中文由于继承古代汉语的传统，词语之间没有分隔符[8]，并且没有清晰的、普适的规则来定义词的分界。例如，对于一个简单的英语句子“he has a hamster”，即使不懂英语的人也可以知道这句话里有四个单词；而对于同等语义的汉语句子“他有一只仓鼠”，计算机则难以在没有额外词库或语言信息输入的情况下知道这六个汉字如何组合成词。从这个意义上说，分词是分析汉语文本的必要前提[9-10]。如果没有适当的分词解决方案，所有后续的文本挖掘和

---

[1] Erik C, Bjorn S, Yunqing X, Catherine H:“New avenues in opinion mining and sentiment analysis”, *IEEE Intelligent systems*, 2013, 28(2),pp. 15 - 21.

[2] Brendan Ó C, Ramnath B, Bryan R R, Noah A S:“From tweets to polls: linking text sentiment to public opinion time series”, In Fourth international AAAI Conference on Weblogs and Social Media, 2010.

[3] Mohamed M M:“More than words: Social networks'text mining for consumer brand sentiments”, *Expert Systems with Applications*, 2013, 40(10), pp. 4241 - 4251.

[4] Xue B:“Predicting consumer sentiments from online text”, *Decision Support Systems*, 2011, 50(4), pp. 732 - 742.

[5] Mittermayer M-A:“Forecasting intraday stock price trends with text mining techniques”, In 37th Annual Hawaii International Conference on System Sciences, 2004, pp. 10.

[6] Robert P S, Hsinchun C:“Textual analysis of stock market prediction using breaking financial news: the azfin text system”, *ACM Transactions on Information Systems (TOIS)*, 2009, 27(2), pp. 1 - 19.

[7] Preis T, Moat H S, Stanley H E, Bishop S R.“Quantifying the advantage of looking forward”, *Scientific reports*, 2012, 2(350), pp. 1 - 2.

[8] Peter J, Isabelle M:“Natural language processing for online applications: text retrieval, extraction and categorization”, *Computational Linguistics*, 2003, 29(3), pp. 510 - 511.

[9] Richard S, Thomas E:“The first international Chinese word segmentation bakeoff”, In Proceedings of the Second SIGHAN Workshop on Chinese Language Processing, 2003, (17), pp. 133 - 143.

[10] Richard S, William Ge, Chilin S, et al. :“A stochastic finite-state word-segmentation algorithm for Chinese”, *Computational linguistics*, 1996, 22(3), pp. 377 - 404.

数据分析工作,例如词频分析、情感分析和主题建模等都将变得举步维艰[1-3]。

在过去的几十年里,中文分词发展迅速。大规模的分词语料库及利用分词语料库开发的算法极大地提高了汉语分词的准确性[4]。尽管汉语分词取得了巨大进展,现有的汉语分词工具依然存在两大不足之处。其一,目前大多数的语料库只包含汉语普通话文本,而包含粤语的语料库相对很少;其二,大多数语料库数据都取自正式书面语言文本(如报纸、广播和电视内容),而互联网上由网络用户发布的非正式用语文本往往被忽略。所以,如果研究人员想要处理大量来自粤语使用地区如香港或澳门的社交媒体文本数据,使用已有的分析工具可能无法达到令人满意的效果。这一方面是由于粤语在词汇、语法、语序等方面与普通话存在显著差异[5];另一方面,互联网的发展显著改变了汉语的使用习惯,越来越多的非正式用语、网络俚语、方言词进入大众的视野,而且呈现愈加多样化的趋势。当网络俚语与非正式用语混合使用时,传统的分词方法往往不能精确地识别网络俚语。

在这样的背景下,我们开发制作了 CyberCan,即一个基于粤语使用地区如香港和澳门的社交媒体语料库而产生的粤语词库。该词库可以使不同领域的研究人员更有效地进行粤语分词,同时计算语言学家也可以利用词库开发更好的统计模型。本文首先详细介绍 CyberCan 的开发过程,其次测试 CyberCan 的分词能力。在此基础上对其进行简单的统计描述与分析。

---

[1] Xianghua F, Liu G, Guo Y, Wang Z Q:"Multi-aspect sentiment analysis for chinese online social reviews based on topic modeling and hownet lexicon", *Knowledge-Based Systems*, 2013, 37, pp. 186-195.

[2] He J, Tan A H, Tan C L:"On machine learning methods for Chinese document categorization", *Applied Intelligence*, 2003, 18(3), pp. 311-322.

[3] Zhao W, Chen J J, Perkins R., Liu Z, Ge W, Ding Y, Zou W "A heuristic approach to determine an appropriate number of topics in topic modeling", *BMC Bioinformatics*, 2015, 16(13), pp. 1-10.

[4] 涂存超、刘知远:《文本分类与聚类研究进展、现状及趋势》,《中文信息处理发展报告 2016》2016 年,第 43-49 页。

[5] 朱月明:《普通话与广东话口语词汇、语法差异比较、分析》,《长春师范学院学报》2004 年第 4 期,第 79-81 页。

# 二、概　　述

## （一）普通话语料库在分词方面的优势

目前可用于中文分词的语料库基本多为普通话语料库（表 1），其中有些是简体字，有些是繁体字语料库[1]。前者一般用于处理来自中国大陆（内地）的中文文本[2]，后者主要用于处理来自中国台湾、香港和澳门的繁体中文文本[3]。这些语料库囊括了新闻文本、文学作品、政府文件和司法文件。例如，PDC1998/2000 中文新闻文本语料库是利用《人民日报》的文本数据开发的，该语料库包含约 2 600 万字符；台湾“中央研究院”语料库始建于 1994 年，由台湾“中央研究院”[4]开发和维护，其最新版本包含了 1 100 万个繁体字。

表 1　现有的主要普通话语料库

| 语　料　库 | 来　源 | 机　构 | 年份（年） | 容量（字符） |
|---|---|---|---|---|
| PDC 1998/2000 中文语料库新闻文字 | 报纸 | 北京大学，中国 | 1998/2000 | 2 600 万 |
| 北京语言大学现代汉语语料库（BCC Corpus） | 报纸、微博、科学和技术、古汉语文学等 | 北京语言大学，北京 | — | 150 亿 |
| 中国国家语料库 | 教材、文学、司法文书、公文等 | 中国国家语言文字工作委员会 | 1991 | 1 000 亿 |

[1] Wang B, Shi X:“On detection of synonyms between simplified Chinese of Mainland China and traditional Chinese of Taiwan: a semantic similarity method”, *Chinese Lexical Semantics*, 2015, 9322, pp. 91 - 100.

[2] Liu J, Man Y, Liu Y:“Temporal variability of pm 10 and pm 2. 5 inside and outside a residential home during 2014 Chinese spring festival in Zhengzhou, China”, *Natural Hazards*, 2014, 73 (3), pp. 2149 - 2154.

[3] Tse C S, Yap M J, Chan Y L, Sze W P, Shaoul C, Lin D:“The Chinese lexicon project: a megastudy of lexical decision performance for 25, 000 + traditional Chinese two-character compound words”, *Behavior Research Methods*, 2017, 49(4), pp. 1503 - 1519.

[4] Chen K J, Huang C R, Chang L P, Hsu H L:“Sinica corpus: design methodology for balanced corpora”, In Proceedings of the 11th Pacific Asia Conference on Language, *Information and Computation*, 1996, pp. 167 - 176.

(续表)

| 语 料 库 | 来 源 | 机 构 | 年份(年) | 容量(字符) |
|---|---|---|---|---|
| "中央研究院"汉语平衡语料库(Sinica Corpus) | 报纸、杂志、电视节目、BBS(互联网)等 | "中央研究院",中国台湾 | 1994 | 1 700 万 |
| 泛华语地区汉语共时语料库(LIVAC) | 报纸 | 香港城市大学,中国香港 | 1995 | 25 亿 |
| 兰卡斯特汉语普通话语料库(LCMC) | 报纸、文学、学术散文和官方文件 | 兰卡斯特大学,英国 | 1991 | 100 万 |
| 中文十亿词语语料库(GigaWord Corpus) | 报纸 | 语言资源联盟,美国 | 1990 | 14 亿 |
| 中文树库(Chinese Treebank) | 报纸、杂志、广播新闻、广播对话、博客、政府文件等 | 宾夕法尼亚大学,美国 | 1998 | 200 万 |

我们可以利用普通话语料库对粤语文本进行分词吗?为了回答这个问题,我们有必要了解汉语分词的一般方法。迄今为止,汉语的分词方法大致可以归为两类:基于词汇知识的方法(lexical knowledge-based methods)和基于语言知识的方法(linguistic knowledge-based methods)[1]。基于词汇知识的分词方法将词汇作为唯一的分词依据。例如,最大匹配法(maximum matching method),是指以词典为依据,将字符串与词典中的项进行比较,并尝试找到具有最短和最长匹配单词的解决方案。具体而言,取词典中最长词长度作为第一次取字数量的长度,然后在文本中进行扫描、识别,之后逐次减少取字数量,将文本与词典进行匹配。在这种情况下,词库的词汇数量和质量都很重要。由于词库条目有限,分词过程中会出现未知单词,这对分词的准确性造成影响。虽然经验法则(heuristic rules)可以识别新单词,但当连续出现大量新单词时,经验法则很难发挥作用。

粤语是包括香港和澳门在内的中国东南部珠江三角洲地区使用的一种地域方

[1] Li H Z, Yuan B S: "Chinese word segmentation", In Proceedings of the 12th Pacific Asia Conference on Language, *Information and Computation*, 1998, pp. 212 - 217.

言。不同于中国其他地方方言，粤语有自己的书写形式[1]。此外，虽然粤语和普通话具有一定的相似之处，但它们在发音、语法和词汇方面都存在不同程度的差异。词汇差异是粤语分词所面临的最重要的问题。一些研究者认为，词汇差异是普通话和书面粤语的主要区别。有很多粤语用词在标准汉语词典中是不存在的。以往的实证分析表明，有三分之一的粤语常用词汇不存在于普通话词典中[2]。因此，普通话语料库中的词汇并不完全适合用于粤语文本分词。

### （二）现有粤语语料库的局限性

目前香港学界有不少粤语语料库（表2）。这些语料库的大小和用途各不相同，大部分语料库数据源于大众媒体，包括报纸、电视节目、广播节目和电影。例如，香港粤语成年人语料库（HKCAC）由香港电台电话热线节目中的谈话编译而成[3]。另一个广泛使用的语料库——香港粤语语料库（Hong Kong Cantonese Corpus）由香港上世纪90年代末的广播节目和对话组成[4]。20世纪中期，香港粤语的语言学语料库（LCMCHKC）则来自1950年至1970年21部粤语电影中的所有对话[5]。

表2　现有的主要粤语语料库

| 语　料　库 | 来　源 | 分段式 | 机　构 | 年份（年） | 容量（字符） |
|---|---|---|---|---|---|
| 香港粤语20世纪中叶的语言语料库（HKCC） | 电影对话 | 是 | 香港教育大学 | 2011 | 20万 |
| 香港粤语成年人语料库（HKCAC） | 电话节目、电台论坛 | 否 | 香港大学 | 1998 | 17万 |

[1] Don S："*Cantonese as Written Language: The Growth of a Written Chinese Vernacular*", Hong Kong University Press, 2004.

[2] 欧阳觉亚：《普通话广州话的比较和学习》，社会科学出版社，1993年。

[3] Leung M T, Law S P: "Hkcac: the hong kong cantonese adult language corpus", *International Journal of Corpus Linguistics*, 2001, 6(2), pp. 305 - 325.

[4] Kang K, L, May L Y W: "The Hong Kong Cantonese corpus: design and uses", *Journal of Chinese Linguistics*, 2015, 25, pp. 309 - 330.

[5] Andy C: "A linguistics corpus of mid-20th century Hong Kong Cantonese", Department of Linguistics and Modern Language Studies, The Hong Kong Institute of Education, Retrieved, 2015 - 03 - 23.

（续表）

| 语　料　库 | 来　源 | 分段式 | 机　构 | 年份(年) | 容量(字符) |
|---|---|---|---|---|---|
| 香港粤语语料库(HKCanCor) | 自然语音和广播节目 | 是 | 香港大学 | 1997 | 23 万 |
| 香港粤语儿童语料(CANCORP) | 儿童演讲 | 否 | 香港中文大学，香港理工大学 | 1996 | 100 万 |
| LIVAC 同步语料库(LIVAC SC) | 报纸 | 是 | 香港城市大学 | 1995 | 25 亿 |
| 粤语和汉语书面语的平行语料库 | 电视节目 | 否 | 香港中文大学 | N. A. | 普通话 3.677 5 万、粤语 3.919 2 万 |

但是，上述粤语语料库均存在一定程度的局限性。首先，并不是所有的语料库都可以用于分词，例如 HKCAC 和 CANCORP，这些语料库开发的主要目的是研究语言。从粤语分词的角度出发，目前只有三种语料库可供选择：20 世纪中期香港粤语语料库、香港粤语语料库和 LIVAC 同步语料库。其次，即使存在可供分词的粤语语料库，它们也不能很好地反映当代粤语的全貌，尤其是网络粤语。例如，基于电影的语料库语料主要源于半个世纪前的电影对话，其说话方式、用词与当代人存在一定的差异。另外两个数据库 HKCanCor 和 LIVAC SC 的历史也均超过 20 年。再次，并不是所有的分词语料库都包含大量的粤语口语词汇。例如香港城市大学基于报纸信息建立的语料库(LIVAC SC)在词汇方面与普通话语料库非常相似。这是因为，报纸尤其是精英报纸更多使用较为正式的书面语言，很少包含日常生活用语中的非正式表达。最后，也是最重要的一点，现有的语料库中没有一个包含网络文本，更不用说社交媒体上由用户发布生成的内容。基于以上考量，目前最好的粤语分词语料库是 HKCanCor。毫无疑问，使用 HKCanCor 进行粤语分词比使用普通话语料库效果会好一些。但是，对于分析非结构化的网络文本数据而言，HKCanCor 依然不够理想。

**（三）互联网对语言使用的改变**

在过去的二十年里，互联网的发展对人类语言产生了巨大的影响。基于不同需求而被创造出来的非正式的、口语化的语言表达层出不穷。例如，一些新词是为群体内交流创造的[1]；一些俚语的发明是为了节省按键或适应字符、单词的限制[2]；另一些词汇的发明是为了规避网络审查[3]。

此外，互联网用语深受社会文化的影响。例如，台湾的网络流行语中含有大量客家语和谐音词。粤语也不例外地受到各种文化的影响。Deng 认为香港的网络表达中有很多与英语同音的中文词，符合香港人中英文夹杂的语言习惯[4]。例如，"巴打"[baa1 daa2]指代"兄弟"(brother)，"番薯"[faan1 syu4]指代"粉丝"(fans)。表情符号(emoticons)是香港在线论坛中新词汇的另一个常见来源。再例如，"O 嘴"代表震惊情绪，"寸嘴"代表傲慢情绪。此外，香港网络上使用的粤语包含了普通话、英语和日语等其他语言的单词组成[5]。为了嘲笑那些说粤语有口音的人，人们发明了一些讽刺的表达方式，例如："冰度"[bing1 dou6]等同"边度"[bin1 dou6]，意思为"哪里"。"禾"[wo4]等同"我"[ngo5]。因为网络俚语源于口语，且有的表达方式在书面语言中没有对应词，所以将口语转录为书面形式的过程往往会导致新词新语的产生。

互联网改变了粤语词汇的使用，这给网络文本数据的分词带来了更大的挑战。正如上文所述，当粤语的正式表达和网络俚语混合在一起时，粤语分词的困难程度大大增加。此外，网上的表达通常是非正式的，没有标点符号作为一个有效的词语边界提示。Zan 等学者认为有必要为内地的社交媒体文本建立分词语料库，在他们收集了微博中大量的文本进行分析后发现，如果没有专门用于分析网络文本的词典的帮助，正确识别网络俚语的概率非常小。[6] 尽管发展基于网络文本的语料库非常重要且紧迫，但目前基于网络表达的汉语语料库依旧很少[7]，甚至没有一

---

[1] Eveline F："Deciphering l33t5p34k internet slang on message boards"，Diss：Ghent University，2008.

[2] Han B，Baldwin T："Lexical normalisation of short text messages：Makn sens a # twitter"，In Proceedings of the 49th Annual Meeting of the Association for Computational Linguistics：Human Language Technologies，2011，pp. 368 - 378.

[3] Xiao Q："Liberation technology：the battle for the Chinese internet"，*Journal of Democracy*，2011，22(2)，pp. 47 - 61.

[4] Deng S："Hong Kong 'hot words'"，*Chinese Study*，Retrieved，2009.

[5] 黎少铭：《香港网络语言初探》，《中国语文通讯》2015 年第 1 期，第 3 - 26 页。

[6] Zan H Y，Xu H F，Zhang K，Sui Z F："The construction of internet slang dictionary and its analysis"，*Journal of Chinese Information Processing*. 2016，30(6)，pp. 133 - 139.

[7] 曹进、赵鸿章、王灏：《汉语网络语言语料库：研制与应用》，《兰州文理学院学报：社会科学版》2015 年第 5 期，第 107 - 111 页。

个粤语语料库包含来自互联网的文本。由此看来，开发一个基于互联网文本的粤语词库十分重要。

## 三、方　　法

### (一) 数据收集

为了构建基于粤语的网络文本语料库，我们使用网络爬虫抓取了在香港澳门广受欢迎的六个互联网论坛和四个新闻网站上的文本内容，主要包括：www.baby-kingdom.com、www.discuss.com.hk、www.hkgolden.com、www.uwants.com、lihkg.com、www.cyberctm.com、hk.appledaily.com、www.passiontimes.hk、std.stheadline.com、news.yahoo.com。由于不同平台的历史数据量存在差异，不同平台文本的时间跨度有所不同。但所有数据采集的最后一天均为 2019 年 6 月 30 日。表 3 为原始文本数据的描述性概要。我们一共收集了大约 1 亿条文本(总计 31 千兆字节)。

表 3　部分网站数据摘要

a. 新闻网站数据摘要

| 新闻网站 | 苹果日报 | 热血时报 | 星岛日报 | 雅虎新闻 |
|---|---|---|---|---|
| 新闻 | 837 849 | 15 256 | 390 750 | 68 681 |
| 评论 | 758 393 | 64 800 | 0 | 566 881 |
| 新闻+网站 | 1 596 242 | 80 056 | 390 750 | 635 562 |
| 大小(千兆字节) | 1.85 | 0.02 | 0.79 | 0.18 |

b. 讨论论坛数据摘要

| 论　　坛 | 亲子王国 | 香港讨论区 | 高登论坛 | Uwants | 连登 | 澳门论坛(CyberCTM) |
|---|---|---|---|---|---|---|
| 帖子 | 579 953 | 293 897 | 240 967 | 886 882 | 1 073 973 | 575 361 |
| 回复 | 8 721 197 | 4 229 267 | 4 114 015 | 9 873 476 | 68 970 065 | 4 623 511 |

（续表）

| 论　　坛 | 亲子王国 | 香港讨论区 | 高登论坛 | Uwants | 连登 | 澳门论坛（CyberCTM） |
|---|---|---|---|---|---|---|
| 帖子＋回复 | 9 301 150 | 4 523 164 | 4 354 982 | 10 760 358 | 70 044 038 | 5 198 872 |
| 大小（千兆字节） | 2.20 | 1.36 | 1.76 | 3.82 | 17.33 | 1.29 |

### （二）基于 N-gram 模型的构造

由于传统的基于规则的分词方法无法有效实现中文分词，学者们提出采用一种基于字符的统计语言模型——N-gram 模型来构造汉语分词模型[1]。N-gram 统计计算语言模型的基本思想是：一个字符的出现与其上下文关系中出现的字符序列密切相关，第 $N$ 个字符出现的概率只受到前面 $N-1$ 个字符出现概率的影响[2]。

比如“最近股票跌到人都癲，無晒心機”可以被分成 2-gram 有“最近”“近股”“股票”“票跌”“跌到”“到人”“人都”“都癲”“癲無”“無晒”“晒心”“心機”；可以被分成得 3-Gram 有“最近股”“近股票”“股票跌”“票跌到”“跌到人”“到人都”“人都癲”“都癲無”“癲無晒”“無晒心”“晒心機”。如果是有效词汇，一般而言它们的出现频率一定大于非有效词汇，例如“最近”“股票”等。通过针对所有的 N-gram 进行频率分析，结合人工编码，就能找到有效词汇。

将所有文本汇聚在一起后，我们进行了一系列基于 N-gram 模型的分析（$N=2,3,4$），来确定最常用的粤语字符组合。对于 $N=2$、3、4，N-gram 的数量分别为 8 653 866、179 371 163 和 129 324 336。为了将 N-gram 的数量减少到可操作的水平，我们将频率分界点设置为 1 000。也就是说，频率高于 1 000 的 N-grams 将被人工手动编码，来检测是否为有效词汇。对于 $N=2$、3、4，频率超过 1 000 的 N-gram 数量分别为 624 000、1 362 391 和 965 795。因此，总共 2 952 186 个的 N-gram 被进行了人工编码。

[1] 吴应良、韦岗、李海洲：《一种基于 N-gram 模型和机器学习的汉语分词算法》，《电子与信息学报》2011 年第 11 期，第 1148－1153 页。

[2] 费洪晓、康松林、朱小娟、谢文彪：《基于词频统计的中文分词的研究》，《计算机工程与应用》2005 年第 7 期，第 67 页。

### (三) 词库建造

为了保证人工编码的质量，我们培训了 15 个人工编码员（讲粤语的本地大学生）来完成此项任务。我们用大量的示例编撰了编码员培训指南。这些指南遵循北京大学计算语言学研究所制定的规则[1]。随后，每个人工编码员将分别对一小部分相同文本进行独立编码，以测试编码员对分词规则的理解程度。通过几轮的培训，编码人员之间的差异逐渐降低。之后，我们将 N-gram 随机分配给不同的编码员进行独立编码。

编码人员的主要任务为判断每个 N-grams 是否为具有意义的广东话。总体而言，编码人员会遇到以下四种情况：① N-grams 为有意义的词语，② N-grams 为无意义的字符组合，③ N-grams 包含多个有意义的词语，④ N-grams 为有意义的词语片段。对于情况①，我们指导编码人员把 N-grams 包含在词典中；对于情况②，我们指导编码人员丢弃 N-grams；对于情况③，我们指导编码人员将 N-grams 分为多个单词，并将所有单词记录在词典中。例如，“香港旅游”（Hong Kong Tourism）将被分为“香港”（Hong Kong）和“旅游”（Tourism）两个词语。对于情况 4，我们指导编码人员手动完善该词语，并将完整的词语包括在词典里。例如，“虚情假”将被更新为“虚情假意”。编码工作大约进行了 800 个小时。词典中一共包含了 125 485 个词语（表 4）。

表 4　CyberCan 词库摘要

| | $n=2$ | $n=3$ | $n=4$ | $n>4$ | 非汉字 | 合　计 |
|---|---|---|---|---|---|---|
| 词汇量（初始词典） | 65 109 | 44 801 | 12 567 | 1 962 | 1 046 | 125 485 |
| 词汇量（定稿词典） | 66 143 | 44 965 | 12 657 | 1 968 | 1 050 | 126 783 |

初始词库建立后，我们使用该词库对合并的原始文本进行分词。将该词库与完整列表的分词进行比较。结果发现，共有 1 048 576 个分词没有包含在我们的词典中。随后，我们要求人工编码员检查这些分词是否为有意义的词语。总共有 90 890 个字符组合的出现频率高于 1 000，其中有 1 323 个被编码为有意义的词语。

[1] 于根元：《网络语言概说》，中国经济出版社，2001 年。

最后，CyberCan 词典共包含了 126 783 个粤语词语（表 4）。

### （四）性能测试

为了评估 CyberCan 词库的效度，我们从分词表现的角度，对该词库和现有的三个普通话和粤语语料库的词典进行了比较，主要包括：Sinica 中文核心词汇、20 世纪中叶香港粤语的语言语料库（HKCC）和香港粤语语料库（HKCanCor）。

显然，为了进行效度检验，构建我们的词典所依据的原始文本不能用作验证文本。因此，我们从相同的互联网来源中，抓取了 2019 年 7 月 1 日至 2019 年 12 月 31 日期间的新数据。为确保验证文本均衡地包含了来自不同主题的内容，我们分别使用了来自不同主题领域的讨论留言板，包括经济、新闻、情感、住房、体育、工作、父母、健康和技术。对于每个主题领域，我们随机选择一个平台，然后从该平台中随机选择一个讨论留言板进行效度检验。此外，为了使各个主题的文本数量大致相同，我们仅包括了每个主题的前 100 个样本。因此，9 000 条文本，共 51 573 个字符被用于效度检验。遵循相似的程序，我们招募和培训了一个以粤语为母语的人，来对验证文本进行分词，并被用作验证的标准。

我们使用 jieba[1] 作为基准分割器（base-line segmenter），我们将上述词库逐个导入 jieba 中并进行了一系列效度检验。我们将精确度（precision）和召回率（recall）作为表现指标并进行计算。表 5 显示了 CyberCan 的精确度和召回率。精确度定义为正确分割的词数除以分割的词总数。召回率定义为正确分割的词数除以标准中的词总数。总体而言，CyberCan 取得了令人满意的表现。几乎所有的精确度和召回率统计数据都远高于 0.7。这意味着 CyberCan 作为 jieba 分词器中的自定义词典，我们用其进行粤语文本分词时，可以准确识别 70%以上的词。

表 5　CyberCan：精确率和召回率

| 类　型 | 经济 | 新闻 | 情感 | 住房 | 运动 | 工作 | 亲子 | 健康 | 科技 | 全部 |
|---|---|---|---|---|---|---|---|---|---|---|
| 精确度 | 0.827 | 0.748 | 0.774 | 0.776 | 0.723 | 0.762 | 0.762 | 0.755 | 0.757 | 0.765 |
| 召回率 | 0.806 | 0.732 | 0.776 | 0.737 | 0.757 | 0.721 | 0.800 | 0.742 | 0.691 | 0.751 |

[1] 中文分割器，有关详细信息，请参见 https://github.com/fxsjy/jieba。

表 6 比较了 CyberCan 与其他词典的表现。为了便于说明比较，将 $F$ 值(F-score)用作整体绩效指标。$F$ 值是一种测量方法的精确度常用的指标，是精确率和召回率加权调和平均，能够综合考虑这两个指标。这里有一些发现值得注意：首先，jieba 分词的表现最差，平均 $F$ 值为 0.585。但这并不令人感到意外，因为 jieba 分词主要是用于分割普通话中文文本的工具。其次，当将 Sinica 词典与 jieba 结合使用时，由于 Sinica 语料库是从台湾的中文用词习惯发展而来的，因此分词表现仅略有提升。再次，HKCC 和 HKCanCor 可以帮助进一步提高 $F$ 值。这是因为两个词典都是粤语。最后，正如预期的那样，我们的词典 CyberCan 在所有主题领域中均具有最高的性能。

表 6 $F$ 值对比

| 类型 | Jieba | Sinica(对话) | Sinica(平衡) | HKCC | HKCanCor | CyberCan |
|---|---|---|---|---|---|---|
| 经济 | 0.663 | 0.685 | 0.686 | 0.731 | 0.730 | 0.816 |
| 新闻 | 0.584 | 0.617 | 0.613 | 0.679 | 0.687 | 0.740 |
| 情感 | 0.585 | 0.663 | 0.636 | 0.692 | 0.698 | 0.775 |
| 住房 | 0.623 | 0.648 | 0.650 | 0.695 | 0.700 | 0.756 |
| 运动 | 0.516 | 0.531 | 0.517 | 0.573 | 0.586 | 0.740 |
| 工作 | 0.564 | 0.586 | 0.584 | 0.655 | 0.620 | 0.741 |
| 亲子 | 0.613 | 0.624 | 0.643 | 0.683 | 0.683 | 0.781 |
| 健康 | 0.570 | 0.605 | 0.593 | 0.635 | 0.652 | 0.748 |
| 科技 | 0.548 | 0.560 | 0.572 | 0.619 | 0.645 | 0.723 |
| 全部 | 0.585 | 0.610 | 0.610 | 0.660 | 0.667 | 0.758 |

## 四、结　　论

随着网络数据量的增长以及网络数据的易得性，文本挖掘与大数据分析在互联网及社交媒体分析中的运用愈发广泛。公众在网络平台对公共事务及社会现象的公开表达，是民众内隐情绪、态度及思想状况的直观反映。因此，深入分析粤语社交媒体文本数据，有助于政府、企业等各方主体更为客观实时地了解香港、澳门等地居民的民意动态，制定更为科学合理的公共政策。然而，近年来由于缺乏合理的粤语分词工具，对粤语社交媒体的文本分析变得十分困难。为了解决这一难题，本项目对超过一亿条粤语网络文本进行分析，并开发了一个现代粤语词库 CyberCan。通过将 CyberCan 与现有的普通话和粤语词库的分词性能进行比较，我们发现 CyberCan 在各项性能上均优于现有词库。这表明，CyberCan 将成为粤语社交媒体文本分析的重要分析工具。

第一，CyberCan 一共包含 126 783 个粤语词语，涉及经济、新闻、情感、住房等多个领域。基于新闻数据及社交媒体评论数据，CyberCan 不仅包含正式的书面语言，也包含大量的社交网络用语，更符合现代社会的语言发展的需求。基于 CyberCan 语料库，本文对粤语新闻平台及论坛语料库进行了分析，表 7 展示了新闻及论坛的高频词。显然，新闻文本的高频词与网络论坛的高频词呈现较大差异，前者更为正式书面化、而后者更为口语化。

表 7　新闻与论坛文本高频词(前 20)

| 新　闻 | | | | 论　坛 | | | |
|---|---|---|---|---|---|---|---|
| 前 1～5 | 前 6～10 | 前 11～15 | 前 16～20 | 前 1～5 | 前 6～10 | 前 11～15 | 前 16～20 |
| 香港 | 中國 | 一個 | 認為 | 真係 | 已經 | 香港 | 係咪 |
| 表示 | 美國 | 報道 | 問題 | 都係 | 一個 | 唔會 | 最後 |
| 政府 | 萬元 | 今年 | 去年 | 唔係 | 好似 | 因為 | 之後 |
| 公司 | 本報訊 | 內地 | 他們 | 其實 | 不過 | 樓主 | 點解 |
| 市場 | 昨日 | 沒有 | 要求 | 覺得 | 回覆 | 應該 | 唔知 |

为了更为直观地展示正式文本与非正式网络文本之间的不同，我们进一步对新闻文章、新闻评论、论坛帖子、论坛回复的高频词进行了比较分析。相似度越高，说明不同平台之间的语言和词汇使用特征越相似。根据表 8，新闻文章与论坛帖子，以及论坛帖子与论坛回复的高频词重复率均可达 43.4%，显著高于新闻文章与新闻评论的相似度(27.7%)。这是因为与新闻评论和论坛讨论相比，新闻文章

和论坛帖子显然会有更为正式的表达。此外，论坛帖子总是吸引人们对同一个话题发表意见，导致更为相似的词汇运用。新闻文章和论坛讨论较低的高频词相似度(18.6%)更进一步显示了书面语言和口头语言的差异。

表 8　不同网络平台中使用频率最高词语的相似性

| 平台类型 | 新闻文章 | 新闻评论 | 论坛帖子 | 论坛回复 |
|---|---|---|---|---|
| 新闻文章 | — | | | |
| 新闻评论 | 27.7% | — | | |
| 论坛帖子 | 43.4% | 33.3% | — | |
| 论坛回复 | 18.6% | 25.7% | 43.4% | — |

对于不同的讨论板块而言，讨论高频词也呈现较大差异。根据表 9，就业板块与两性(66.0%)、科技(60.0%)以及经济问题(57.9%)的讨论相似度较高，而与母婴、健康和体育等生活类讨论板块的相似度较低。但是，不同生活类论坛间有着高度的相似性。有趣的是，住房板块和其他板块的相似性均较低。

表 9　不同论坛社区中最常用词的相似性

| 序号 | 1 | 2 | 3 | 4 | 5 | 6 | 7 | 8 | 9 |
|---|---|---|---|---|---|---|---|---|---|
| 板块 | 新闻 | 经济 | 住房 | 就业 | 两性 | 母婴 | 健康 | 体育 | 科技 |
| 1 | — | | | | | | | | |
| 2 | 48.0% | — | | | | | | | |
| 3 | 5.5% | 6.5% | — | | | | | | |
| 4 | 51.0% | 57.9% | 3.5% | — | | | | | |
| 5 | 49.0% | 50.5% | 3.0% | 66.0% | — | | | | |
| 6 | 40.0% | 45.0% | 4.5% | 52.5% | 55.5% | — | | | |
| 7 | 35.5% | 35.5% | 2.5% | 40.0% | 43.0% | 60.0% | — | | |
| 8 | 52.5% | 48.0% | 3.5% | 49.5% | 46.5% | 60.0% | 33.0% | — | |
| 9 | 47.0% | 51.5% | 8.5% | 60.0% | 53.0% | 48.0% | 37.0% | 48.0% | — |

第二，与其他现存的中文语料库相比，CyberCan在对目前的粤语网络文本分词方面均有很好的表现。无论是其精确率、召回率，还是综合指标F值，均高于其他已有语料库。为了进一步说明，我们还将CyberCan中使用频率最高的词语与现有的三个粤语语料库进行了比较，分别是香港粤语20世纪中叶的语言语料库(HKCC)、香港粤语语料库(HKCancor)和台湾"中央研究院"汉语平衡语料库的核心语料库(SNCORE)。为了更好地比较，我们将有单个字符组成的词与有多个字符组成的词分开分析。具体方法为，比较CyberCan前200、500及800的高频词分别在其他三个词典前200、500和800高频词中出现的数量及比例。根据表10可知，无论是单字符还是多字符词语，CyberCan与HKCanCor的相似度最高，其次是HKCC。SNCORE与CyberCan的相似度最低。此外，随着高频词数量的增加，词典间的相似度显著下降。

表10 CyberCan与其他语料库的相似度

| 字符类型 | CyberCan高频词 | 前200 | 前500 | 前800 |
|---|---|---|---|---|
| 单字符 | HKCC | 171(85.50) | 401(80.20) | 601(75.13) |
| | HKCancor | 177(88.50) | 425(85.00) | 645(80.63) |
| | SNCORE | 111(55.50) | 1 618(53.67) | 182(46.79) |
| 多字符 | HKCC | 111(55.50) | 216(43.20) | 319(39.88) |
| | HKCancor | 137(68.50) | 310(62.00) | 478(59.75) |
| | SNCORE | 92(46.00) | 191(38.20) | 274(37.43) |

综上所述，CyberCan的创建，可以为挖掘分析粤语社交媒体文本提供必要且高效的分析工具。

# 计算、智能与传播理论视域

# 智媒时代的算法应用、风险与趋势

徐　笛　梁　鹤*

**摘要**：本文系统梳理国内外新闻传播学与计算机学科对算法的相关研究，探究算法在新闻传播流程中的具体应用，关注算法如何重塑了传统的新闻生产和分发过程，算法导致了何种伦理风险以及算法新闻的未来发展趋势。随后探讨了如何更好地促进人与算法的合作，减少或规避算法导致的信息偏食、算法偏见、权力偏见等问题，促进算法向更加透明、更加以人为本的方式发展。

**关键词**：智媒时代；算法；新闻生产；新闻分发

## 一、引　　言

中国已进入智媒时代[1]，人工智能技术、5G、大数据等数字信息技术在中国迅猛发展，并被广泛应用于新闻生产流通环节。移动互联网的蓬勃发展使得内容信息和用户数据呈几何倍数增长，催生了第三次传播模式的变革。算法和大数据技术在一定程度上提升了信息供给端和需求端的匹配效率[2]，改变了传统的新闻生产和分发模式，拓展了传统新闻传播领域的边界。相较于中国，欧美等国家更早地在新闻搜索、推荐、分发等系统服务中应用算法技术，如Google、Facebook等互联网企业。一些初创公司也尝试用自动化新闻生产技术创作财经类和体育类新闻。主流媒体和通讯社也通过算法技术改造传统的新闻生产和分发过程。在国

---

*　徐笛，复旦大学新闻学院副教授；梁鹤，复旦大学新闻学院硕士研究生。

[1]　浙江大学融媒体研究中心：《2020中国智能媒体使用研究报告》，2020年6月。

[2]　方师师：《算法如何重塑新闻业：现状、问题与规制》，《新闻与写作》2018年第9期，第11－19页。

内，算法首先应用于互联网技术型公司，如今日头条、一点资讯等泛资讯聚合类平台，根据用户画像或协同过滤进行内容个性化推荐。

“算法”一词最早出现于20世纪的计算机领域，表示“指导计算机完成特定命令的指令集”[1]，也就是说计算机是无法自我下达指令，需要以算法作为沟通人类智慧和计算机实现之间的桥梁。算法在近十年中频频出现在新闻传播领域中，Gillespie认为，算法是“组织和操作数据以快速达到特定结果的一套逻辑化的（程序）步骤”[2]。而算法工程师认为算法“既可以是逻辑确定的一系列步骤，也可以根据数据来自我学习和优化”[3]，该定义强调了目前在算法中的一重要分支——人工智能。人工智能常被大众误以为有感知能力，但实际上是依赖于算力、数据以及算法模型的“三位一体”。其中，数据是人工智能得以成长的物质基础[4]。而大数据时代，这种物质基础变得唾手可得，海量的用户数据均可以应用到人工智能训练中，智能化水平因此大幅提升，这也使得人工智能在诸多算法中脱颖而出。这种由庞大的数据带给算法的权力，引起了学界的广泛关注。

图1展示了新闻传播领域英文文献中“algorithm”相关研究的关键词词频及趋势。为了确保文献数据的代表性，选取Web of Science核心数据库——SSCI来源期刊——“Communication”类目，其中横坐标表示年份，纵坐标为该年内文献的标题及摘要中的词频（取以10为底的对数），对每年词频排名前5的词语进行呈现，即越靠近右上角的词语越值得关注，表示该词语在近几年的研究中频繁出现。可以看出，近十年学界对于算法与新闻传播的关注不断提高，以2011年为显著的时间分界。学界的关注点从对于算法提升传统新闻交互性、数据性和生产效率的研究，逐渐转向研究网络化节点化的受众以及新闻业新的传播逻辑（如“把关权”的让渡、新闻专业主义和新闻真实性等），表示了算法不仅是为传统新闻业赋能，还在一定程度上深层次重塑了新闻业态。同时，近几年对于算法带来的偏见问题的研究

---

[1] Ceruzzi P E:“*A History of Modern Computing*”, Massachusetts: MIT Press, 1998.

[2] Gillespie T: “Algorithmically recognizable: Santorum's Google problem, and Google's Santorum problem”, *Information Communication & Society*, 2017, pp. 1 - 18.

[3] 章震、周嘉琳：《新闻算法研究：议题综述与本土化展望》，《新闻与写作》2017年第11期，第18-23页。

[4] 喻国明、杨莹莹、闫巧妹：《算法即权力：算法范式在新闻传播中的权力革命》，《编辑之友》2018年第5期，第5-12页。

也涌现出来。本文试图以算法为主体，探讨算法在新闻传播领域的应用现状以及隐忧，文章最后尝试给出算法与新闻传播协同发展的未来方向。

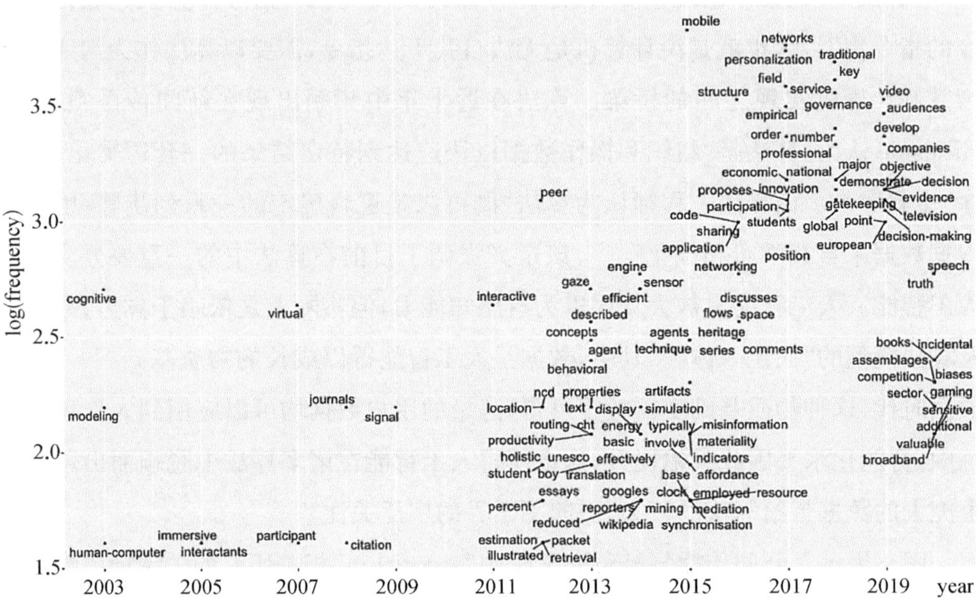


图 1 “algorithm”在英文文献中的关键词统计

## 二、算法在新闻传播中的应用

近年来，国内外互联网技术公司对算法的研究突飞猛进，技术研发与生产实践的结合愈加紧密。在内容领域，算法已经能全面且成熟地参与新闻生产、分发的全链条中，提升了用户智能化、个性化的使用体验。

### （一）新闻生产

算法在新闻生产端的应用主要是指将算法接入到新闻的生产流程中，通过编写程序使得新闻的生产实现自动化[1]，减少了新闻生产过程中的部分人类劳动。在美国，美联社、《纽约时报》和《华盛顿邮报》三家媒体在新闻业的算法研发与应用方面处于领先地位。2014 年，美联社开始运用 Wordsmith 机器人写作上市公司财

[1] 方师师：《算法如何重塑新闻业：现状、问题与规制》，《新闻与写作》2018 年第 9 期，第 11－19 页。

务报告新闻，是业界最早使用机器人写作的媒体之一。2016 年，美联社和旗下自动化新闻写作公司 Automated Insights 再次合作，利用自然语言生成全面报道了 Minor League 棒球赛[1]。《卫报》推出“＃Open001”计划，该软件对社交网络上的分享热点和关注热度进行统计分析，随即进行内容筛选、编辑排版和印刷，最终生成一份报纸。而路透社则推出一整套名为 Open Calais 的智能解决方案：从各类文本类型中提炼出元数据，并通过连接内部的资料库实现文本阅读和分析。在中国，2015 年，腾讯财经开发的自动化新闻写作机器人 Dreamwriter，根据算法在第一时间自动生成稿件，一分钟内将重要资讯送达用户。同年，新华社也使用机器人“快笔小新”撰写体育新闻的中英文稿件和财经信息稿件[2]。

算法在内容创建、信息检索和分类方面提供了越来越多的帮助。算法辅助新闻生产的优势主要有三点：其一，算法提升了新闻生产的时效性。2014 年，《洛杉矶时报》的记者开发了一款名为“Quakebot”的工具，可以将美国地质调查局的信息置于事先写好的模板中，从撰写地震新闻到线上发布仅需 3 分钟。而路透社则研发了一款名为“News Tracer”的软件，可以监视 Twitter 上的消息，一旦识别出有些新闻事件的热度不断攀升，便会聚集相关的推文并核查，自动生成新闻标题和信息准备随时发布[3]。其二，算法扩展了新闻内容的覆盖范围。2012 年美国大选时，仅有 15％地区的选举新闻能够被报道。在 2016 年，《华盛顿邮报》通过自然语言生成技术报道覆盖了 100％的选举报道，还包括附加条款和其他细节[4]。其三，算法可以针对受众个性化定制新闻内容。早在 2015 年，《纽约时报》一则名为“The Best and Worst Places to Grow Up”的新闻便通过获取受众地理位置信息来调整新闻内容，修改其中的文本和地图可视化信息[5]。

近年来，人工智能的发展使得算法在新闻业中的应用更加丰富。2017 年，美联社发布的《人工智能工作手册》将人工智能在新闻业应用最频繁的分支技术进行

---

[1] 余婷、陈实：《人工智能在美国新闻业的应用及影响》，《新闻记者》2018 年第 4 期，33－42 页。

[2] 叶韦明：《机器人新闻：变革历程与社会影响》，《中国出版》2016 年第 10 期，第 16－20 页。

[3] Bilton R："Reuters built its own algorithmic prediction tool to help it spot (and verify) breaking news on Twitter", Retrieved from: https://www.niemanlab.org/2016/11/reuters-built-its-own-algorithmic-prediction-tool-to-help-it-spot-and-verify-breaking-news-on-twitter/.

[4] Diakopoulos N："Towards a design orientation on algorithms and automation in news production", *Digital Journalism*, 2019, 7(2), pp. 1－5.

[5] Diakopoulos N："*Automating the News*", Harvard University Press, 2019.

了归纳,包括机器学习、自然语言技术、语音技术、机器视觉和机器人技术[1]。机器学习分为监督学习和非监督学习,监督学习是指记者先对小部分样本进行标注,利用标注过的样本训练算法模型,让算法模型来搜索、收集和归纳可以印证假设的信息。非监督学习系统可以对输入的数据进行聚类,使得类间距最大,类内距最小,这种聚类关系往往可以帮助记者在短时间内发现新闻线索。自然语言处理技术(NLP)不同于传统自然语言生成技术(Natural Language Generation, NLG),更加擅长对文字内容语义的理解,可以从非结构化的文本中提取有效信息。语音转文本技术可以使记者从繁琐的初级劳动中解脱,文本转语音技术结合虚拟现实,可以将更多的文本内容转换为虚拟主播播报新闻[13]。计算机视觉技术通过模仿人类理解肉眼感知的图像来识别图像,可以挖掘海量图片中蕴含的更多信息,或对文字内容进行自动配图和视频剪辑[2]。机器人技术主要指社交机器人,即在社交媒体上由软件操纵的账户,可以一定程度模拟人类行为并介入公众讨论[3]。2016 年,《华盛顿邮报》开发的 Feels 机器人在美国大选期间向用户收集选举相关数据,以捕捉美国选民在选举前 3 周的倾向[4]。

### (二) 新闻分发

新闻分发,即信息或内容与人的匹配。传统媒体的分发是由专业的编辑进行把关,再由受众选择性接收。随着互联网时代的发展,为解决信息过载和内容长尾分布的问题,算法分发应运而生。现在媒体的分发过程由媒体把关、平台算法推荐、社交关系推荐和个人选择性共同完成,算法分发并不是对传统分发模式的完全取代,而是使信息触达受众的路径和模式变得更加多元和复合,反映了人与信息之间的新型关系形态。

早在 1993 年,麻省理工学院媒体实验室的科学家为解决 BBS 新闻组上的信

[1] 余婷、陈实:《人工智能在美国新闻业的应用及影响》,《新闻记者》2018 年第 4 期,第 33 - 42 页。

[2] 徐敬宏、胡世明、陈文兵:《人工智能时代新闻业面临的机遇与挑战》,《郑州大学学报(哲学社会科学版)》2018 年第 5 期,第 94 - 98 页。

[3] 师文、陈昌凤:《分布与互动模式:社交机器人操纵 Twitter 上的中国议题研究》,《国际新闻界》2020 年第 5 期,第 61 - 80 页。

[4] Washington Post:"The Washington Post's bot for Messenger to capture how people feel the final days of the 2016 election", Retrieved from: https://www.washingtonpost.com/pr/wp/2016/10/20/the-washington-posts-bot-for-messenger-to-capture-how-people-feel-the-final-days-of-the-2016-election/.

息过滤需求，结合遗传算法和反馈学习技术开发出一种能够动态适应用户不断变化的兴趣的半自动信息过滤系统，并通过实验证明了经推荐系统过滤后的新闻具有较高召回率[1]。经过若干年的演变，新闻推荐系统变得越来越精致，移动互联网时代的到来更使得新闻精准推送得以和场景匹配。2016 年，中国互联网络信息中心(China Internet Network Information Center, CNNIC)在第 38 次报告中指出，"算法分发"逐渐成为网络新闻主要的分发方式[2]。在外部环境、技术进步、效率提升与用户需求的驱动下，国内外的新闻客户端几乎都走上了算法分发新闻的道路。在国内，一方面，由技术起家的平台型媒体，如今日头条、天天快报、一点资讯等平台借助推荐算法，结合大数据用户画像和社交关系图谱，来匹配用户的关注兴趣和平台聚合的内容，向用户分发个性化的内容，取得较高市场占有率。另一方面，传统媒体也在逐步提升算法推荐能力，实现媒体的平台化转型。在国外，News Republic、Flipboard 和 Google News 等平台也会根据用户的差异和环境等约束条件的差异给出不同的阅读建议。

算法分发改变了原有的传播逻辑，向着更加个性化、智能化和社会化的分发方式演变。目前主要的算法分发策略共有四种。第一种是常见的单因子推荐，即基于新闻的点击量、阅读量、点赞数或转发量等某单一因子的量值实现对用户推荐[3]，常以"热榜"的形式出现。第二种是基于内容推荐，主要依据用户订阅或阅读习惯，总结出用户的兴趣图谱，然后计算每条新闻与用户画像的相似度，根据相似度排序针对性地推荐，该方法在个性化上具有优势，但多样性略弱。第三种是协同过滤推荐，首先找到兴趣相似性较高的其他用户，当用户喜欢那些具有相似兴趣用户喜欢的新闻时，那么就会推荐给该用户。第四种是基于网络结构推荐，目前正处于研究阶段，应用较少[4]。此外，越来越多的平台使用以上多种推荐策略，以加权或者串联、并联等方式融合，进行自身算法推荐系统的构建。总之，算法分发的核心在于对海量的用户行为数据进行分析与挖掘，以达到内容的精准传播。

---

[1] 陈昌凤、师文：《个性化新闻推荐算法的技术解读与价值探讨》，《中国编辑》2018 年第 10 期，第 9－14 页。

[2] 中国互联网信息中心：《中国互联网络发展状况统计报告》，2016 年，第 29 页。

[3] 张潇潇：《算法新闻个性化推荐的理念、意义及伦理风险》，《传媒》2017 年第 11 期，第 82－84 页。

[4] 张宇航、姚文娟、姜姗：《个性化推荐系统综述》，《价值工程》2020 年第 2 期，第 287－292 页。

## 三、算法导致的伦理风险

算法最早出现于计算机学科，目前仍以计算机学科的相关量化标准作为评价算法优劣的主要指标。从技术路径展开对算法的评价时，过多关注运算速度、准确率、计算资源等指标，算法设计者基于这些性能指标优先，在一定程度上妨碍了算法评价的其他方面，忽视了算法的社会维度，缺乏对算法人文精神和社会影响的评估，导致了一定的伦理风险，如信息偏食、算法偏见等。同时，算法对于新闻业的重塑使得新闻业在算法的驱动下出现了权力的偏移。

### （一）信息偏食

随着算法在新闻传播中的应用不断深入，研究者们越来越关注受众在信息获取时出现的信息偏食现象，以及由此引发的视野受限，比如对于“信息茧房”和“回音室效应”的研究。桑斯坦（Cass R. Sunstein）在《信息乌托邦》中首次提出“信息茧房”这个概念，指出互联网上的用户在海量信息中根据个人喜好有选择地接触信息，导致对其他内容排斥与无视，长此以往形成“信息茧房”[1]。由于“信息茧房”的存在，人们只会选择和接触与自己意见相同或近似的人群，采纳符合自己预期的观点，于是逐渐形成“回音室效应”。帕里泽（Pariser）则用“过滤气泡”强调了信息过滤这一过程对用户的影响。他表示搜索引擎可以随时了解用户偏好，并过滤掉异质信息，为用户打造个性化的信息世界，筑起信息和观念的“隔离墙”，令用户身处在一个“网络泡泡”的环境中，阻碍多元化观点的交流[2]。《人民日报》2016年发表的评论员文章指出，技术为用户量身打造信息，开启了符合读者口味的一扇窗，却关上了多元化的一道道门。当算法根据可计算的用户偏好匹配人和信息时，用户在个人选择性之外的信息偶遇会大大降低。

同时，对于算法在多大程度上直接或间接导致了信息偏食，研究者也存在着争议。有些人将算法视作导致信息偏食的主要原因，也有些人认为信息偏食存在但

---

[1] 凯斯·桑斯坦：《信息乌托邦：众人如何生产知识》，毕竟悦译，法律出版社，2008年。

[2] 郭小安、甘馨月：《“戳掉你的泡泡”——算法推荐时代“过滤气泡”的形成及消解》，《全球传媒学刊》2018年第5期，第76－90页。

与算法无关，有些人甚至认为不存在“信息茧房”等现象。Bakshy 等量化了个人在与 Facebook 算法排名新闻互动的过程中遇到不同内容的程度如何，发现与算法排序相比，个体的选择在限制接触差异观点方面发挥了更大的作用[1]。喻国明等认为，在互联网时代之前，具有自主意识的受众便会根据自己的能力、意愿和兴趣建立信息渠道，而算法不过是媒介的价值选择机制在数据条件之下的一种“人体的延伸”，并不是形成“信息茧房”的独特成因。甚至“信息茧房”是一种在信息过剩时代的自我保护，是现代人以个体为基础信息消费的必然结果[2]。

从本质上，信息偏食体现的是受众在信息消费时的“选择性接触”。拉扎斯菲尔德(Lazarsfeld)等人在有关 1940 年美国大选的研究中提出，人们原本的政治倾向在很大程度上影响着他们的媒介接触行为，受众更倾向于接触那些与自己原有立场、态度一致或接近的内容。选择性接触的结果不是导致原有态度的改变，而有可能是强化原有态度[3]。人的主观选择性在传统媒体时代也会以各种形式存在，并且在今天人们获取信息的主动性、信息渠道选择的多元性以及平台自身的传播模式等，都有可能作用于信息选择的过程，导致信息偏食最终形成。但毫无疑问，基于社交或兴趣的算法推荐，辅以沉浸式的交互及界面设计等会在一定程度上强化这种选择性心理和信息偏食现象。以抖音为例，以字节系的算法推荐技术搭配沉浸式全屏单列设计，使得短视频这一传播形式相比传统的图文形式更激化了用户的信息偏食现象。用户在不断滑动查看下一条短视频的过程中产生了大量的行为数据，如观看时长、完播率、互动信息等。根据这些信息对算法进行训练和优化，贪婪地调整下一条视频的推荐决策使其更加迎合用户当下的兴趣点和态度。因此，人们更容易陷入平台及算法设计者构建的一座座孤岛中而无法自拔。

### (二) 算法偏见

传统的新闻生产机制中，记者和编辑通过自身新闻价值观来判断哪些信息与

---

[1] Bakshy E, Messing S, Adamic L:“Political science. exposure to ideologically diverse news and opinion on Facebook”, *Science*, 2015, 348(6239), pp. 1130 - 1132.

[2] 喻国明、曲慧：《“信息茧房”的误读与算法推送的必要——兼论内容分发中社会伦理困境的解决之道》，《新疆师范大学学报(哲学社会科学版)》2020 年第 1 期，第 127 - 133 页。

[3] 保罗 · F. 拉扎斯菲尔德等：《人民的选择：选民如何在总统选战中做决定(第 3 版)》唐茜译，中国人民大学出版社，2012 年，第 65 - 71 页。

受众相关,具有较强的"主观性",引发受众对传统新闻业的信任危机[1]。今天,算法新闻判断遵循的是计算公式和海量数据,而不是传统编辑的主观判断,带有一种客观性、真理性的光环,使得人们倾向认为算法新闻的价值判断更加客观中立。然而,这无疑是一种乌托邦式的将数据与技术"神话"的一种美好幻想。

随着"技术中立"论调的发展,人们发现算法犹如一个未知的"黑箱",研究者对算法偏见和歧视的讨论日渐兴起。人们对算法宣称的独立、客观和中立程度产生怀疑,意识到算法并非完美,甚至充斥着偏见和不公。郭小平等认为,"算法偏见"是算法程序在信息生产与分发过程中失去客观中立的立场,造成片面或者与客观实际不符的信息、观念的生产与传播,影响公众对信息客观全面的认知[2]。美国非营利新闻机构 ProPublica 对某一犯罪评估系统的评分方式进行研究,该算法根据个人再次犯罪的风险高低来给他们打分,数据的分析表明,黑人被告的风险评分往往高于白人被告,而且更容易被错误地贴上高风险的标签,而事实上,两年后黑人被告往往没有被再次逮捕[3]。国外的研究团队考察了 Facebook 和微软等大公司支持的图像训练数据集 MSCOCO 发现,某些标签具有强烈的性别绑定属性,比如站在厨房里、做家务、照看小孩子的就被认为是女性,开会、办公、从事体育运动的则是男性等[4]。

美国西北大学计算新闻学实验室主任尼古拉斯·迪亚克普洛斯(Nicholas Diakopoulos)认为,算法是人类创造的服务于人类目的的工具,具有深刻的政治色彩,充斥着设计师和开发者在其中构建的价值观[5]。算法偏见存在于算法设计和运行的每一个环节,主要包括算法设计者的偏见、输入数据的偏见和算法局限的偏见[6]。

---

[1] Devito M A:"From editors to algorithms: a values-based approach to understanding story selection in the Facebook news feed", *Digital Journalism*, 2016, 5(6), pp. 1 - 21.

[2] 郭小平、秦艺轩:《解构智能传播的数据神话:算法偏见的成因与风险治理路径》,《现代传播(中国传媒大学学报)》2019 年第 9 期,第 19 - 24 页。

[3] Angwin J, Larson J, Mattu S, Kirchner L:"Machine Bias", Retrieved form: https://www.propublica.org/article/machine-bias-risk-assessments-in-criminal-sentencing.

[4] Zhao J Y, Wang T, Yatskar M, Ordonez V, Chang K W:"Men also like shopping: reducing gender bias amplification using corpus-level constraints", *Statistics*, 2017, 130, pp. 1012 - 1021.

[5] Broussard M, Diakopoulos N, Guzman A L, et al:"Artificial Intelligence and Journalism", *Journalism & Mass Communication Quarterly*, 2019, 96(16), pp. 673 - 695.

[6] 张超:《作为中介的算法:新闻生产中的算法偏见与应对》,《中国出版》2018 年第 1 期,第 29 - 33 页。

算法设计者在算法设计过程中居于核心地位，其对问题需求的理解把握，对变量的选取和计算方式以及出于优化角度的改进和考量，都渗透着无意识的认知偏见。输入数据上，不同群体数据的可获得性不同，而算法设计时采用的训练数据往往由于少数群体的数据获取难度较高而不易覆盖到少数群体，基于历史结构性偏见的数据所设计训练出的算法必然会复制甚至加剧偏见。另外，算法设计的第一步是需要对复杂的现实世界进行抽象建模，将问题量化成可计算的模型，但现实生活并不能总是被数学"模仿"，将多维度的问题变化为简单的模型，必然会产生偏见。除了从算法设计过程的角度以外，美国学者弗里德曼(Friedman)和尼森鲍姆(Nissenbaum)从另一个角度认为算法偏见包括先存偏见、技术偏见和突发偏见。先存偏见根源于社会制度，技术偏见源于技术限制，突发偏见指设计完成后出现的社会知识、人口或文化价值观的改变造成的偏见[1]。

诚然，在传统媒体时代的新闻生产环节，社会偏见也时常有所体现。但由于算法在新闻传播中的广泛应用，信息传播的广度和速度相比传统媒体时代大幅提升，受众更加多元，场景更加丰富。一旦出现偏见，偏见将会依附于新闻的生产和分发过程，以更高的速度和更广的覆盖面聚集更多的社会关注。因此算法偏见借助媒体的放大效应，更易造成信息传播环境的混乱，误导社会舆论，甚至成为产生社会隔阂和社会冲突的潜在因素[2]。

### (三) 权力偏移

算法深度介入新闻业，尤其是以"今日头条"为代表的基于个性化推荐的泛资讯平台的兴起，重塑了原有的新闻业态。这种算法技术带来的不仅是技术赋能或者赋权，更是一种权力的行使和传统新闻权力的偏移，甚至让渡。英国文化研究专家斯科特·拉什(Scott Lash)强调："在一个媒体和代码无处不在的社会，权力越来越存在于算法之中。"[3]从表面上看，算法通过优化信息生产和分发的效率，优化海量信息下的精准匹配过程，以完善用户体验并提高用户黏性，其实质是在行使着

---

[1] Friedman B, Nissenbaum H: "Bias in computer systems", *ACM Transactions on Information Systems*, 1996, 14(3), pp. 330 - 347.

[2] 许向东、王怡溪：《智能传播中算法偏见的成因、影响与对策》，《国际新闻界》2020 年第 10 期，第 69 - 85 页。

[3] Lash S: "Power after hegemony: cultural studies in mutation?", *Theory, Culture & Society*, 2007, 24(3), pp. 55 - 78.

一种社会权力，塑造着人们的新的认知和行为模式，控制着社会认知对世界的看法和主张。同时，隐藏在算法背后的权力可以通过不断调整算法的参数来执行自己的意志[1]。

在新闻生产中，算法驱动的权力偏移体现在信息获取权的弥散和把关权的让渡上。互联网时代，信息来源由原来掌握垄断权力的专业媒体逐渐转向普通公众，人们通过社交媒体第一时间进行分布式的新闻生产。而自动获取新闻热点的新闻机器人，更是依靠智能算法和数据挖掘挑战了传统媒体在信息获取权力上的垄断局面。另外，传统新闻生产者依据新闻要素以及自身新闻价值观进行“把关”，使得传统媒体具有较高的社会公信力。如今，当人们逐渐倾向于从更加便捷而实时的互联网平台获取信息时，过去作为信息源头的“把关者”不得不让位于数据与算法。而这种把关权的移交也等同于传统媒体通过“议程设置”进行社会控制的能力大幅下降。同时，当算法成为传统媒体和政府外可靠的信息源，就意味着这种影响舆论的社会控制能力逐渐由传统媒体让渡于算法。虽然算法的事实核查能力以及信息质量的辨别能力目前还远达不到“把关者”的要求，但随着自然语言处理技术的不断进步，在把关权这一路径上的权力版图的扩张是必然的。

在新闻分发中，算法的介入第二次重构了分发权力。Web2.0 时代的到来使得传统媒体的内容和渠道逐渐分离，生产和分发成为分庭抗礼的两部分，形成了新型的竞争合作关系。而算法让分发更加智能和高效，构建了新的游戏规则，使得新闻的内容方和渠道方被彻底割裂[2]。算法根据大数定律找出信息和用户之间匹配度高的最优解进行分发，在提高了准确度的同时，失去了个体的差异化，使得边缘化的信息消费者在算法构建的新权力体系下获得信息的成本大幅提升。

## 四、算法新闻的未来趋势

随着算法的应用逐渐深化和扩展，在未来，算法将会对人们的信息消费乃至生

[1] 喻国明、杨莹莹、闫巧妹：《算法即权力：算法范式在新闻传播中的权力革命》，《编辑之友》2018 年第 5 期，第 5－12 页。

[2] 陈昌凤、霍婕：《权力迁移与人本精神：算法式新闻分发的技术伦理》，《新闻与写作》2018 年第 1 期，第 63－66 页。

活的方方面面产生巨大影响。《人类简史》的作者尤瓦尔·赫拉利(Yuval Noah Harari)认为,未来的上帝将不再是客户,生态的顶端将是算法。因此,算法在未来的发展趋势成为学界广泛关注的话题,讨论热点涉及算法平台、体制和法律等多条路径,整体集中在提高公众对算法的监督,促进算法透明,以及倡导算法设计者自身在开发过程中更多关注"人"的能动性等方面,发展以人为本的算法,更好地实现人与算法的融合共建。

**(一)促进算法透明**

算法成为新闻生产中的一部分,同样需要遵守新闻伦理规范。其中,新闻伦理中的透明性原理可以有效地减少或规避算法导致的伦理风险。在新闻伦理中,透明性被视为"新闻业内部和外部人士对新闻生产全流程监督、检查、批评,甚至介入的各种方式"[1]。对于算法新闻来说,算法的设计规则、适用条件、训练数据(包括数据来源、数据质量、采集时间等),所用的模型(及其参数),评价指标(准确率、召回率等)以及界面设计规则等,都需要满足透明性原则,进行全面、客观、具体的公开。但在算法透明具体实施的过程中,考虑到保护商业机密和竞争优势,控制信息生产的成本,保护数据隐私等问题,毫无保留地公开数据、程序和文件往往比较困难。

张超将算法根据新闻服务取向分为开源算法和专有算法[2]。开源算法不涉及商业利益,而专有算法涉及商业利益,其作为知识产品是受法律保护的。然而,当专有算法涉及公共利益时,作为被影响者的公众就拥有了关于算法的知情权。在此基础上延伸出了算法透明的两种方式,分别是主动的算法透明和被动的算法透明。主动的算法透明指新闻机构坦诚地将算法的数据和程序等公之于众,供大众监督,有助于增强受众对新闻机构的信任。BuzzFeed 在 2016 年的数据新闻报道《网坛骗局》中调查网球选手故意输球来让别人赢得押注,以获得丰厚的回报。记者在文章中公布了原始数据、算法程序和完整的分析过程,使得公众可以对数据结论进行验证。被动的算法透明指当受众发现或怀疑涉及公共利益的专有算法存

[1] Deuze: "What is journalism? professional identity and ideology of journalists reconsidered", *Journalism*, 2005, (4), pp. 442 - 464.

[2] 张超:《作为中介的算法:新闻生产中的算法偏见与应对》,《中国出版》2018 年第 1 期,第 29 - 33 页。

在算法偏见和歧视误导公众时，可以通过法律等强制性手段要求算法透明，保证公众的知情权。欧盟 2018 年 5 月生效的《通用数据保护条例》（*General Data Protection Regulation*，GDPR）中给予用户申请某项基于算法得出结论的解释权。国内由于算法应用时间较短，尚未具有完善的法律条例。2020 年 10 月 21 日，全国人大常委会公布的《个人信息保护法（草案）》规定了自动化决策的透明度以及处理结果公平合理的要求，标志着我国在立法中对算法透明原则的确认，对算法秩序的形成、数字正义的实现起到基础规范作用[1]。

除了算法设计者主动或被动公开自己的算法之外，"逆向工程"（reverse engineering）也是算法问责中促进算法透明的重要方式，在算法新闻领域也有比较充分的讨论。"逆向工程"指的是基于专业知识进行严密的观察、推断，发掘出算法的模式，用人工去推断"黑箱"中的算法规律，并且清楚地对每一个部分进行阐述、介绍这个系统的运作机制[2]。法国籍工程师 Guillaume Chaslot 曾为谷歌工作三年，他认为 YouTube 的视频推荐算法让人们看到的是扭曲的真实，并且用浑身解数让你留下来看更多。他建议公司改进未果，而后被公司辞退。2018 年他创办了算法透明网站，向社会公开了他 18 个月来运用"逆向工程"方法解码的 YouTube 算法偏见[3]。而这也侧面反映了互联网行业内部员工的主动披露对于促进算法透明是十分有力的转机。2020 年 Netflix 的纪录片《监视资本主义：智能陷阱》（*The Social Dilemma*）便是由 Google、Facebook 等互联网企业内部多名参与过重要项目的工程师或管理者们，主动披露其算法中蕴含的伦理问题。对于记者或者公众来说，采用"逆向工程"的方法进行算法问责技术门槛较高，一般人很难仅凭输入和输出拟合出算法的运算过程，并且算法本身也在动态更新迭代，给"逆向工程"带来了更大的挑战。另外，国内民众对于算法透明的意识不强，即使通过"逆向工程"成功还原，仍然需要想办法更好地传达给普通受众。

同时，对于绝大部分深度学习算法来说，算法本身就是"黑箱"，即使是算法设

---

[1] 汪庆华：《算法透明的多重维度和算法问责》，《比较法研究》2020 年第 6 期，第 163－173 页。

[2] Diakopoulos N："Algorithmic accountability: journalistic investigation of computational power structures", *Digital Journalism*, 2015, 3(3), pp. 398－415.

[3] Lewis, P, McCormick, E. 2018. "How an ex-YouTube insider investigated its secret algorithm", *The Guardian*. Retrieved form: https://www. theguardian. com/technology/2018/feb/02/youtube-algorithm-election-clinton-trump-guillaume-chaslot.

计者本人，或算法设计者愿意将算法细节公开，对于算法如何根据输入得到输出也无从得知，例如OCR识别手写数字的算法中，程序究竟根据哪些图像特征来去区分不同数字的，可能与算法设计者最初预设的完全不同。这使得完全的算法透明在今天成为理想化的解决方案。仇筠茜等提出了“可理解的算法透明”，不追求从数据库到推荐算法的彻底公开，而更加注重普通大众是否可以不依靠专家、不需要机器学习的专业知识就可以理解[1]。上文中提到的《网坛骗局》便在不同的媒体平台进行了不同程度的“算法可理解性适配”——在偏娱乐属性的平台通过动图形式软化新闻，在新闻门户网站进行了算法的详细解释，在GitHub上公开了数据和程序。算法新闻需要考虑到受众自身条件以及他们能否理解算法的应用背景，并尽可能地进行通俗化的解读，而不是将“看见”置于“理解”之上，构建一种虚幻而机械化的信息公开。

### （二）发展以人为本的算法

在拥抱算法给新闻业带来的改变的同时，新闻从业者们开始思考，算法对于新闻工作者来说究竟是补充还是取代。Broussard等认为，人类擅长的复杂沟通和专家思考，以及对于变化的自适应能力是机器无法取代的。未来新闻业需要的是人类和机器的融合（Hybridizing）。算法最适合的是作为人类思维的补充，鼓励新闻业的学术和实践关注“以人为中心的算法在新闻业的应用”这一议题[2]。如果新闻工作者搜集线索是在干草堆中寻找针头，那么算法应该是一块磁铁，帮助新闻工作者更好地完成任务。陈昌凤等认为，技术发展和信息传递的核心地位依然是人类和人性。智能技术的进步需要人本精神的价值引领，让未来新闻业的智能化发展闪耀人类的价值理性的光辉[3]。喻国明等认为，算法新闻在不断优化和学习的过程中，因遵循“工程传播”的逻辑而遭遇伦理困境，须从更复杂的“人类传播”层面

---

[1] 仇筠茜、陈昌凤：《基于人工智能与算法新闻透明度的“黑箱”打开方式选择》，《郑州大学学报（哲学社会科学版）》2018年第5期，第84－88，159页。

[2] Broussard M, Diakopoulos N, Guzman A L, et al:“Artificial intelligence and journalism”, *Journalism & Mass Communication Quarterly*, 2019, 96(16), pp. 673－695.

[3] 陈昌凤、翟雨嘉：《信息偏向与纠正：寻求智能化时代的价值理性》，《青年记者》2018年第13期，第21－24页。

优化设计，探索算法模型的复杂性与系统性可能[1]。因此，算法在新闻业的应用离不开人类价值观做指导，简单地将现实世界量化，进行数学层面上的建模是远远不足以反映出复杂人类选择的能动性的。

对于如何使算法更加“以人为本”，更好地服务于公众，研究者们给出了各自的看法。Eric 等人根据一项有关识别政治表达框架的开发经验，指出发展“以人为本”的算法有三条可行策略，分别是理论（theoretical）、推测（speculative）和参与（participatory）策略[2]。理论策略是指算法的特征选择和解释要基于行为和社会科学的经典理论，而不是仅仅依赖工程上的数据指标。推测策略是指将用户对计算的想象优先于算法的可行性和效率，关注算法“应该做的”而不是“能够做的”，因为技术可能性的边界可以迅速改变，更重要的是嵌入技术中的假设和价值。参与策略是指把可能被算法影响的人加入设计中，尤其需要跨学科的专业知识。采取参与的策略未必能解决算法所可能造成的紧张关系，但可以较早地发现问题并将潜在的整合到设计中。彭兰认为，算法设计要兼顾“凝固”与“流动”、“套路”与“奇遇”、“悦耳”与“刺耳”，要考虑到用户需求随时间的动态迁移和扩展，增强用户意料之外的信息偶遇[3]。研究者们均关注到了算法在未来需要还现实世界的复杂性于人，给用户保留一定的不确定性，即使在这个过程中损失一部分工程效率也是有必要的，如对于推荐系统中用户可以主动调整一些参数或撤回一些操作来观察算法推荐产生的变化，对于搜索引擎可以直观看出搜索词语与其他词语之间的关联紧密程度等，而这需要更便捷的人机交互界面设计作为支撑，以兼顾人本性和效率。

## 五、结　　语

算法以其特有的高效、便捷等优势，逐渐应用到新闻生产、分发全链条的许多

[1] 喻国明、曲慧：《“信息茧房”的误读与算法推送的必要——兼论内容分发中社会伦理困境的解决之道》，《新疆师范大学学报（哲学社会科学版）》2020 年第 1 期，第 127－133 页。

[2] Eric P S, Baumer: “Toward human-centered algorithm design”, *Big Data & Society*, 2017, 4(2), pp. 1－12.

[3] 彭兰：《导致信息茧房的多重因素及“破茧”路径》，《新闻界》2020 年第 1 期，第 30－38，73 页。

环节中，在个性化、场景化传播中起到至关重要的作用，因此未来人与算法的合作将是大势所趋。一方面，新闻从业者们需要正确认识到算法的功能特点和优势，以无须复杂编程的方式主动了解算法的基本原理，从而更好地应用算法，提高报道的速度、覆盖广度以及内容个性化程度。开设新闻传播专业的高校也应该加强对学生计算思维的培养，训练通过将客观世界抽象化建模来解决问题的能力，并根据实际情况开设跨专业的算法理论或编程实践课程，由培养“T”型人才向“π”型人才转型。另一方面，新闻从业者们也需要坚持自身的新闻专业主义，时刻提醒自己这里是否“需要”应用到算法而不是这里是否“能够”应用到算法，要明确算法在对现实量化上的技术缺陷以及算法对新闻工作者的补充作用高于取代作用这一观点。新闻机构要坚持自身的社会责任，以人文的视角审视算法带来或可能带来的伦理风险，通过算法问责监督与预期相悖的波及公共利益的算法。总之，人与算法各有所长，二者合理地进行互补是智媒时代推动算法新闻发展的关键路径。

# "驯化"与"反驯化"：底层劳动者如何认识算法技术

张仟煜　孙　萍*

**摘要**：随着互联网经济的迅速"下沉"，以算法为代表的数字技术由城市走向乡村，并形塑了进城务工人员全然不同的技术使用实践与生命体验。与此同时，底层的数字劳动者如何认知、运用、处理与技术的关系成为值得关注和讨论的议题。文章以平台经济下的网约配送员为例，运用民族志式的田野调查方法，以驯化理论为依托，探讨了在新的媒介环境下传统驯化理论发生的嬗变、以外卖骑手为代表的底层数字劳工如何认知算法技术，进而探究人与技术的关系。研究发现，传统驯化理论在智媒时代发生了解构与重构；算法技术在外卖员眼中以"半人半机器化"的形式存在；人与技术的关系跳脱了二元对立的固化框架，形成了动态的、流动的驯化与"反驯化"格局。"人""技"关系的思考从一定程度上拓展了驯化理论的认知框架，为未来人机关系的研究提供了新的图景和分析框架。

**关键词**：驯化；反驯化；数字劳工；人技关系

## 一、引　言

在互联网发展初期，中国信息化发展进程中的一个显著特点是，数字鸿沟的二元结构催生了"信息富有"阶层和"信息贫穷"阶层之间的差异[1]。从城乡关系的

* 张仟煜，中国社会科学院大学新闻传播学院研究生；孙萍，中国社会科学院新闻与传播研究所助理研究员

[1] 邱林川：《信息时代的世界工厂：新工人阶级的网络社会》，广西师范大学出版社，2013年。

视角出发，这种差异转变为对于技术的消费和使用上。虽然移动互联网媒体的出现不断抹平信息差，但是互联网技术对于社会各个阶层和群体的意义仍旧大不相同，因此不同的社会群体形成了对于互联网技术全然不同的认知和体验。尤其是随着数字化和信息化的发展，互联网经济迅速"下沉"，以算法、数据、人工智能为代表的数字技术开始由城市走向乡村，并形塑了乡村地区及进城务工人员全然不同的技术使用实践和生命体验。

根据国家统计局《2020年农民工监测调查报告》，2020年，全国农民工总量达2.86亿，外出农民工达1.70亿，其中，2020年年末，在城镇居住的进城农民工达1.31亿。他们在跨越城乡地域努力谋生的同时，也在不断地跨越数字技术的障碍，努力与外界进行交流。而在平台经济下，这些进城务工人员谋生的工具第一次从猪马牛羊变成了数字媒介，从锄头镰刀变成了智能手机。在这个激烈交错和巨大变迁的过程中，底层的数字劳动者如何认知并正确使用技术便成为一个值得关注和讨论的议题。

本文以驯化理论为框架，旨在探究"人""技"关系，以数字平台下的劳动者——外卖员为研究对象，尤其关注底层数字劳动者对于新兴技术，如算法、大数据、人工智能的认知和理解。

驯化理论（The Theory of Domestication）由英国学者西尔弗斯通（Roger Silverstone）于20世纪80年代提出，其理论源于对科技与社会关系的探究，该理论旨在讨论使用者消费科技的细节具有丰富意义，并从中认识人的主动性和自主性[1]。起初，驯化理论与电视媒介息息相关，主要着眼于电视媒介的"家居化"（domestication）及其在家居化过程中产生的社会关系的重构，Silverstone归纳出4个"家居化"的步骤：占用（appropriation）、客体化（objectification）、纳入（incorporation）和转换（conversion）。其中，"占用"指的是媒介技术如何被引入某个具体的社会场景（所有权的挪用）；"客体化"指的是新技术在该场景中被置于何种具有象征性的位置（空间的客体化）；"纳入"指的是新技术如何嵌入人类的生活实践（时间的整合）；"转换"指的是主体如

[1] 王淑美：《驯化IM：实时通讯中的揭露、协商与创造》，《中华传播学刊》2014年第6期，第161－192页。

何向他人展示新技术[1]。

在数字平台日益发达的今天，人对于技术的"驯化"开始出现新的转向。首先，新的技术体不再是传统的"媒介"，如电视、广播，而是变成了具有互联、中介、智能化的技术；其次，也正是因为技术的"进化"，人对技术的"驯化"不再是单向度的，而是呈现出更加复杂的脉络图景。学者们运用驯化理论来阐释社交媒体及互联网的使用，例如即时通信软件 IM、互联网[2]、Facebook[3]、WhatsApp[4]等。

尽管相关的驯化理论的实证研究已经将关注对象由实体转向虚体，却仍然存在以下几点不足：第一，研究者的关注点往往局限于"人对技术的驯化"，而忽视了技术对人反向影响甚至是"驯化"；第二，既往的研究总是将驯化的过程锁定在家庭和休闲领域，却忽视了在工作领域中作为"一种谋生手段"的技术展演；第三，以往的研究总是沿着传统驯化理论的四个脉络进行人与技术关系的剖析，却极少探究在新的媒介生态环境下，对传统驯化理论的解构与重构；第四，过去的研究过于关注技术中心区的人口，对数字底层和乡村人口的技术使用缺乏关照，而两者的媒介使用及媒介素养因受教育程度、社会地位和生活方式的不同而呈现较大的差异。

本文以外卖员和作为虚体的平台算法为研究对象，以期弥补既往研究中所忽视的部分，并试图回答以下问题：平台化的数字生产在何种程度上重新演绎并拓展了驯化理论的情境脉络？在平台化的语境中，外卖员如何认知并理解作为媒介技术的算法？以及我们如何从驯化的角度探究人和技术的关系？

---

[1] Silverstone R, Hirsch E, Morley D: "Information and communication technologies and the moral economy of the household", In Silverstone R & Hirsch E (Eds.), *Consuming technologies: Media and Information in Domestic Spaces*, London: Routledge, 1992, pp. 15 - 31.

[2] McDonald T: "Affecting relations: domesticating the internet in a south-western Chinese town", *Information, Communication & Society*, 2015, 18(1), pp. 17 - 31.

[3] Sujon Z, Viney L, Toker-Turnalar E: "Domesticating Facebook: the shift from compulsive connection to personal service platform", *Social Media and Society*, 2018, 4(4): 1 - 12.

[4] Boczkowski P, Mitchelstein E, Matassi M: "Incidental news: how young people consume news on social media", Hawaii International Conference on System Sciences, 2017.

## 二、驯 化 理 论

驯化理论建立的现实基础是 20 世纪以来传媒技术的发展，包括收音机、电视机、录音机、录像机、个人电脑的使用。它们通过消费市场而进入家居这样的私人领地[1]。因此，"驯化"也被称为"家居化"。Silverstone 在《电视与日常生活》一书中指出："我在类似'驯化野生动物'这个意义上使用'家居化'的概念：这是一个使得动物习惯于在人类的住所附近得到人类照料的过程，一个(它们)'自然地'成为家庭成员的过程。技术，在电视和电视节目这双重意义上而言，如果要在'家居'这个空间获得一席之地，就必须被'驯化'"[2]。正如"驯化"一词所暗示的那样，该理论主要涉及人如何驯服外部对象并将其纳入人的家庭生活中。

传统驯化理论强调人的主体性，否认"技术决定论"，并认为人是驯化媒介技术的主体，新兴媒介技术在人的驯化下适应人的生活节奏与习惯。关于这一点，在法国社会理论家米歇尔·德萨图(M. De Certeau)的论述中可以找到相关分析，他认为"驯化"是人们在日常生活中策略性的实践[3]。传统驯化理论的提出重新反思了人与媒介的关系，突出强调人的主体性，无论是在 80 年代还是在当下，都具有历史意义与突破性。

步入 21 世纪后，驯化理论也得到了一定程度的发展：Haddon 提出"驯化理论特别适合解决微观问题，例如我们如何解释技术的含义以及我们如何体验技术"[4]；2006 年，Haddon 又指出，驯化理论已成为 ICTs 研究领域中相当实用且具影响力的理论架构。Sorensen 认为，驯化过程还会受到社会期待和准则限制[5]；

[1] 潘忠党：《"玩转我的 iPhone，搞掂我的世界！"——探讨新传媒技术应用中的"中介化"和"驯化"》，《苏州大学学报(哲学社会科学版)》2014 年第 4 期，第 153－162 页。

[2] Silverstone R："*Television and Everyday Life*", London: Routlege, 1994.

[3] De Certeau M："*The Practice of Everyday Life*", Translated by Steven R B, CA: University of California Press, 1984.

[4] Haddon L："Machines that become us: the social context of personal communication technology", Domestication and mobile telephony, In Katz J E (Ed.), *New Brunswick*, NJ: Transaction, 2003, pp. 43－55.

[5] Sorensen K H："Domestication: the enactment of technology", In Berker T, Hartmann M, Punie Y, et al (Eds.), *Domestication of media and technology*, New York: Open University Press, 2006, pp. 40－61.

Silverstone 还提出，驯化是一种持续进行、相互建构的消费过程、驯化的过程通常包含打破边界的意义[1]；Hynes 则认为驯化理论具有“分析技术成为日常生活一部分的过程的离散阶段的能力”[2]。除此之外，驯化理论的 4 个步骤并非线性、连续发生的过程，这些步骤可能同时并进，可能互相冲突，也可能中途放弃[3]。

然而，我们不断变化的新媒体环境创造出新的“野生技术”，驯化研究的焦点不应囿于家庭与消费，而应扩展到个人及日常[4]。电视作为一种“新媒体”进入千家万户的时代已经开始退出历史舞台，以大数据、算法、人工智能为代表的智媒时代粉墨登场。这两种媒介形式之间存在着诸多的不同，由于算法规则具有自适应性和自成长性，又因商业机密和技术门槛等因素而成为难以被真正打开的“黑箱”，算法规则不宜被作为一种完全可由人类主体所操控的客体[5]。那么，在电视“家居化”进程中诞生的驯化理论在新的媒介环境下如何重新开启理论阐释？传统驯化理论会发生哪些嬗变？

近年来，国内外学者如苗伟山、王淑美、Tom McDonald 等通过民族志、田野调查的方法对作为虚体的媒介技术，如社交媒体、互联网进行了“人对技术的驯化”的深入研究，延伸了传统驯化理论在新媒体环境下的解释半径。王淑美以即时通信软件 IM 在台湾青年群体中的使用为例，沿着传统驯化理论的四个环节（占用、客体化、纳入与转换）揭示出人对媒介技术的驯化，并认为驯化理论有助于拆解被视为理所当然而忽视了惯例，挖掘其中的社会与文化意涵；Tom McDonald 深入云南省红山镇，做了一项关于“驯化互联网”的研究，并详细阐释了一个乡镇家庭对计算机与互联网的驯化过程，并在此过程中发生的家庭成员权力关系的重构。

在 Silverstone 晚期的研究中，他扩大了驯化研究的意涵与领域，包括在公共

---

[1] Silverstone R：“Domesticating reflectians on the life of a concept”, In Berker T, et al (Eds), *Domestication and Technology*, New York：Open University Press, 2005, pp. 229 - 248.

[2] Hynes D：“Users as designers：the internet in everyday life in Irish households”, *Anthropology in Action*, 2009, 16(1), pp. 18 - 29.

[3] Haddon L：“The contribution of domestication research to in-home computing and media consumption”, *The Information Society: an International Journal*, 2006, 22, pp. 195 - 203.

[4] Bakardijieva M：“Domestication running wild：from the moral economy of the household to the mores of a culture”, In Berker T, Hartmann M, Punie Y, et al. (Eds.), *Domestication Media and Technology*, Berkshire, UK：Open University Press, 2006, pp. 62 - 79.

[5] 黄淼、黄佩：《算法驯化：个性化推荐平台的自媒体内容生产网络及其运作》，《新闻大学》2020 年第 1 期，第 15 - 28，125 页。

或私人领域的日常生活及使用新科技的细节[1]。驯化理论提供的是一个动态的看待人与技术关系的视角。同属于媒介技术研究源流的驯化理论有助于发现技术工具与其采用者之间相互形塑的关系，以及技术采用前后实践边界被突破的过程[2]。基于此，笔者认为，采用驯化理论探究外卖骑手与平台算法的关系、进而探究人与技术的关系是一条可行的路径。

本文在驯化理论的基础上，通过对平台算法系统民族志式的田野调查来重新审视传统驯化理论的张力与嬗变，文章希望在新媒体环境下对传统驯化理论进行解构与重构；并以外卖骑手为例，探究底层数字劳工如何认知新兴的智能技术，并试图探寻人与技术的关系。

## 三、研究方法与资料来源

本文主要采用了民族志式的田野调查方法，主要包括参与式观察和深度访谈。两名作者搜集数据的时间为 2020 年 10 月至 2021 年 5 月初。受新冠疫情的影响，两名作者的深度访谈主要在线上以微信语音通话的形式进行，在线上一共访谈了 46 名外卖骑手，在线下接触了 80 余名外卖骑手，其中有 3 人为深度接触并在今年疫情形势好转的情况下进行了深度面访。其中，线下接触的骑手都在北京；线上访谈的骑手以北京区域的为主，还有少部分四川、河北的骑手。虽然线上访谈不能生动观察到受访者的动作、表情等，但线上语音访谈也有助于外卖骑手敞开心扉，围绕骑手劳动过程、生活状态、职业体验等进行深入交谈，每个受访者的访谈时长在 90～120 分钟之间。此外，其中一名作者在线下田野调查中，跟随骑手取餐、送餐，并在 2020 年 11 月份至 2021 年 4 月份之间，先后进入了 15 个以外卖骑手为主要群成员的微信群；另一名作者从 2017 年以来就一直在跟进外卖骑手的调查研究，在北京朝阳区、海淀区、大兴区的部分外卖站点进行定点观察与访谈。

两名作者均获得本文涉及的访谈人员口头上的知情同意并对访谈内容作了录

---

[1] Silverstone, R:“Media, technology and everyday life in Europe: from information to communication”, *Introduction*, Hants, Canada: Ashgate, 2005, pp. 1 - 18.

[2] 黄森、黄佩：《算法驯化：个性化推荐平台的自媒体内容生产网络及其运作》，《新闻大学》2020 年第 1 期，第 15 - 28，125 页。

音和转译。截至2021年5月2日,笔者作了大约16万字的访谈笔记和61万字的语音访谈逐字转录,并留存了200余张田野照片。49个深度受访者的年龄跨度在21～47岁之间,平均年龄为34岁;外卖工龄最短的为半年,最长的为6年8个月。为了保证受访者的权益,文章均对所有受访人员做了匿名化处理。

## 四、驯化与反驯化:外卖员与平台算法的动态博弈

### (一)从“全部占用”到“部分占有”

在传统的驯化理论中,占用(appropriation)是指人们通过购买、消费实现对实体媒介所有权和使用权的“全部占用”。王淑美在2012年对及时通信软件IM的驯化研究中认为:从驯化理论的观点,IM由软件公司推出供下载,是“商品化”的阶段。但在平台经济的视域下,既有外卖员对算法技术的“占用”,也有算法技术对外卖员的“占有”。由于智能技术也具有一定程度的“自主性”,不同于传统驯化理论中人对电视媒介的“全部占用”(人掌握电视的所有信息),而体现出一种人和媒介相互“部分占有”的趋势和形态(人和算法都不能掌握彼此的全部信息)。

一方面,外卖员下载跑单App到私人的智能手机中,由此实现人对技术的“占用”。表面上看,这更像一个技术操作过程而不是消费挪用过程;这是一种共享应用与媒介技术的过程,而不是独享的过程。但只要往前追溯一步便会发现,外卖员对平台算法的“占用”必须以消费至少一部智能手机并仅供私人使用为前提。这里所涉及的技术和工具虽是两种不同的存在形态,却是两个密切相关的概念:媒介技术是媒介器物的知识形态,媒介器物是媒介技术的物化形态[1]。因此,对虚体媒介技术(App)的占用须以对实体媒介的消费和所有权(智能手机)的占用为前提。这不是智媒时代才出现的现象,只是在电视媒介时代被我们忽略了:对影像呈现技术等虚体媒介的占用是以对电视实体媒介的占用为前提的,换言之,电视看得见的躯壳是看不见的虚体技术手段的物质存在形式,在“全部占用”实体媒介的同时,也“部分占有”了其所承载的虚体媒介。在外卖员的工作图景里,实体的智能手机、电动车等也成了入职必备的生产资料。小红是一名S平台的配送员,她

[1] 李曦珍、楚雪:《媒介与人类的互动延伸——麦克卢汉主义人本的进化的媒介技术本体论批判》,《自然辩证法研究》2012年第5期,第30－34页。

表示：

"一辆电动车、一部手机，下载一个 App 就可以跑(单)了呀。"

然而，如表 1 所示，对虚体媒介的占有却有别于对实体媒介的占用。对虚体媒介的占有仅仅停留在使用层面，而不是所有权的层面。即用户仅仅只是用户，用户和研发者、所有者之间还存在一定的信息差，用户对软件的了解仅仅停留在使用方法和技能上，而对更加核心的技术运作原理知之甚少，从这个层面上看，外卖骑手只是"部分占有"了平台算法。

表 1　实体媒介与虚体媒介的占用形式对比

| 区别与联系 | 对实体媒介的占用 | 对虚体媒介的占用 |
| --- | --- | --- |
| 实现路径 | 购买 | 拥有实体媒介；下载、注册虚体媒介 |
| 共享程度 | 私人使用 | 平台共享 |
| 联系 | 对虚体媒介的占用以对实体媒介的占用为前提 | |

另一方面，如表 2 所示，平台算法以"数字化"的方式"部分占有"外卖骑手。平台、代理商和消费者对骑手劳动过程的三层监控形成"闭环"，并利用平台技术的远程操作，实行"超视距管理"[1]。尤其是外卖骑手，作为一类依靠手机 App 接单、送单、挣钱谋生的群体，他们虽然不能以"三维立体人"的方式被虚拟的媒介技术和算法占用，却能以"二维数据人"的方式被平台所占有，以"一个黄点、一串数据"的形式存在于跑单软件和大数据的图谱中，并不断地增值——创造新的数据"喂养"平台的算法。简言之，平台"算法"占有了外卖骑手的数据。

表 2　传统驯化理论与驯化理论 2.0"占用"环节对比分析

| 异　　同 | 传统驯化理论 | 驯化理论 2.0 |
| --- | --- | --- |
| 步骤 | 占用 | 部分占有 |
| 方向 | 单向：人对技术 | 双向：人对技术与技术对人 |

[1] 赵璐、刘能：《超视距管理下的"男性责任"劳动——基于 O2O 技术影响的外卖行业用工模式研究》，《社会学评论》2018 年第 4 期，第 26－37 页。

（续表）

| 异　同 | 传统驯化理论 | 驯化理论 2.0 |
|---|---|---|
| 主体性 | 人占绝对主体性 | 人和技术都具备主体性 |
| 适用情境 | 购买 | 购买、下载、数据化 |
| 驯化张力 | 偏弱 | 偏弱 |

图 1　椰子 2020 年 10 月 13 点 03 分平台后台监视数据

小成是 S 平台的王牌配送员，他每天必须保证至少 5 单的跑单量，在笔者与他交谈的中途，他说："不行，我得走了，我今天至少还得再跑一单，不然我的数据就不好啦。"椰子是 M 平台的一名众包送餐员，同时也是所属站点的一名组长，他所在的小组后台实时记录着他和组员们当天的跑单状态，如图 1 所示。

图 2 是 M 平台大数据中心 2020 年 10 月 26 日下午 1 点 57 分对外卖员的记录，按照每个骑手在当下时刻所挂派的单量而显示不同的颜色。由此可见，平台算法的"全景数字监狱"以"数据化""中介化"的方式部分占有着外卖员的身体、时间和剩余价值。

从这个层面上来说，平台的算法部分占有了外卖骑手，即技术实现了对人的占有。从技术本体论的维度来看，一切技术都是人的存在方式，故存在于技术之中的人也就变成了一种技术存在[1]。正如麦克卢汉主义者曾预言的"技术不断地改变人、刺激人寻找改进技术的手段，人就成为机器世界的性器官，就像蜜蜂

[1] 李曦珍、楚雪：《媒介与人类的互动延伸——麦克卢汉主义人本的进化的媒介技术本体论批判》，《自然辩证法研究》2012 年第 5 期，第 30－34 页。

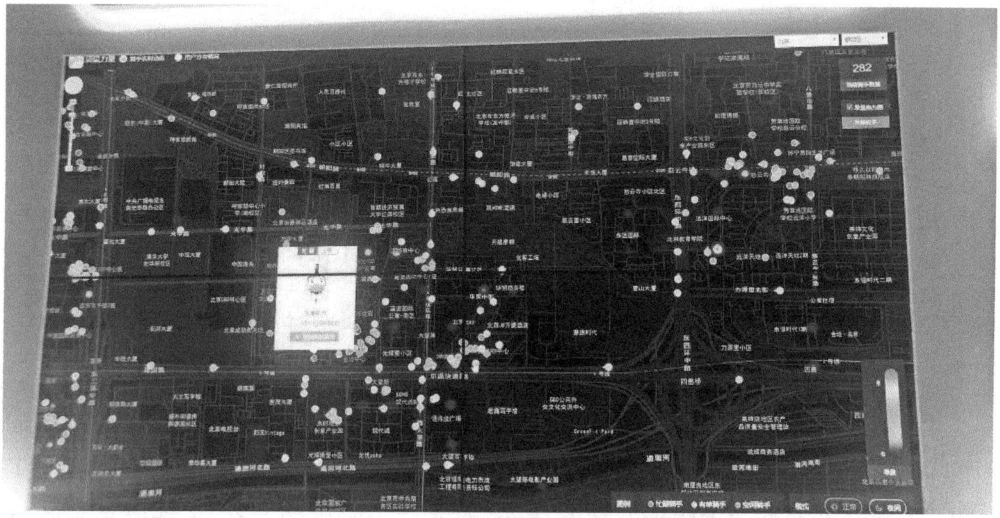

图 2　M 平台智能城域速运网

是植物世界的性器官一样，它们使植物世界生殖和进化出更加高级的物种”[1]。

在平台经济中，骑手充当了无形的算法在有形的现实世界中的延伸。在具象上表现为外卖员用三维立体的肉身完成了现实世界与虚拟算法系统的连接，即肉身在实体空间中移动完成送单任务，以肉身为依托的虚拟数字身体在算法地图中产生数据，外卖员的肉身便成了实体世界与虚拟算法世界之间的桥梁，从而使算法指令在现实世界中得以实现。

在“占用”这个环节中，不同于传统驯化理论中人对实体媒介的全部占用，智媒时代的人既能全部占用实体的媒介，也能部分占有虚体的媒介；而虚体的媒介亦能以“数据化”的形式部分占有接入进来的个体（“在线上”的个体）。以外卖员为例，他们并非通过购买的手段占有虚体媒介，而是通过下载、注册的方式实现对虚体媒介的占有。在智媒时代，对实体媒介的“全部占有”与对虚体媒介的“部分占有”同时并存，传统驯化理论中“人对媒介的占用”仍然立得住脚，只是智媒时代还应将“虚体媒介技术对人的部分占有”纳入驯化的环节中来，并且，在外卖员与算法技术的“互相部分占有”的过程中，两者互为延伸，驯化与反驯化的张力在此环节中较为薄弱。

[1] 埃里克·麦克卢汉、弗兰克·秦格龙：《麦克卢汉精华》，何道宽译，南京大学出版社，2000 年，第 303－304 页。

### (二) 从“客体化”到“半主体化”

传统驯化理论的客体化主要关注的是实体媒介被置于使用者生活环境的适当位置并被赋予象征性的意涵，通过传媒技术（如电视机）的置放和在家居空间中的展示，客体化（objectify）我们所持有并通过家居所表达的意识形态，包括我们的社会阶层归属[1]。但对于平台和算法这样的虚体媒介来说，作为一种谋生工具，它可以被客体化；但作为一种人工智能技术，它却是“客体化”与“主体化”共存的。罗博吉（Roberge）和梅纳康（Melancon）表示，人与算法的交互中存在一种“双重自主性”（double agency），这种“双重自主性”既来自人本身，也来自算法[2]。

由此，笔者认为传统驯化理论中的“客体化”在智媒时代被解构和重构了，取而代之的是“半主体化”，如表 3 所示。在外卖骑手眼中，算法既是“雇主”，也是“工具”。需要注意的是，“主体性”与“客体性”并非二元对立的关系，不能简单地将外卖骑手与平台算法的关系概括为“一方主体性凸显、另一方主体性式微”，有时确实如此，但有时主体性与客体性是同时并存的，两者在不断“半主体化”与“半客体化”的动态博弈过程中保持着一种“试探性冒犯”的动态平衡。在此环节中，笔者将分为“平衡”和“不平衡”两种状态进行探讨（图 3）。

表 3 传统驯化理论与驯化理论 2.0“客体化”环节对比分析

| 异　　同 | 传统驯化理论 | 驯化理论 2.0 |
| --- | --- | --- |
| 步骤 | 客体化 | 半主体化 |
| 方向 | 单向：人对技术 | 双向：人对技术与技术对人 |
| 主体性 | 人占据绝对主体 | 人和技术都具有主体性 |
| 适用情境 | 空间层面 | 空间、策略性地使用、抵抗与拥护 |
| 驯化张力 | 中等 | 中等、较强 |

[1] 潘忠党：《“玩转我的 iPhone，搞掂我的世界！”——探讨新传媒技术应用中的“中介化”和“驯化”》，《苏州大学学报（哲学社会科学版）》2014 年第 35 卷第 4 期，第 153 - 162 页。

[2] 孙萍、刘瑞生：《算法革命：传播空间与话语关系的重构》，《社会科学战线》2018 年第 10 期，第 183 - 190 页。

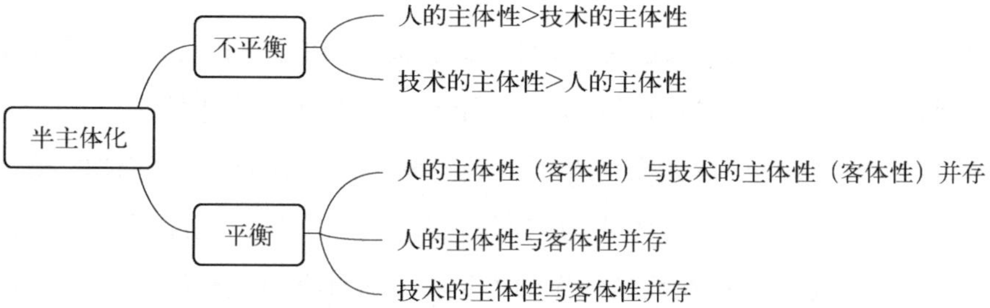


图 3　半主体化分类框架示意图

在不平衡的状态下，存在骑手的主体性大于算法的主体性及算法的主体性大于骑手的主体性这两种形态。

外卖员对平台软件策略性使用是在算法划定的边界中，通过放大平台软件的客体性和工具性来突出自身的主体性。例如，在午高峰或者晚高峰时期，大多数骑手都会在 1～2 个小时内完成 5～15 单的配送，不管是 M 平台还是 E 平台都会给平台设计好接单和送单的先后顺序，但大多数骑手都不会“听从”平台算法的指令，而是根据自己对商家和路线的了解自行排序。英子是 E 平台的一名骑手，她曾表示：

我一般都不按照平台给我的接单和送单顺序去送的，我都是自己排序的。按平台给你的顺序去送单会超时，我刚开始干的时候按照它的顺序，后面熟悉了就自己规划了。

而在骑手对配送顺序的“排兵布阵”中，M 平台的众包骑手晴天也表示：“会算计，一分一秒都要算计。”

还有一些比较聪明的外卖员，会巧妙地运用算法制定的规则来为自己争取更多的时间以达到风险最小化和收益最大化，婉婉是 M 平台的一名众包骑手，她表示：

“比如我接了一单，但这个商家出餐慢，我宁愿花 10 块钱把这个退了去接别的单，也不愿意在这个单子上死等耽误送别的单子，如果因为这一单超时被罚款被投诉的话就更划不来了。”

从宏观层面上看，外卖员将以算法为底层技术的跑单 App 视作一种谋生的工具，这本就是人将算法客体化的一种表现。在骑手不断认知并熟悉平台的过程中，一些经验丰富的老骑手(杜宇、老马)也会这样评价自己:“我们现在都把系统玩得透透的了,系统一出新功能,最多三天我们就能整得明明白白。”在外卖员将算法客体化的同时,外卖员的主体性得以彰显,甚至越过了算法的主体性。

那么,算法的主体性在什么情况下会超过骑手的主体性呢?实体的媒介如电视、手机几乎没有办法将人客体化为它们的摆设或者工具。但虚拟的媒介及其所运用的算法技术能以一种隐蔽又强大的力量将人客体化在“算法工厂”里。在外卖员的劳动过程中,算法能以很多种方式将其客体化为“算法的延伸”,而外卖员被算法客体化为“跑单机器”的时候,人的主体性式微,算法的主体性崛起。

研究发现,S平台会在配送员被投诉之后将配送员“关禁闭”,M平台和E平台则会在检测到外卖员的某些违规操作(如:同时在不同的平台接单、收到投诉较多、不按平台规定着装等)后对配送员进行“封号”处理;在专职骑手中,每个月每个组都有预先设定好的KPI,超额完成会有奖励,反之则会有惩罚。惩罚制度就是平台就业中“专制”的体现[1]。而这在一定程度上也在给算法的“雇主”角色“赋魅”。

大春加入S平台一年了,她有过多次被平台“关禁闭”的经历:

“有一次送一个蛋糕造型有点坏,顾客拍照投诉我了,扣了我几十块钱,还禁闭了我一天。一(被关)禁闭,我啥也干不了我就回家看我儿子。”

无论是人的主体性占上风还是算法的主体性占上风,在前文讨论的情境中骑手与平台算法的主体化力量虽然不能画上等号,但两者关系颇具有几分“一个愿打、一个愿挨”的和谐色彩。然而,在不同的情境中,骑手和算法的主体性力量会发生变化,骑手和算法会在“试探性冒犯”中挑战彼此的主体性并拓宽自身的主体性边界,是“道高一尺,魔高一丈”的动态博弈过程,最终双方达成一种新的妥协和平衡。

青青是M平台的一名专职骑手,在成为专职骑手之前她是一名众包骑手,“抢单难”成为她从众包转到专职的直接原因,她向笔者透露,其他骑手向她推荐过某种抢单的“外挂神器”,但她表示“没啥用”“大家都不用”。阿飞和小蓝是M平台的众包骑手,在被询问到会不会使用“外挂神器”时,他们表示:

---

[1] 冯向楠、詹婧:《人工智能时代互联网平台劳动过程研究——以平台外卖骑手为例》,《社会发展研究》2019年第3期,第61-83,243页。

"'外挂神器'研制出来过，但是会被封号。不知道外挂平台，我就知道平台很严格，有一点虚假的东西马上封号，那玩意就算有人研究出来也没人敢用，想都不敢想，这又不是游戏，这是挣钱的平台，可没人敢拿自己饭碗开这种玩笑啊。用了'外挂神器'不管好单赖单、东南西北全都进来了，咋抢啊？没有（'外挂神器'），两只手就是最好的抢单神器。"

实际上，"外挂神器"的诞生就是骑手对平台算法的一种"冒犯"，但"精明"的算法不但守住了自己的边界，还借机强化了自身的主体性。这种"试探性的冒犯"最终以骑手的妥协（"双手就是最好的抢单神器"）落下帷幕。在此过程中，得益于骑手的"贡献"，算法的缺陷得以完善。正如陈龙所言：平台系统管理上的"漏洞"通常不是平台系统自主检测出来的，而是得益于骑手的"贡献"[1]。而"冒犯"失败的外卖员并非完全被平台算法置于客体化的地位，而是"半主体化"和"半客体化"的，只是在失败之后，外卖员的主体性被平台算法削弱。正如陈龙在研究中发现：这种数字控制的过程也是骑手自主性空间被不断蚕食的过程。而平台算法在此过程中既充当着谋生的工具——要为骑手服务，又充当着管理者的角色——骑手在小心翼翼地试探它的脾气秉性，害怕遭到"封号"惩罚。

不管是骑手还是算法，主体性的凸显并不意味着客体性的式微，实际上，主体化与客体化是同时并存的。陈龙在骑手研究中发现：由于骑手每天与平台系统互动频繁，所以即便是虚拟的平台系统在日常管理骑手的过程中也常常被骑手加以拟人化对待；平台系统在骑手眼中不再是虚拟的、冷冰冰的"机器"，而是实在的、富有感情的"人"[2]。但笔者认为，在骑手眼中，平台算法既是机器也是人，既具有客体化的特征，也具有主体化的特征，这种"半人半机器"的状态很多时候是并存的。

杜宇是北京市房山区一名王牌级别的众包骑手。在参与式观察中笔者发现，他和他的同事将各自的派单系统分为"好系统"和"垃圾系统"，他们将每个骑手账号的"派单量、优先率、挂单率"等作为评判系统好与不好的依据。所谓的好系统即派单量多、单子质量好、有特权，反之则为"垃圾系统"。而骑手要通过多接单、不超

---

[1] 陈龙：《"数字控制"下的劳动秩序——外卖骑手的劳动控制研究》，《社会学研究》2020年第6期，第113－135，244页。

[2] 陈龙：《"数字治理"下的劳动秩序：平台经济劳动过程与资本控制研究》，博士学位论文，北京大学，2019年。

时、低投诉等一系列的“优质表现”才能使自己的系统从“垃圾系统”晋升到“好系统”，与此过程相伴的则是骑手的账号和等级从最低的“青铜”到最高的“王者”。杜宇的同事老马说“系统是靠自己养的”，而杜宇谈到自己的系统时则说：

“系统就像人一样，你对它好，它才会对你好，给你多派单、派好单。我的系统现在被我养出来了，我今天拒了 27 单也没事(它还是会继续给我派单)。”

“养系统”成了房山区外卖骑手不言自明的一种“行话”，而“养”是外卖骑手将自身置于主体化的地位中，去“训练”系统，而在“被训练”的过程中，系统并不完全是一个跑单工具，而具有了几分主体化的色彩。更进一步看，“养系统”实则也是骑手在用自己的跑单数据去“喂养”系统。如此看来，与其说“养”系统不如说是“伺候”系统：骑手使自己的数据达到系统青睐的标准，让系统“赏一口好饭吃”。因此，在此过程中，外卖骑手和平台系统都同时具备主体性，外卖骑手在将自身置于“主体”位置的同时，也将系统“主体化”为一个需要被喂养和照顾的对象。

此外，在访谈过程中，杜宇向笔者讲述了很多“以己之力与系统抗衡对峙”的办法，用他自己的话说，即“就是要和它(系统)对着干，它想尽办法克扣我们，我也要想尽办法(不让它克扣我)”。在系统派单的单价低于预期时，杜宇和他所在片区的同事会“按兵不动”，稍等十分钟左右平台为了避免没有骑手接单而损失更多的经济收益会将单价提高，而单价提高正是骑手们“守株待兔”的目的。在此过程中，骑手的主体性得到相当程度上的彰显，骑手在一定程度上“驯化”了平台算法，但不同于传统的驯化理论，这种驯化不是将对象客体化，而是将对象主体化。

然而，值得注意的是，我们往往会以为主体性只能通过“抵抗”来实现，却容易忽视“同意、拥护、认同”也是主体性的表现之一。这与 Burawoy 所说的“工人自己积极参与了对自己的剥削”有着异曲同工之处。在不得不与技术保持高度互动的外卖行业中，骑手通过“自我技能化”来融入外卖行业，继而通过“自我程式化”来提高生产效率。关慧是 M 平台的一名众包骑手，笔者采访她的时候，她从事外卖行业已经一年了，她在谈到职业技巧时说：

“刚开始漫无目的地跑，不挑单子，跑两个天津，挣的钱不多，现在慢慢地学，一点点积累经验：要给自己划出一个属于自己范围的圈，不要跑太远，比如以家为圆心三公里，因为家附近是最熟悉的，超出范围找和送都费劲；其次就是要熟悉商家，每家的节奏怎么样，有的出餐快有的慢。”

为了"养家糊口""提高工资"，外卖骑手也在进行"自我驯化"，使自身认识并熟悉平台和算法，从而获得更高的经济收益，前文提到的王牌骑手杜宇为了"养好系统"跑好数据也是"自我驯化"的一个例子。而平台算法基于骑手劳动所产生的数据给骑手划分三六九等，也在一定程度上给予骑手的自我驯化以正向回应。正如布若威在《制造同意》一书中提出的"赶工游戏"概念，工人参与赶工，不仅能获得物质回报，更可以获得社会心理等方面的成就感[1]。英子在访谈中告诉笔者：

"我很享受这种跑单刺激的感觉，我会很有成就感。"

当然，不是每一个外卖员在"自我技能化"与"自我程式化"之后都能与平台算法"喜结良缘"。事实上，大部分外卖员正如《外卖骑手，困在系统里》那篇文章标题所揭示的那样，在骑手一步一步与技术互动的过程中感知到算法的"不近人情"后，只能在嘴上抱怨而在行动上服从。还有一部分外卖员会选择在平台内流动（转去其他平台或者改变职业类型）或彻底离开平台及系统，即部分脱驯化或彻底脱驯化。

婉婉："我也烦，我也感觉生气，但也没有用，现在你再埋怨不还得跑嘛，换平台也是一样的，哪个平台不是为了赚钱，你觉得哪个平台好，等你去了就知道了。"

"挣够钱，我就走。"这句话也成为表达骑手主体性策略的一种主流方式[2]。但却也映射着人和算法的主体性天平向算法倾斜的状态，在强大的算法技术面前，外卖员无力、无奈却也无法改变。

在此环节中，不同于传统驯化理论中的"客体化"，在智媒时代更多地表现为骑手与平台算法双方的"半主体化"，两者都同时兼具主体性与客体性，算法既是"唯唯诺诺"的赚钱工具，也是会伺机行使管理权的"雇主"；外卖员既是"被数据化"了的跑单机器人，也是会投机取巧的个体。外卖骑手和算法在"主体化"与"客体化"之间保持着某种动态的平衡，驯化与反驯化的张力在此环节中进一步增强。

### （三）从"单向纳入"到"彼此利用"

在传统的驯化理论中，"纳入"强调时间上的整合，即调适媒介技术的使用时间

---

[1] 布若威·迈克尔：《制造同意——垄断资本主义劳动过程的变迁》，李荣荣译，商务印书馆，2008年。

[2] 赵璐、刘能：《超视距管理下的"男性责任"劳动——基于O2O技术影响的外卖行业用工模式研究》，《社会学评论》2018年第4期，第26－37页。

以适应使用者的生活节奏和规律，从而将媒介技术纳入日常生活轨迹中来。通过使用，我们将传媒技术纳入(incorporate)我们的日常生活并使之可能在其中发生影响[1]。笔者在研究中发现，绝大多数外卖员特别是需要承担照顾子女工作的女性外卖员，选择成为骑手的主要原因是“时间灵活、工作自由”。一方面，外卖员的确具有根据自己的生活节奏安排“上下班”时间的灵活和自由；另一方面，外卖员也在调适自己的时间并作出妥协以满足算法的时间要求。这有别于传统驯化理论中的“单向纳入”，这是一个人与技术在时间层面上“彼此利用”的过程。

小四是E平台的一名兼职骑手，她选择众包最大的原因就是因为时间自由：

“干外卖的时间比较自由，自己约束自己，不是别人约束你。我啥时候想不干了我就不干了，也不用跟谁请假。”

除了工作时间能够由自己支配以外，有些外卖骑手还会很巧妙地运用平台给予的时间差序格局来调整自己的派单形式以达到自己满意的程度：

“我们下线的时间就35 min，这些时间都用来协调接单的范围。比如有时候不小心接到一个单跑出去了(跑出她自己给自己划定的范围)，就赶紧下线。下了线之后跑回去一点就赶紧重新上线，这样就能保证我都在那个范围内接单。”(婉婉)

然而，劳动者拥有更高的灵活性与受到强控制同时并存[2]。在外卖配送这样的按需经济中，“迅速及时”的时间期待却是以牺牲外卖员的日常生活节奏为代价的[3]。处于生计压力当中的骑手只得无奈配合平台的时间控制，主动延长劳动时间并提升劳动强度[4]。这种主动接近于葛兰西意义上的“甘愿”[5]，即骑手虽然在时间压力中觉察到了平台的控制，但在难以找到其他更优的替代性选择的情况下，只能无奈地服从平台的劳动时间安排。外卖骑手口中所谓的“自由”却是被笼

[1] 潘忠党：《“玩转我的iPhone，搞掂我的世界！”——探讨新传媒技术应用中的“中介化”和“驯化”》，《苏州大学学报(哲学社会科学版)》2014年第35卷第4期，第153-162页。

[2] 吴清军、杨伟国：《共享经济与平台人力资本管理体系——对劳动力资源与平台工作的再认识》，《中国人力资源开发》2018年第6期，第101-108页。

[3] Chen J Y, Sun P：“Temporal arbitrage, fragmented rush, and opportunistic behaviors: the labor politics of time in the platform economy”, *New Media & Society*, 2020, 22(9), pp. 1561-1579.

[4] 李胜蓝、江立华：《新型劳动时间控制与虚假自由——外卖骑手的劳动过程研究》，《社会学研究》2020年第6期，第91-112,243-244页。

[5] Burawoy M：“The roots of dormination: beyond bourdieu and gramsci”, *Sociology*, 2012, 46(2), pp. 187-206.

罩在无形的算法牢笼中的"伪自由"，是算法权力统治下的"有限自由"，是披着自由外衣的"不自由"。看似自主的劳动选择却在平台劳动时间的条件控制下加深了对骑手的劳动禁锢。大春在入职S平台的时候处于该平台的最低级别，她表示：

"刚开始抢不到单，半夜抢着一个，困得要死，还是出去送了，两双手套都摔破了，裤子也破了，也没休息，脚就是疼。"

青青在成为一名全职专送外卖员后，提及劳动时间时她说：

"人家要求你必须跑8个小时，就是在线8个小时，但是实际上你一跑的话肯定得超过10个小时。比如你想6点钟下线，5:59来了三四单，你快要跑完这三四单准备下了，结果又来了两三单，这怎么办？你得接着跑，所以说基本上要求差不多10个小时，实实在在的10个小时，没有什么吃饭、休息或者上厕所这些，以前上班可以摸鱼的时间是没有的。"

此外，订单的不可预测性，往往意味着送餐员超长的"待机模式"[1]。这种弹性工作时间的设定使工作与生活的边界模糊化，于是超越工作时间和生活时间边界的"全天候工作"产生了。除了高峰时段外，街头、路边、天桥上都会看到坐在电动车上等单的外卖员。正如李胜蓝和江立华的研究发现，在外卖行业中，骑手的时间结构已经在"三元时间"之外分化出时间结构的"第四元"——等待工作的时间[2]。他们除了工作时间要在系统里"现身"之外，在非工作时间也在寻找着工作的机会，如此一来，算法不仅利用了骑手工作的时间，还利用了骑手等待工作的时间。平台美其名曰为骑手们提供了更多的工作机会，其实质是对骑手工作以外时间的觊觎。

"我们在夜里等两个小时没有接到一个单子的情况也有。E平台和M平台当时我们两个平台都跑，等级高的人会比我们先看到同一份单子20～30 s，他们不要才一级一级往下派。所以他们才会保级嘛，很多外卖员都是玩命，尤其是E平台。跑外卖真的是用时间搭出来的。"(华仔，M平台的众包骑手)

实际上，外卖员和平台算法在时间上的"相互利用"，在某种程度上是既有

[1] 孙萍：《"算法逻辑"下的数字劳动：一项对平台经济下外卖送餐员的研究》，《思想战线》2019年第6期，第50－57页。

[2] 李胜蓝、江立华：《新生代农民工的职业困惑及其化解——基于个体化理论视角》，《湖南农业大学学报(社会科学版)》2017年第18卷第5期，第53－58页。

的日常生活节奏与新兴“算法时间”的较量，这并不同于传统驯化理论中人单方面地将媒介纳入日常生活节奏中来，而是人与媒介技术双向利用的过程，算法在此过程中正在形塑与原本稳定的日常生活时间发生碰撞甚至是颠覆的“算法时间”。

如果跳出传统驯化理论在时间层面上的“单向纳入”，人与算法技术在其他方面的“彼此利用”也会制造出一些波云诡谲的画面。诸如“算法让骑手闯红灯和逆行”这样违反常规的事情就发生了。王超是 M 平台业务线的一名负责人，他告诉笔者：

“为什么骑手会逆行、闯红灯呢？我们的算法工程师告诉我，‘本来没有这条路，走的人多了，也就成了路’。”

如图 4 所示，骑手每一次送单的路线都会被作为数据反馈给算法，同一条道路，如果逆行、闯红灯的骑手多了，数据的记录自然也就多了，算法在接受了骑手的行为数据后，会“有依据地”认为这条路是可以这么走的，于是这些违规的走法就被列入了平台算法正常的路线规划中，再反过来指挥外卖员的骑行路线。但是，当骑手眼里看着手机导航中的逆行路线、嘴里骂着系统的时候，他们却很少意识到类似这样违反交规的路线规划，却是外卖员自身“投喂”算法的“合理”结果，是人工与人工智能的一场合谋。

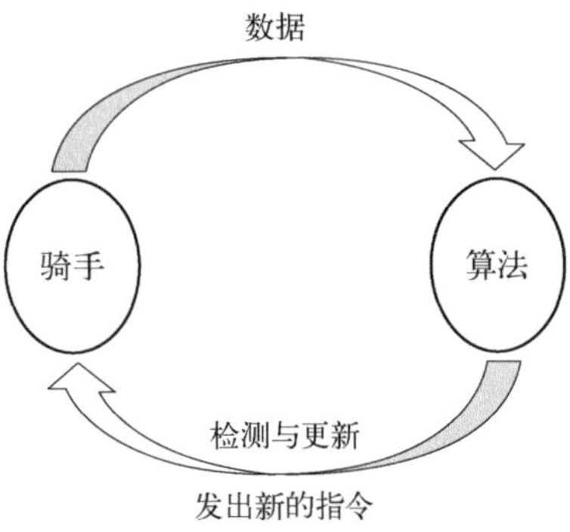

图 4　骑手与算法循环的驯化链条

如此，在“彼此利用”的过程中，就形成了一个循环的驯化链条。驯化的两方通常在无意识的情况下，其中的一方对另一方进行驯化，另一方又反过来对对方进行驯化，一来二去，驯化的效果得以增强。正如陈龙和孙萍在研究中发现，算法设定的标准倾向于“加速”骑手的流动，而骑手努力赶超标准的加速流动无意间继续“训练”了算法[1]。在此过程中，分不清孰先孰后，孰强孰弱，一方面，每一次的驯化动作可能是微小的，但随着行为的累积，数据也就增加了，依靠数据的不断“投喂”，算

[1] 陈龙、孙萍：《超级流动、加速循环与离“心”运动——关于互联网平台“流动为生”劳动的反思》，《中国青年研究》2021 年第 4 期，第 29 - 37 页。

法可以变得更加精准和智能；而另一方面，依靠算法的调整，数据的收集也会更加带有目的性，技术的自我成长性也就越快[1]。

但同时，骑手与平台算法"互相利用"的过程也是双方主体性交叉并存的过程。在此过程中，平台算法既是工具也是"雇主"。骑手不但会利用平台算法挣钱谋生，还会利用平台算法的漏洞"钻空子"从而为自身谋取更多的经济利益；与之相对，平台算法也会利用骑手的数据进行自我更新与检测，从而变得更加"智能"。

在杜宇向笔者讲述的与系统"斗智斗勇"的故事中，他颇为自豪地说：

"别人取消单子都要赔钱，我就不用。因为我知道系统的漏洞。但是尝试过几次以后这招就不灵了，知道的人越来越多了系统就会测出来。现在系统三天两头就更新了，等你把它摸熟了它就给你改了，系统越来越聪明，我们跟不上它的速度。"

在骑手和平台系统"互相利用"的过程中，骑手与算法技术的主体性与客体性都得到了充分的彰显。然而，我们似乎都认为在数字劳动中，作为底层的数字劳工的主体性越强烈越能与强大的算法相抗衡，但人的主体性有时也会与其初衷背道而驰。透过杜宇讲述的"为什么钻空子的招数会失灵"的经历，我们可以看到，一方面是因为系统对数据的识别，而另一方面却是因为同行的举报。不钻空子的同行因为得不到钻空子的好处（比如接不到单、被罚更多的钱），会向平台举报违规的操作，平台立即将系统优化更新和修复。这其实也是骑手利用算法的技术权力规制骑手自身的一种体现，在此过程中，骑手的主体性确实得以彰显，但不是为了抵抗技术的规制，而是为了削弱自身的主体性助力技术主体性的成长。

在此环节中，传统驯化理论中的"纳入"在智媒时代解构为"互相利用"。且一旦"利用"，就会有"主体性"，所以此环节的驯化张力较强。在"道高一尺，魔高一丈"的互相利用中，主客体性融为一体，驯化与反驯化齐头并进，两种力量的博弈在此环节中达到巅峰。

---

[1] 孙萍：《算法化生存：技术、人与主体性》，《探索与争鸣》2021年第3期，第16－18页。

表 4　传统驯化理论与驯化理论 2.0“纳入”环节对比分析

| 异　同 | 传统驯化理论 | 驯化理论 2.0 |
|---|---|---|
| 步骤 | 纳入 | 彼此利用 |
| 方向 | 单向：人对技术 | 双向：人对技术与技术对人 |
| 主体性 | 人占据绝对主体 | 人和技术都具有主体性 |
| 适用情境 | 时间层面 | 时间、谋生、策略性地使用 |
| 驯化张力 | 强 | 强 |

## 五、发现与总结

回到本文的第一个研究问题：平台化的数字生产在何种程度上重新演绎并拓展了驯化理论的情境脉络？本文认为，诞生于电视媒介时代的驯化理论在智媒时代发生了解构与重构：传统驯化理论中的四个环节——占用、客体化、纳入和转换在当下的平台技术背景下被演绎为“部分占有、半主体化和互相利用”三个彼此相连的过程和环节。两者核心的区别在于：传统驯化理论认为，人是驯化的、拥有主体性的一方，而媒介是被驯化的、不具备主体性的一方；在智媒时代，驯化不再是单向度的，而是双向的、流动的、同时发生的，媒介不再处于完全“被驯化”的客体地位，而具有了“反驯化”的主体性，驯化的维度也不应局限于所有权、空间性与时间性的视野中，而应该外延到人与技术的使用过程中。

另外，与传统驯化理论相同的是，此三个环节是非线性或者说是同时发生的。Haddon 认为“这些（驯化理论的四个）步骤可能互相冲突，也可能中途放弃”[1]。我们的田野调查发现，部分占有、半主体化和互相利用的三个步骤并不互相冲突，而表现为互为依托、层层递进的关系。在算法中介化的劳动过程中，技术的主体与客体界线越来越模糊，同时驯化与反驯化的张力呈现出由弱至强的趋势。

[1] Haddon L：“The contribution of domestication research to in-home computing and media consumption”, *The Information Society: an International Journal*, 2006, 22, pp. 195 - 203.

因此，本文在传统驯化理论的框架下，结合智媒时代的媒介特点，提出"驯化理论 2.0"，以期在一定程度上发展传统驯化理论：第一，驯化理论 2.0 将作为虚体的媒介技术纳入其中，而不仅仅局限于作为实体的媒介器物。第二，驯化理论 2.0 脱离了单纯的人类中心主义视角，在肯定人类主体性的同时，纳入技术的主体性。事实上，在驯化理论提出之前，法国哲学家雅克·埃吕尔在 20 世纪 50 年代出版《技术——世纪之赌》一书，阐明"技术自主"的强技术决定论思想；而后，美国技术哲学家兰登·温纳于 20 世纪 70 年代在埃吕尔的基础上，提出"自主技术"的概念。在温纳的《自主的技术：失控的技术作为一个政治思想的主题》[1]一书中指出，技术具有自主性，但这不同于埃吕尔的"技术绝对自主"，温纳认为是"技术相对自主"[2]。他强调："我们叫作技术的东西也是建立世界的方式，许多日常生活中重要的技术装置和系统，包含着多种规范人类活动方式的可能性。社会有意识或者无意识地、蓄意或者非蓄意地因为那些技术而选择了一种结构，它们在很长一段时间内影响人们如何上班、通信、旅行、消费，等等"[3]。第三，驯化理论 2.0 指出，人的主体性与技术的主体性并不是二元对立的，而是可以共存的。埃吕尔不仅忽视了人的主观能动性，甚至认为"在技术的自主性面前没有人的自主性"[4]，驯化理论 2.0 通过对骑手的实证研究证明"在技术的自主性面前人是具有自主性的"，同时，传统驯化理论又过于强调人的自主性，将技术的自主性置于客体化的地位，驯化理论 2.0 肯定两者的自主性，在一定程度上推进了理论的更新。第四，驯化理论 2.0 认为，不仅存在人对技术的单向驯化，还存在技术对人的"反驯化"，认为人与技术的关系不是静止的、单向度的，而是动态的、双向互动的。

研究发现，沿着智媒时代驯化理论的发展脉络，外卖员对媒介技术的认知随着他们对平台系统的熟悉程度而呈现出"工具—雇主—半人半机器化"的趋势。一方面，平台系统作为一种谋生工具，为骑手提供了在城市生存下去的另类可能；另一方面，平台系统也成为骑手心中的老板和雇主，需要用自己的优质表现和数据去

---

[1] Langdon W："*Autonomous Technology: Technics-out-of-Control As a Theme in Political Thought*"，Cambridge Mass：MIT Press，1977.

[2] 郑晓松：《技术自主还是社会建构：技术与社会的关系再思考》，《科学经济社会》2013 年第 2 期，第 166 - 169 页。

[3] 吴国盛：《技术哲学经典读本》，上海交通大学出版社，2008 年。

[4] Jacques E："*The Techological Society*"，New York：Alfred A Knopf，1964.

“迎合”或者“喂养”算法，以达到较高的级别从而获取更丰厚的经济回报。在骑手与算法力量博弈的过程中，算法既是可以被驯服的工具，又是“不敢招惹”的雇主。同时，骑手在将平台算法看作是老板和雇主的过程中，并非对自身“被剥削”的状态一无所知，脱下表面迎合的面具，展露在我们面前的是和平台算法之间的抗争、博弈、协商与妥协。尽管外卖员有很多“街头智慧”去驯化平台算法，但即使是跑单能力强的骑手，在强大的算法技术面前，都甘拜下风。

我们如何从驯化的角度探究人和技术的关系？本文提出技术对人的“反驯化”，意味着今天的智能媒介技术不像传统的电视媒介那样能被人“驯化”，而是具备了“反驯化”的能力，这一方面得益于智能技术的自成长性，另一方面也得益于人的“训练和数据输入”。从某种程度上来说，越来越聪明的媒介技术得益于人工与人工智能的合谋。而回归本文的最终问题——人机关系，既往的研究往往对此进行了界线清晰的二元划分，认为不是人主宰了技术就是技术主宰了人，不管是埃吕尔的“技术是一种环境”，还是温纳的“技术是一种生活方式”，他们的技术本质观从根本上来说，都过于强调技术作为一种独立力量的自主性，其本质上是独立于人类，甚至统治人类的[1]，正如温纳所言：“技术对人类活动而言不仅仅是辅助工具，而且是重塑人类行为及其意义的强大力量。”[2]但通过外卖骑手的研究，我们发现，人与技术的关系是在“驯化”与“反驯化”之间来回流动的，既存在“人驯化了技术”也存在“技术驯化了人”，且两者往往是同时存在的，既要看到技术的主体性，又不能否认人的主体性。而人与技术的关系不是稳定静止的，而是动态博弈并不断达到新的平衡状态。

诚然，算法酝酿出来的新的一系列劳动秩序或多或少地延伸着传统的劳动秩序，同时也在形成自己独特的“算法秩序”，并对外卖员的劳动实践产生文化性与社会性的影响。算法是一种权力，当算法越来越智能的时候，掌握算法技术的人与以外卖骑手为代表的底层数字劳工之间的“权力鸿沟”也会呈现出马太效应，到那个时候，他们又该往何处去？

在研究过程中，笔者非常遗憾没能采访到相关平台的算法工程师，缺少从算法

---

[1] 夏劲、项继光：《埃吕尔与温纳的技术观比较研究》，《自然辩证法研究》2012 年第 1 期，第 40 - 45 页。

[2] Winner L：“*The Whale and the Reactor: a Search for Limits in an Age of High Technolgy*”，Chicago：University of Chicago Press，1986.

的角度探究人机关系的视角和资料补充，因此文章的论证不可避免地存在一些局限性。此外，外卖骑手群体并不是铁板一块，因地域、年龄、学历、性别等因素的差异，骑手认知算法技术的过程、程度和态度会呈现出不同的特点。未来的研究可以将更多的社会结构性因素纳入其中。

# 大学生社交媒体倦怠心理和行为研究

## ——一个社会比较的视角

武　凡　钱　进*

**摘要：** 社交媒体在拥有日渐完善的功能的同时，也面临着用户流失的问题，用户活跃量下降，人均访问、停留时间减少甚至终止使用，社交媒体用户的使用态度和行为都呈现出一定程度的社交媒体倦怠。社会比较认为，个体需要对自身有一个稳定明确的认识，在没有客观的标准进行评估的情况时，个体就会将社会中的其他人作为参照物进行比较。本文以微信为分析案例，以刺激—有机体—反应理论框架建构理论模型为基础，从社会比较和社交媒体使用强度角度探讨社交媒体情境下大学生社交媒体倦怠及对后续不持续使用意向的影响。本文采用调查问卷和深度访谈的方式收集数据，了解微信用户在日常使用社交媒体的态度、情绪、心理等变化过程。研究发现，使用强度与大学生微信用户的倦怠和不持续使用有显著正相关，男性比女性更易产生社交媒体倦怠心理与不持续使用意向，并且社交媒体倦怠在上行社会比较和平行社会比较与不持续使用意向之间有中介作用。

**关键词：** 刺激—有机体—反应理论；社会比较理论；社交媒体倦怠；不持续使用

移动社交媒体为人们提供了能够便捷交流、娱乐沟通和分享的平台，在我们尽情享受社会网络资源的同时，也必须面对在海量信息中筛选有效信息、防止自己的隐私泄漏等风险。曾经盛极一时的国内社交媒体，如微信、微博、豆瓣、知乎，近年

---

*　武凡，上海外国语大学新闻传播学院研究生；钱进，上海外国语大学新闻传播学院副研究员。

来都面临用户流失的问题。2013 年中国互联网络信息中心(CNNIC)的调查报告显示,明显减少使用和略微减少使用社交网站的网民占我国网民整体的比例已经上升至 23.5%。不可否认的是,越来越多的用户对于社交媒体的使用热情出现了下降。微信平台带给人们便捷沟通的同时,也带来了冗余信息和社交的问题。以微信朋友圈为例,部分用户降低发布内容的频率、屏蔽一些朋友的内容,甚至是直接关闭界面上朋友圈入口,再结合目前充斥于微信群的"盖楼""帮砍""拼团"等冗余链接,以及刷屏式的微商广告和跟风式的转发打卡等冗余信息,更扰乱了正常交流沟通的风气,降低用户的使用新鲜感,用户对于平台的不满情绪也逐渐上升。

以上现象在不同程度上折射出社交媒体大量信息流动来的热闹背后的问题——社交媒体催生了用户以不满为代表的负面情绪和意图放弃使用的消极态度。之前有相关的研究指出,社交媒体中普遍存在的社会比较是诱发个体妒忌、焦虑等消极情绪的关键因素,社交媒体的用户对相应平台的使用程度越高,越容易产生上行社会比较,越容易引起一些消极情绪[1]。刺激—有机体—反应理论是心理学的经典理论之一,具体解释了外部环境和条件对用户内心情感反应以及做出的亲近或规避行为。该理论认为,当外部环境因素刺激作用于个体时,会导致其情绪状态发生变化,个体采取行为反应来应对这种刺激。由于前人使用刺激—有机体—反应理论研究网站应用活跃性、网络应用用户流失行为,使用该理论作为本文的理论基础有充足的合理性,可以用来研究社会比较和社交媒体使用强度对社交媒体倦怠的心理和行为影响。

本文将关注用户对社交媒体的使用行为,建构不同方式的社会比较行为、使用强度对社交媒体倦怠以及后续的不持续使用意向的模型,探究社交媒体倦怠情绪的起因及其与用户消极使用之间的关系。

## 一、文 献 回 顾

### (一) 社交媒体语境下的刺激—有机体—反应理论

刺激—有机体—反应模型(Stimuli-Organism-Response, S-O-R)是环境心

[1] 丁倩、张永欣、周宗奎:《社交网站使用与妒忌:向上社会比较的中介作用及自尊的调节作用》,《心理科学》2017 年第 40 卷第 3 期,第 618-624 页。

理学的基础理论之一，由 Mehrabian 和 Russell 提出并广泛运用于行为科学的研究，具体解释了外部环境和条件作为刺激条件，对用户内心情感、认知反应产生的影响，以及做出的亲近或规避行为。如图 1 所示，S-O-R 模型包含三部分，即作为刺激的前因变量、作为有机体的中介变量，以及作为反应行为的结果变量。Mehrabian 等人认为，当个体对外界环境刺激的反应是维持当前状态、继续使用探索或者对当前的环境产生一种归属感时，是亲近行为；当个体对外界刺激的反应是拒绝、放弃或逃离当前环境时，则是规避行为[1]。

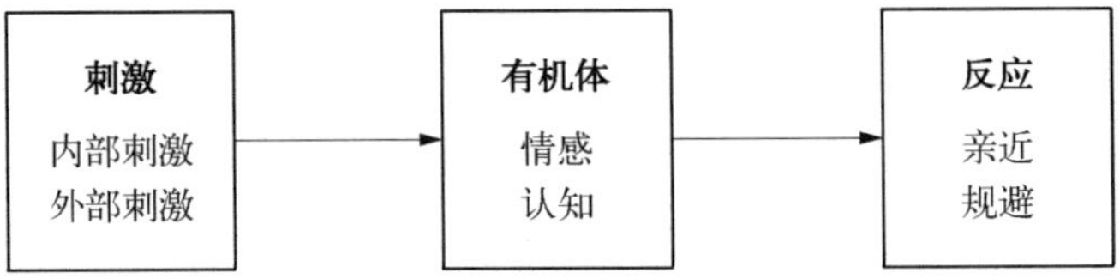


图 1　刺激—有机体—反应理论模型

在社交媒体方面，徐孝娟在原有 S-O-R 理论的基础上进了一步的研究，她认为，社交平台提供的各种社交产品和个性化、针对性的服务，以及由此营造的平台环境氛围等因素共同作为外界刺激，引发了用户的反应。通常，有机体的变化体现在三个层面，即认知层面、物理层面和情感层面，具体细化到社交媒体用户可以表现为三种，即活跃、潜水和流失[2]。Luqman 等人基于 S-O-R 模型，探讨了社交

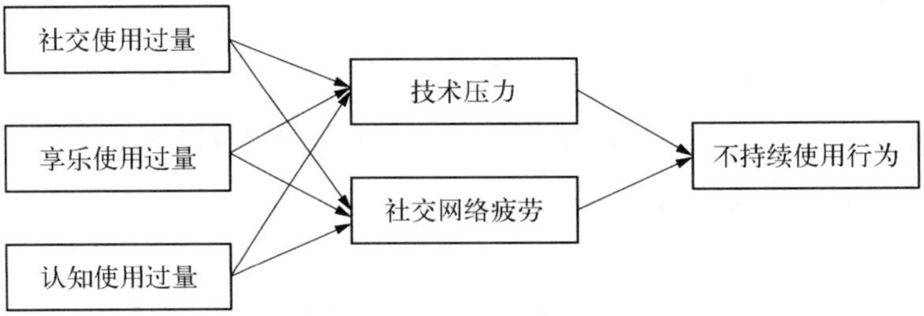


图 2　Luqman 等人的研究结果模型

[1] Mehrabian A, Russell J A: "The basic emotional impact of environments", *Perceptual and Motor Skills*, 1974, 38(1), pp. 283-301.

[2] 徐孝娟，赵宇翔，吴曼丽，等：《S-O-R 理论视角下的社交网站用户流失行为实证研究》，《情报杂志》2017 年第 36 卷第 7 期，第 188-194 页。

网络用户的过度使用，通过影响技术压力和疲劳继而影响不持续使用意愿[1]。

SOR 作为分析用户行为的元理论，已成功应用于在线网络的相关研究中，也有部分应用于网络耗竭、不持续使用、用户流失的相关研究中，揭示了用户行为背后的刺激与心理。基于以上原因和相关文献梳理，本文将刺激—有机体—反应理论应用于社会比较对大学生社交媒体倦怠心理和行为的影响研究中。

**（二）社交媒体倦怠研究**

社交媒体倦怠最初源于医学领域。倦怠（fatigue），又译为疲劳、疲倦，是主观上产生的一种不愉快的疲劳感觉[2]，尽管关于疲倦的研究延伸到各个领域，但学者对倦怠的两种形式基本上达成共识—— 生理疲劳和心理疲劳。生理疲劳主要体现为在从事大强度、长时间的活动时，身体的肌肉产生过度收缩而产生的疲劳状态[3]。心理疲劳则为心理上的、主观的消极情绪，比如精力枯竭、压力、厌倦、焦虑。

目前学界已有从过载理论角度对倦怠情绪的产生进行的研究。Koroleva 等人基于信息过载理论，用定性研究方法探究了 Facebook 平台上传递的大量信息对用户的有关影响，指出该平台上虽然能够为用户提供大量的信息，但同时存在信息价值含量低的问题，因此导致用户选择相关信息的能力受抑制，信息过载现象由此产生[4]。Sasaki 等人以 Twitter 平台为例，研究发现，Twitter 上大量的短消息会给用户带来过载的影响，并且这种信息过载会让用户在使用时产生一定的压力，并且感受到诸如紧张、疲惫、没兴趣等情感[5]。有学者从社交过载理论对倦怠情绪进行研究。Thompson 等人提出了系统功能过载的观点，认为科学技术会给产品增

[1] Luqman X, Cao A A: "You get exhausted from too much socializing? Empirical investigation of facebook discontinues usage intentions based on SOR Paradigm", *Computers in Human Behavior*, 2017.

[2] Langer E J, Piper, A I: "The prevention of mindlessness", *Journal of Personality and Social Psychology*, 1987, *53*(2), pp. 280 - 287.

[3] 周宝宽：《中医疲劳与亚健康研究》，博士学位论文，辽宁中医学院，2003 年。

[4] Koroleva K, Krasnova H, Günther O: "'STOP SPAMMING ME!' — Exploring information overload on Facebook in AMCIS", In Americas Conference on Information Systems, 2010.

[5] Sasaki Y, Kawai D, Kitamura S: "The anatomy of tweet overload: how number of tweets received, number of friends, and egocentric network density affect perceived information overload", *Telematics and Informatics*, 2015, 32(4), pp. 853 - 861.

添更多功能，但是过多的冗余功能意味着用户需要用更多的精力去学习和掌握新的功能，因此可能会给用户带来不必要的负担，导致用户产生消极的情绪[1]。成吉在对微信上用户的社交媒体倦怠产生的原因研究中显示，压力过载体验（系统功能过载、社交过载和信息过载）与情绪枯竭和不持续使用意愿显著正相关，实验中随着被调查者过载体验的增强，其倦怠情绪也随之增高[2]。

除了过载理论以外，也有学者从判断自己能否成功进行某一活动、达到某一成就，即自我效能，以及对于自身的隐私关注来避免隐私泄露等角度对社交媒体倦怠进行了研究。Bright 等人以有限能力模型为基础，研究用户面对社交媒体中大量信息的反应，发现用户的自我效能、社交媒体有用性和社交媒体自信等降低会直接促进倦怠情绪的产生，隐私关注的增加同样促进对倦怠情绪的产生[3]。

当前关于社交媒体使用的研究中，持续使用的研究仍占大多数，不持续使用的研究较少，随着目前用户社交媒体使用量的减少现象的出现，用户的不持续使用意向形成的内在机制有必要引起学界的注意和研究。

根据用户使用行为是否具有持续性，可将其分为两大类：一种是积极的持续使用行为，一种是消极的不持续使用行为。不持续使用意向的定义为用户降低和控制当前的使用频率、短暂中断后继续使用、永久停止使用或注销账户、或向其他社交平台转移的倾向[4-5]。

期望不确认理论有这样一个观点，认为在使用一个产品或者一种服务之前，用户会对其进行一定程度的了解并且对其功能进行预判，产生相应的期待，在实际使用过程中会对其进行评价并与先前的期待进行比较。当用户的预先期望与实际使用体验存在不匹配时，不满意态度随即产生。同样，当实际体验优于期望，满意态

---

[1] Thompson D V, Hamilton R W, Rust R T: "Feature fatigue: when product capabilities become too much of a good thing", *Journal of marketing research*, 2005, 42(4), pp. 431 - 442.

[2] 成吉：《社交媒体倦怠及其成因分析》，硕士学位论文，南京大学，2018 年。

[3] Bright L F, Kleiser S B, Grau S L: "Too much Facebook? an exploratory examination of social media fatigue", *Computers in Human Behavior*, 2015, 44, pp. 148 - 155.

[4] Maier C, Laumer S, Eckhardt A, et al: "When social networking turns to social overload: explaining the stress, emotional exhaustion, and quitting behavior from social network sites' users", *ECIS 2012 Proceedings*, 2012, pp. 71.

[5] Ravindran T, Yeow K A C, Hoe L D G: "Antecedents and effects of social network fatigue", *Journal of the Association for Information Science and Technology*, 2014, 65(11), pp. 2306 - 2320.

度随即产生。因此,许多研究者将态度因素——满意或不满意作为影响用户不持续使用的重要影响因素进行研究。Maier 等人对用户的满意度在使用社交媒体中的作用进行了研究,他以持续使用意向的定义为基础,将不持续使用意向定义为用户主动降低社交平台的使用频率、使用时长,甚至停止使用或者注销平台账号的意向,并且从四个方面对不持续使用意向进行了测度,分析了不持续使用的影响因素,指出不持续使用意向主要来自满意度的降低和情绪衰竭(emotional exhaustion)[1]。

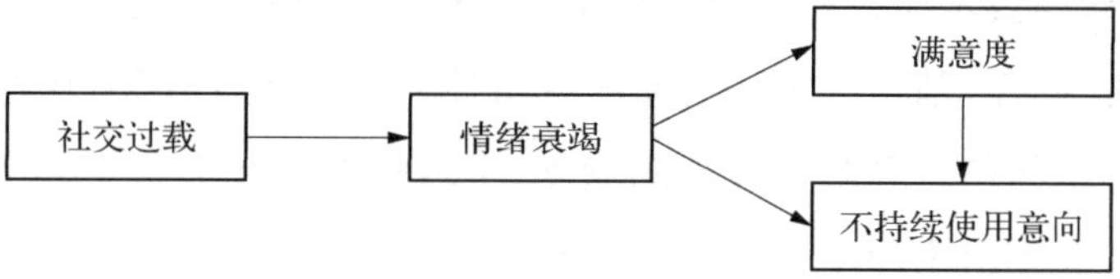


图 3 Maier 等人研究结果模型

Alam 等人基于使用与满足理论、社会交换理论和期望不一致理论这三种理论基础,探讨了期望不一致因素,即关系、娱乐、信息搜寻、易用期望和压力因素,压力因素包括关系失调、使用困难程度、社交网络服务一作冲突、信息过载,以及这些因素对用户的不满意度和不持续使用意愿的影响[2]。Zhang 等人基于过载理论和疲倦理论,在感知—情感—行为意愿模型的基础上来理解社交媒体用户使用行为与决策行为,研究证实了用户的疲倦和不满意态度因素都会对用户的不持续使用意愿产生负面影响[3]。陈娟等人基于期望不一致理论探究了用户对平台的系统质量、信息质量和服务质量的不满意态度和期望不一致程度,发现用户对于平台的不满意态度会促使其产生停止使用的意愿,期望和实际使用不一致差距过大也会促使用户产生退出的意愿[4]。

[1] Maier C, Laumer S, Eckhardt A, et al:"When social networking turns to social overload: explaining the stress, emotional exhaustion, and quitting behavior from social network sites' users", *ECIS 2012 Proceedings*, 2012, pp. 71.

[2] Alam M M, Wagner C:"'Facebook distress': a model to investigate discontinuation of social networking site use", *PACIS 2013 Proceedings*, 2013, pp. 179.

[3] Zhang S Wei, Zhao L, Lu Y Bin, et al:"Do you get tired of socializing? An empirical explanation on discontinuous usage behavior in social network services", *Information & Management*, 2016, 53, (7), pp. 904 - 914.

[4] 陈娟、邓胜利:《移动数字阅读 APP 用户退出意愿的影响因素研究》,《情报科学》2017 年第 35 卷第 3 期,第 128 - 133,151 页。

社交媒体作为新兴的信息沟通技术，其本身的技术属性在很大程度上影响了用户的实际使用体验，实际使用作为关键性行为，影响了用户在使用后的评价和态度等。因此，研究者们也更多地关注技术性因素如何对使用意愿产生影响，已经有学者从技术过载（即社交过载、系统功能过载、信息过载）等角度进行了研究。Luqman 等人基于环境刺激—有机体—反应理论，重点研究外界的环境刺激因素如何对用户的倦怠和不持续使用意向产生影响，他在研究中发现，过度的社交使用、过度的娱乐与技术压力和社交疲劳显著正相关，并进一步促使用户中断使用意图的形成[1]。同样，基于环境—刺激—有机体—反应理论模型，徐孝娟验证了用户对于平台提供的信息和服务等不满意度、平台拥有的社会资本多少以及感知有用性与用户流失和退出使用具有直接关系[2]。

学者亦重视情感因素对用户不持续使用的影响，情感耗竭、压力感等消极情绪对用户的不持续使用的影响作用得到较多研究的检验。刘鲁川基于扎根理论，构建了微信倦怠及消极使用模型，通过实证调查发现，环境因素会导致微信用户产生倦怠情绪，从而引发忽略行为、潜水行为、回避行为、忍耐行为、退出行为和抵制行为等 6 种不持续使用行为[3]。Laumer 等人基于技术接受模型证实了消极情绪如嫉妒（envy）和挫败感（frustration）与用户使用社交媒体的满意度为负相关关系，与不持续使用是负相关关系[4]。

通过梳理与用户不持续使用相关的文献发现，此类研究多集中在社会学领域、心理学领域的经典理论，拓宽了对社交媒体不持续使用的研究范围。但值得注意的是，用户使用社交媒体与外界交流的同时会不可避免地受到社会的影响，但社会性因素在用户对社交媒体的情绪、态度以及后续的使用行为之间的关系并没有

[1] Luqman X, Cao AA: "You get exhausted from too much socializing? Empirical investigation of Facebook discontinues usage intentions based on SOR Paradigm", *Computers in Human Behavior*, 2017.

[2] 徐孝娟、赵宇翔、吴曼丽、朱庆华、邵艳丽：《S－O－R 理论视角下的社交网站用户流失行为实证研究》，《情报杂志》2017 年 36 卷 7 期，第 188－194 页。

[3] 刘鲁川、李旭、张冰倩：《社交媒体用户的负面情绪与消极使用行为研究评述》，《情报杂志》2018 年第 37 卷第 1 期，第 105－113，121 页。

[4] Laumer S, Maier C, Weitzel T, et al: "Drivers and consequences of frustration when using social networking services: a quantitative analysis of Facebook users", *AMCIS2015 Proceedings*, 2015, pp. 39.

得到足够的关注。

### （三）社会比较理论研究

1954年，Festinger提出社会比较理论，该理论认为，个体天生就有对自己所拥有的能力水平和持有的观点态度作出评估的需求，当缺少外界客观的评判标准来帮助个体进行准确的自我评价时，人们就会选择自己身边的人与自己比较，并以此来判断自己的能力和表现，这种能帮助人们减少对自己和他人的不确定性评价[1]。

Wheeler等人首次在社会比较的基础上将其细化出上行社会比较的观点，他认为个体更乐于与比自己社会地位、所处等级、拥有资源更多的人比较，个体有确认自身的水平和能力的需求，因此通过明确自身与他人之间的差距，明确进步的方向和行动的标准，以达到自我进步、自我提高的目的[2]。

Collins提出不同的观点，他认为上行社会比较促进了消极自我评价的产生[3]。他研究发现，在上行比较产生积极或消极效果方面，个体的预判起到了决定性的作用，即当个体预判自己将来会与比较的对象有难以弥补的差距时，就更容易产生消极的对比效果，自卑情绪由此产生，引发个体消极的自我评价。

Wills在前人研究上行比较的基础上研究了下行比较，他认为下行社会比较会帮助个体保持良好的自我感觉。当个体在生活中遇到苦难、失败、或自己无能为力的事件时，个体的尊严、乐观情绪、心理健康水平会有一定程度的降低，此时的个体更容易与所处情景和能力方面比自己差的个体比较，通过更差的他人来维持自身良好的自我感觉和自尊[4]。

---

[1] Festinger L："A theory of social comparison processes", *Human Relations*, 1954, 7(2), pp. 117 - 140.

[2] Wheeler L, Miyake K："Social comparison in everyday life", *Journal of Personality and Social Psychology*, 1992, 62(1), pp. 760 - 773.

[3] Collins R L："For better or worse: the impact of upward social comparisons on self-evaluations. psychological bulletin", *The Proxy Model of Social Comparison for Self-Assessment of Ability*, 1996, 119(1), pp. 51 - 69.

[4] Wills T A："Downward comparison principles in social psychology", *Psychological bulletin*, 1981, 90(2), pp. 245.

### (四) 社会比较与社交媒体使用倦怠

互联网的普及使大部分用户把社交媒体当作与朋友互动的工具,用户通过社交媒体向其他用户展示丰富的个人信息,因此,用户之间相互比较的过程比以往相对容易。以微信为代表的个体基于血缘关系的家人、亲戚或线下交往中结识的同学、朋友而形成的熟人社交平台更易诱发用户之间的社会比较[1]。

由传统的社会比较引发的消极情绪已有学者证实,社会比较伴随着互联网的诞生和发展而逐渐迁移到以网络为媒介的虚拟社会中。随着对网络中的社会比较行为研究不断深入,通过浏览他人在线上公开发布的信息,用户可以将自己的处境、地位、情绪、能力和观点等方面与他人进行比较。Manago 等人在研究用户在 MySpace 和 Facebook 上的自我画像和个人身份展示时证实了社交媒体的使用加强了个人进行社会比较的频率,并且对个人身份产生了消极观念[2]。Haferkamp 等人以社会比较理论为基础,通过深度访谈得出结论,认为作为比较对象的简介头像越吸引人,个人对自我形象的判定就越消极,进而产生消极的自我评价[3]。Krasnova 等人指出,在对 Facebook 持续浏览的过程中,用户会持续接收接受他人积极信息,这种行为增加了个体妒忌情绪[4]。

国内学者对网络上社交比较的研究主要集中在对上行社会比较方面。孙晓军等人以青少年群体为样本开展研究,发现青少年的社交网站使用强度越高,越容易进行上行社会比较行为,并进一步产生嫉妒、抑郁、焦虑等负面情绪,因此上行比较能够给个体情绪带来如焦虑感上升、自信心下降、自卑感上升、浮躁等消极影响[5]。刘鲁川等人基于扎根理论对用户在社交媒体平台上的消极情绪产生因素及其消极使用行为进行研究,发现当用户在社交媒体上接触到他人的积极

---

[1] 郭淑斌、黄希庭:《社会比较的动力:动机与倾向性》,《西南大学学报(社会科学版)》2010 年第 36 卷第 4 期,第 14 - 18 页。

[2] Manago A M, Graham M B, Greenfield P M, Salimkhan G:"Self-presentation and gender on MySpace", *Journal of Applied Developmental Psychology*, 2008, 29, pp. 446 - 458.

[3] Haferkamp N, Kramer N C:"Social comparison 2.0: examining the effects of online profiles on social-networking sites", *Cyberpsychology*, *Behavior and Social Networking*, 2011, 14, pp. 309 - 314.

[4] Krasnova H, Wenninger H, Widjaja T, et al:"Envy on Facebook: a hidden threat to users' life satisfaction", International Conference on Wirtschaft sinformatik, 2013.

[5] 孙晓军、连帅磊、牛更枫:《社交网站使用对青少年抑郁的影响:上行社会比较的中介作用》,《中国临床心理学杂志》2016 年第 1 卷第 24 期,第 32 - 36 页。

信息时，“个人会就自己的信念、态度、意见等与其他人做比较”，并由此产生了焦虑不安、个人成就感低、情绪耗尽等倦怠情绪，并将该影响因素归入个人因素层面[1]。杨喜喜从心理层面探讨了媒体倦怠的影响机制，并构建了以社交媒体使用强度为自变量、倦怠为因变量的模型，个体的使用强度对其倦怠水平具有正向预测作用[2]。

在下行社会比较和平行社会比较方面，当前国内有关研究主要集中在有关中高中生、大学生的教育与自尊、自卑等情绪的研究领域。白学军等人发现下行比较与能力效能和行为效能呈显著性负相关[3]。在媒体倦怠的研究领域，缺少从下行和平行社会比较的角度切入研究，并且在中国社交媒体情境下，探讨社会比较与倦怠这种消极情绪的产生与作用结果既有理论也有现实意义。

## 二、研 究 设 计

### （一）研究问题与假设

通过以上梳理可以发现，之前学者多是从自我效能感、强迫性使用、对隐私问题的担忧、害怕错过心理用户的人格特质、过载角度（信息过载、系统功能过载、社交过载）等视角研究社交媒体倦怠。

以社会比较理论为切入点，并且从不同的比较方式的角度研究和分析社交媒体倦怠的影响因素，以及社交媒体倦怠产生的不持续使用意向方面的研究是本文的创新点。本文将社交媒体倦怠及其成因研究扩展到社会比较视野中，在之前学者研究的基础上，本文提出以下假设：

H1　上行社会比较与用户社交媒体倦怠显著正相关

H2　平行社会比较与用户社交媒体倦怠显著正相关

H3　下行社会比较与用户社交媒体倦怠显著正相关

---

[1] 刘鲁川、李旭、张冰倩：《社交媒体用户的负面情绪与消极使用行为研究评述》，《情报杂志》2018 年第 37 卷第 1 期，第 105－113，121 页。

[2] 杨喜喜：《社交媒体使用强度与社交媒体倦怠：上行社会比较的中介作用》，硕士学位论文，重庆大学，2018 年。

[3] 白学军、刘旭、刘志军：《初中生社会比较在成就目标与学业自我效能感之间的中介效应》，《心理科学》2013 年第 36 卷第 6 期，第 1413－1420 页。

在心理层面，张永欣等人研究发现，使用强度对错失恐惧有正向预测作用，相比于使用强度较低的个体，那些使用更频繁、使用时间更长、更依赖于社交媒体的个体的焦虑程度相对较高（焦虑是错失恐惧的关键表现之一）[1]。基于以上的研究，为探究使用强度对用户倦怠心理和行为的影响，本文提出以下假设：

H4　社交媒体使用强度与社交媒体倦怠显著正相关

作为一种消极的社交媒体使用，不持续使用意向和行为主要包括用户主观控制使用时间、降低使用频率、短暂停止使用后恢复、永久关闭或注销自己的账户、转移到其他社交媒体平台。已有一些研究者试图解释倦怠与不持续使用的正向关系。Maier 等人通过研究发现，当用户受到较高水平的精疲力竭和困扰时，他们更倾向于不再积极使用社交媒体，转而降低使用率[2]。基于以上研究本文提出以下假设：

H5　用户社交媒体倦怠与社交媒体不持续使用意向显著正相关

Maier 等人的研究发现，情绪枯竭在社交过载与满意度、社交过载与社交媒体不持续使用意向之间都起着中介作用。杨喜喜的研究表明，上行社会比较在社交媒体使用强度和倦怠情绪之间发挥着中介作用，即使用强度与倦怠情绪显著正相关，同时使用强度通过上行社会比较同样提高了倦怠情绪。陈昊的研究还发现，作为一种情感的满意度在期望确认度与不持续使用意愿之间发挥着中介作用[3]。受到以上研究的启发，本文试图探索作为一种情绪因素的社交媒体倦怠情绪是否也在使用强度、社会比较和不持续使用意向之间发挥着中介作用，社会比较和使用强度是否都能通过倦怠情绪这种中介因素影响用户的不持续使用行为意向。基于此，本文提出以下研究假设：

H6　社交媒体倦怠在上行社会比较和社交媒体不持续使用意向之间发挥着

---

[1] 张永欣、姜文君、丁倩、洪梦飞：《社会比较倾向与大学生社交网站成瘾：错失恐惧的中介作用》，《中国临床心理学杂志》2019 年第 27 卷第 5 期，第 928－931 页。

[2] Maier C, Laumer S, Weinert C, Weitzel T: "The effects of technostress and switching stress on discontinued use of social networking services: a study of Facebook use", *Information System Journal*, 2015, 3, pp. 275－305.

[3] 陈昊、李文立、柯育龙：《社交媒体持续使用研究：以情感响应 为中介》，《管理评论》2016 年第 28 卷第 9 期，第 61－71 页。

中介作用

H7　社交媒体倦怠在平行社会比较和社交媒体不持续使用意向之间发挥着中介作用

H8　社交媒体倦怠在下行社会比较和社交媒体不持续使用意向之间发挥着中介作用

H9　社交媒体倦怠在社交媒体使用强度和社交媒体不持续使用意向之间发挥着中介作用

通过上文的梳理，本文以刺激—有机体—反应理论模型为基础，构建相应的理论架构，如图 4 所示。

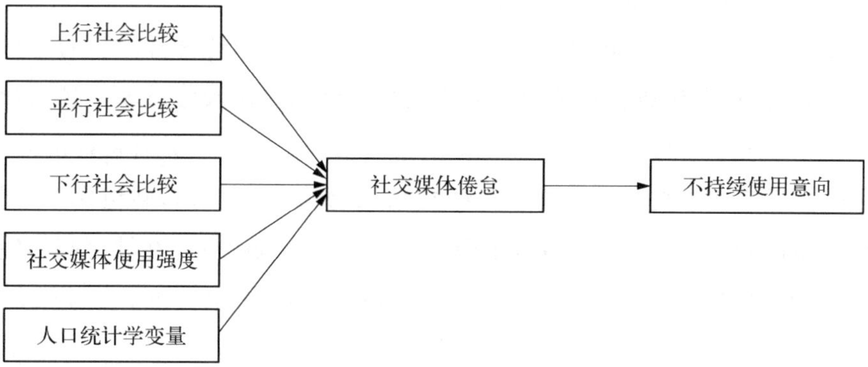


图 4　研究架构

## （二）研究方法

### 1. 调查问卷法

本文的样本选取对象为具有微信使用经验的中国高等院校的大学生（表 1），该群体作为社交媒体主要用户群体之一，其社交媒体注册率、使用率与平台的活跃度和对于新功能的接受度都相对比较高。微信作为建立在熟人基础上的社交媒体，现已成为中国第一大社交媒体。本文选择微信平台进行研究，借以探究社交媒体背景下存在的社交媒体倦怠现象。

本文借助网络问卷调查平台“问卷星”，通过微信朋友圈、群聊、好友私聊等方式发放调查问卷，共收回有效问卷 260 份，剔除无效问卷 18 份，有效问卷为 242 份。

表 1 样本特征统计

| 项　目 | 分　类 |
|---|---|
| 性别 | 男/女 |
| 教育程度 | 大学本科<br>硕士研究生、博士研究生 |
| 专业 | 人文艺术等社会科学<br>自然科学、工程科学、医学与生命科学 |

2. 问卷设计

为了确保量表的可靠性和有效性，本文量表的设计参考了 Gibbons 和 Buunk 编制的爱荷华荷兰社会比较倾向量表，Wheeler、白学军和杨喜喜译制的上行社会比较分量表，徐晓飞和刘旭的平行社会比较和下行社会比较分量表。测量社交媒体强度采用 Ellison 设计的 Facebook 使用强度量表。该量表具有良好的效度，已被之前研究证实。本文问卷将原研究对象 Facebook 改为微信，共包含 4 个问题，包括使用微信的时长、频率、拥有好友数和对微信的依赖程度。在社交媒体倦怠量的测量方面，参考 Bright 和 Lee 的量表。在不持续使用方面，参考张淑玮和 Ravindran 的量表，具体内容见表 2。

表 2 自变量、控制变量、中介变量、因变量

| | | |
|---|---|---|
| 自变量 | 社交媒体使用强度 | 使用微信使用时长、频率、拥有好友数、对微信的依赖程度 |
| | 上行社会比较 | 从成就、事件完成度、应对困难和自我评价等角度进行社会比较 |
| | 平行社会比较 | |
| | 下行社会比较 | |
| 中介变量 | 社交媒体倦怠 | 对社交媒体所产生的疲倦、厌烦和低兴趣等消极情绪 |
| 因变量 | 不持续使用意向 | 控制使用、降低使用频率、短暂中断、转移等 |
| 控制变量 | 人口统计学变量 | 性别、学历、学科专业 |

根据以上变量设计调查问卷，在微信使用强度共设置 4 项(表 3)。

表 3　社交媒体使用强度量表

| 变　量 | 题　项 |
| --- | --- |
| 对微信的依赖程度 | 使用微信已经成为我日常生活不可分割的一部分 |
| 使用微信的时间 | 您使用微信的时间已有（　） |
| 微信好友数量 | 您在微信上拥有的好友数（　） |
| 每天使用微信的时长 | 在过去一周，您平均每天使用的微信时长（　） |

在社会比较部分，通过梳理相关文献，发现社会比较分为上行、平行和下行社会比较（表 4）。

表 4　社会比较量表

| 变　量 | 题　项 |
| --- | --- |
| 上行社会比较 | 每当想要确认一件事完成的怎么样，我经常将自己与微信中比较优秀的人比较 |
| | 每当考虑自己能否胜任某件事时，我经常将自己与微信中比较优秀的人比较 |
| | 当遇到不顺时，我时常想要了解微信中比我优秀的人是如何应对的 |
| | 当我想要评价自己当前的生活或学习情况时，我常与微信中比我优秀的人比较 |
| 平行社会比较 | 每当想要确认一件事完成得怎么样时，我经常与自己差不多的人比较 |
| | 每当考虑自己能否胜任某件事时，我经常将与自己情况差不多的人比较 |
| | 当遇到不顺时，我时常想要了解和我情况差不多的人是如何应对的 |
| | 当我评价自己当前的生活或学习情况时，我常与微信好友中比差不多的人比较 |
| 下行社会比较 | 每当想要确认一件事完成的怎么样时，我时常与微信中不如自己优秀的人比较 |
| | 每当考虑自己能否胜任某件事时，我经常与微信中不如自己优秀的人比较 |
| | 当遇到不顺时，我时常想要了解微信中那些不如我的人是如何应对的 |
| | 当我评价自己当前的生活或学习情况时，我常与微信中不如我的人比较 |

在社交媒体倦怠部分，共设置5个问题(表5)。

表5　社交媒体倦怠量表

| 变　量 | 题　　项 |
|---|---|
| 社交媒体倦怠 | 在使用微信后，我有时候会感到疲惫不堪，无法专注 |
| | 我经常会被微信中的提醒、消息推送所打扰，感到心神不宁，疲于应付 |
| | 在使用微信后，我有时候会花时间去调整自己的精神状态 |
| | 有时我对微信上是否有新的事情发生(包括公众号推送、朋友圈、消息等)并不是很感兴趣 |

在不持续使用部分，包括控制使用、降低使用频率、短暂中断和转移4个维度，设置4个问题(表6)。

表6　不持续使用量表

| 变　量 | 题　　项 |
|---|---|
| 控制使用 | 有时我会控制自己的微信使用行为，比如查看消息、刷朋友圈、查看公众号等 |
| 降低使用频率 | 我会尽量少使用微信，比如查看消息、刷朋友圈、查看公众号等 |
| 转移 | 我会更多地使用微信上的其他功能(如搜索、支付)，而不是社交功能(如朋友圈、查看公众号) |
| 中断 | 有时我会想要停止使用微信一段时间，休息一下 |

## 三、研究发现

### (一) 大学生用户描述性资料分析

本文调查问卷的第一部分是对样本人口的基本人口统计要素进行调查，主要包括性别、学历、学科。基于分析结果，判断样本数据是否符合要求，为后续对样本数据进行更深入的数据分析打下基础。对样本的基本信息统计情况如表7所示。

表7 人口统计特征描述统计

| 样本特征 | 分类 | 频次 | 百分比 |
|---|---|---|---|
| 性别 | 男 | 84 | 33% |
| | 女 | 168 | 67% |
| 学历 | 大学本科 | 166 | 66% |
| | 硕士研究生 | 74 | 29% |
| | 博士研究生 | 12 | 5% |
| 学科 | 人文艺术 | 62 | 25% |
| | 社会科学 | 119 | 47% |
| | 自然科学 | 30 | 12% |
| | 工程科学 | 32 | 13% |
| | 医学与生命科学 | 9 | 3% |

1. 性别对社交媒体倦怠、不持续使用意向的差异检验(表8)

表8 性别对社交媒体倦怠、不持续使用意向的差异检验

| 组统计 | | | | | |
|---|---|---|---|---|---|
| 差异项 | 性别 | 个案数 | 平均值 | 标准差 | 标准误差平均值 |
| 社交媒体倦怠 | 男 | 82 | 3.360 | 1.043 | 0.115 |
| | 女 | 159 | 3.025 | 1.024 | 0.081 |
| 不持续使用意向 | 男 | 82 | 3.229 | 1.128 | 0.125 |
| | 女 | 159 | 3.093 | 1.060 | 0.084 |

| 独立样本检验 | | | | | |
|---|---|---|---|---|---|
| 差异项 | t | 自由度 | 显著性(双尾) | 平均值差值 | 标准误差差值 |
| 社交媒体倦怠 | 2.389 | 239 | 0.018 | 0.335 | 0.140 |
| 不持续使用意向 | 0.922 | 239 | 0.357 | 0.136 | 0.147 |

采用独立样本检验，从表中可以看出：性别对社交媒体倦怠的差异分析的显著性小于0.05（$P<0.05$），说明社交媒体倦怠在不同性别的情况下有显著差异。男性的社交媒体倦怠平均值（3.360）高于女性（3.025），说明社交媒体使用强度越高，男性相比女性更容易产生社交媒体倦怠。

性别对不持续使用意向的差异分析的显著性大于0.05（$P>0.05$），说明不持续使用意向在不同性别的情况下没有显著差异。

2. 学历对社交媒体倦怠、不持续使用意向的差异检验

表9 学历对社交媒体倦怠、不持续使用意向的差异检验

| 差异项 | | 平方和 | 自由度 | 均方 | $F$ | 显著性 |
|---|---|---|---|---|---|---|
| 社交媒体倦怠 | 组间 | 4.866 | 2 | 2.433 | 2.272 | 0.105 |
| | 组内 | 254.852 | 238 | 1.071 | | |
| | 总计 | 259.718 | 240 | | | |
| 不持续使用意向 | 组间 | 4.421 | 2 | 2.211 | 1.897 | 0.152 |
| | 组内 | 277.297 | 238 | 1.165 | | |
| | 总计 | 281.718 | 240 | | | |

采用独立样本检验，从表9中可以看出：学历对社交媒体倦怠、不持续使用意向的差异分析的显著性大于0.05（$P>0.05$），说明社交媒体倦怠、不持续使用意向在不同学历的情况下没有显著差异。

3. 学科专业对社交媒体倦怠、不持续使用意向的差异检验

表10 学科专业对社交媒体倦怠、不持续使用意向的差异检验

| 差异项 | | 平方和 | 自由度 | 均方 | $F$ | 显著性 |
|---|---|---|---|---|---|---|
| 社交媒体倦怠 | 组间 | 1.621 | 4 | 0.405 | 0.370 | 0.830 |
| | 组内 | 258.098 | 236 | 1.094 | | |
| | 总计 | 259.718 | 240 | | | |

（续表）

| 差异项 | | 平方和 | 自由度 | 均方 | $F$ | 显著性 |
|---|---|---|---|---|---|---|
| 不持续使用意向 | 组间 | 3.056 | 4 | 0.764 | 0.647 | 0.630 |
| | 组内 | 278.663 | 236 | 1.181 | | |
| | 总计 | 281.718 | 240 | | | |

采用独立样本检验，从表10中可以看出：学科对社交媒体倦怠、不持续使用意向的差异分析的显著性大于0.05（$P>0.05$），说明社交媒体倦怠、不持续使用意向在不同学科的情况下没有显著差异。

### （二）微信使用强度对社交媒体倦怠心理与行为的相关性分析

表11展示了微信使用的描述性统计。

表11 微信使用情况的描述性统计

| 微信使用情况 | | 频次 | 百分比 |
|---|---|---|---|
| 微信上拥有的好友数 | 100及以下 | 57 | 23% |
| | 100～300个 | 120 | 47% |
| | 301～500个 | 47 | 19% |
| | 500个以上 | 28 | 11% |
| 微信使用时间 | 1年以下 | 26 | 10% |
| | 1～3年 | 70 | 28% |
| | 4～6年 | 107 | 42% |
| | 7年以上 | 49 | 20% |
| 平均每天使用的微信时长 | 1小时及以下 | 46 | 18% |
| | 1～2小时 | 83 | 33% |
| | 2～3小时 | 48 | 19% |
| | 3～4小时 | 75 | 30% |
| 微信是生活不可分割的一部分 | 非常符合 | 124 | 49% |
| | 比较符合 | 93 | 37% |

（续表）

| 微信使用情况 | | 频　次 | 百分比 |
|---|---|---|---|
| 微信是生活不可分割的一部分 | 不确定 | 23 | 9% |
| | 比较不符合 | 9 | 3% |
| | 非常不符合 | 3 | 2% |

为了探究微信使用强度对社交媒体倦怠心理的影响，笔者进行了相关性分析和回归分析。微信使用强度对社交媒体倦怠心理的影响都属于连续性变量，可以使用皮尔逊系数检验这两者间的相关性应（表 12）。

表 12　微信使用强度对社交媒体倦怠心理的影响的相关性分析

| 相　关　项 | | 使用强度 | 倦　怠 |
|---|---|---|---|
| 社交媒体使用强度 | 皮尔逊相关性 | 1 | 0.202** |
| | Sig.（双尾） | | 0.002 |
| 社交媒体倦怠 | 皮尔逊相关性 | 0.202** | 1 |
| | Sig.（双尾） | 0.002 | |

注：** 表示在 0.01 水平（双尾）上显著相关。

微信使用强度与社交媒体倦怠的显著性水平小于 0.05，说明两者存在相关关系。

为了进一步探究微信使用对社交媒体倦怠的影响，将微信使用强度作为自变量，将倦怠作为因变量，进行回归分析，结果如表 13 所示。

表 13　微信使用强度与社交媒体倦怠的回归分析

| 系　数 a | | | | | | | |
|---|---|---|---|---|---|---|---|
| 模　型 | 未标准化系数 | | 标准化系数 | *t* | 显著性 | B 的 95.0%置信区间 | |
| | *B* | 标准错误 | Beta | | | 下限 | 上限 |
| （常量） | 1.774 | 0.246 | | 7.216 | 0.000 | 1.290 | 2.258 |
| 使用强度 | 0.330 | 0.104 | 0.202 | 3.184 | 0.002 | 0.126 | 0.534 |

根据表中数据得出，显著性水平小于0.05，说明社交媒体使用强度与社交媒体倦怠呈显著正相关，假设H4成立。

表14 倦怠相关性

| 相关项 | | 倦怠 | 您使用微多长时间了 | 您在微信上拥有的好友数 | 在过去一周，您平均每天使用的微信时长 | 使用微信已经成为生活不可分割的一部分 |
|---|---|---|---|---|---|---|
| 使用微信多长时间了 | 皮尔逊相关性 | 0.184** | 1 | 0.471** | 0.500** | −0.206** |
| | Sig.（双尾） | 0.004 | | 0.000 | 0.000 | 0.001 |
| 在微信上拥有的好友数 | 皮尔逊相关性 | 0.119 | 0.471** | 1 | 0.456** | −0.098 |
| | Sig.（双尾） | 0.065 | 0.000 | | 0.000 | 0.129 |
| 过去一周，您平均每天使用的微信时长 | 皮尔逊相关性 | 0.032 | 0.500** | 0.456** | 1 | −0.261** |
| | Sig.（双尾） | 0.621 | 0.000 | 0.000 | | 0.000 |
| 使用微信已经成为我日常生活不可分割的一部分 | 皮尔逊相关性 | 0.178** | −0.206** | −0.098 | −0.261** | 1 |
| | Sig.（双尾） | 0.006 | 0.001 | 0.129 | 0.000 | |

注：**表示在0.01水平（双尾）上显著相关。

为进一步探究使用微信的时间、每天使用微信的时长、微信好友数量、对微信的依赖程度分别对社交媒体倦怠的影响，需要对微信使用维度的4个问题项单独进行皮尔逊相关性分析。研究中发现，微信使用年限和微信依赖程度两项 $p<0.05$，与社交媒体倦怠的产生呈显著正相关（表14）。

### （三）社会比较与社交媒体倦怠心理与行为的相关性分析

本文采用SPSS中皮尔逊相关性检测法检验社会比较行为对用户社交媒体倦怠、社交媒体使用强度对倦怠、倦怠对不持续使用意向的相关关系。皮尔逊相关系数是一个线性相关的系数，反映两个量之间的线性相关程度的。结果的取值区间为[−1, 1]。−1表示完全的负相关，+1表示完全的正相关，0表示没有线性相关，通常情况下数值越大表示变量的相关强度越高。

表 15 相关性分析

| 相关项 | | 社会媒体倦怠感 | 上行社会比较 | 平行社会比较 | 下行社会比较 | 不持续使用意向 |
|---|---|---|---|---|---|---|
| 社会媒体倦怠感 | 皮尔逊相关性 | 1.000 | | | | |
| 上行社会比较 | 皮尔逊相关性 | 0.576** | 1.000 | | | |
| 平行社会比较 | 皮尔逊相关性 | 0.525** | 0.771** | 1.000 | | |
| 下行社会比较 | 皮尔逊相关性 | 0.511** | 0.642** | 0.603** | 1.000 | |
| 不持续使用意向 | 皮尔逊相关性 | 0.579** | 0.460** | 0.431** | 0.362** | 1.000 |

对表 15 数据具体分析可知：

上行社会比较行为和社会媒体倦怠感之间的相关系数值为 0.576，并且呈现出<0.001 水平的显著性，因而说明上行社会比较行为和用户社交媒体倦怠感之间有着显著的正相关关系，假设 H1 成立。

中行社会比较行为和社会媒体倦怠感之间的相关系数值为 0.525，并且呈现出<0.001 水平的显著性，因而说明中行社会比较行为和用户社交媒体倦怠感之间有着显著的正相关关系，假设 H2 成立。

下行社会比较行为和社会媒体倦怠感之间的相关系数值为 0.511，并且呈现出<0.001 水平的显著性，因而说明下行社会比较行为和用户社交媒体倦怠感之间有着显著的正相关关系，假设 H3 成立。

用户社交媒体倦怠和不持续使用意向之间的相关系数值为 0.579，并且呈现出<0.001 水平的显著性，因而说明用户社交媒体倦怠感和不持续使用意向之间有着显著的正相关关系，假设 H5 成立。

**（四）社交媒体倦怠的中介作用检验**

如果自变量 $X$ 通过影响变量 $M$ 来影响 $Y$，则称 $M$ 为中介变量。本文所讨论的模型中，自变量（$X$）是社交媒体使用强度、上行社会比较、平行社会比较和下行社会比较，中介变量（$M$）为社交媒体倦怠，因变量（$Y$）为不持续使用意向。本文使用 SPSS 中的线性回归实现中介效应的分析，逐步检验系数的显著性。

1. 社交媒体倦怠在微信使用强度对不持续使用意图关系中的中介作用检验

通过表16可知,模型1整体达到 $p<0.05$ 的显著性水平,微信使用强度的回归系数为0.239,$p<0.05$,说明微信使用强度对不持续使用意向有正向的影响。模型2研究微信使用强度对社交媒体倦怠感的影响,微信使用强度的回归系数为0.330,$p<0.05$,说明微信使用强度对社交媒体倦怠感存在正向影响。模型3将微信使用强度和社交媒体倦怠感作为自变量,不持续使用意向作为因变量放进方程,使用强度的显著性上升且回归系数由0.239下降到0.066,说明本研究中社交媒体倦怠在微信使用强度对不持续使用意图的关系中起到部分中介作用。

表16 社交媒体倦怠在微信使用强度对不持续使用意图关系中的中介作用检验

| 模型 | | 非标准化系数 | | 标准化系数 | $t$ | 显著性 |
|---|---|---|---|---|---|---|
| | | $B$ | 标准错误 | Beta | | |
| 1 | (常量) | 1.784 | 0.228 | | 7.822 | 0.000 |
| | 使用强度 | 0.239 | 0.096 | 0.159 | 2.485 | 0.014 |
| 2 | (常量) | 1.774 | 0.246 | | 7.216 | 0.000 |
| | 使用强度 | 0.330 | 0.104 | 0.202 | 3.184 | 0.002 |
| 3 | (常量) | 0.854 | 0.208 | | 4.104 | 0.000 |
| | 使用强度 | 0.066 | 0.081 | 0.044 | 0.812 | 0.418 |
| | 倦怠 | 0.524 | 0.050 | 0.570 | 10.570 | 0.000 |

上文假设H9,社交媒体倦怠在社交媒体使用强度和社交媒体不持续使用意向之间发挥着中介作用,因此假设成立。

2. 社交媒体倦怠感在上行社会比较对不持续使用意图关系中的中介作用检验

通过表17可知,模型1整体达到 $p<0.05$ 的显著性水平,上行社会比较的回归系数为0.406,$p<0.05$,说明上行社会比较对不持续使用意向评分有正向的影响。模型2研究上行社会比较对社交媒体倦怠感的影响,微信使用强度的回归系

数为 0.552，$p<0.05$，说明上行社会比较对社交媒体倦怠感评分有正向的影响。模型 3 将上行社会比较和社交媒体倦怠感作为自变量，不持续使用意向作为因变量放进方程，上行社会比较的回归系数由 0.406 下降至 0.167，所以本研究中社交媒体倦怠感在上行社会比较对不持续使用意图的关系中起到中介作用。

表 17　社交媒体倦怠感在上行社会比较对不持续使用意图关系中的中介作用检验

| 模　型 | | 非标准化系数 | | 标准化系数 | $t$ | 显著性 |
|---|---|---|---|---|---|---|
| | | $B$ | 标准错误 | Beta | | |
| 1 | （常量） | 1.346 | 0.133 | | 10.115 | 0.000 |
| | 上行社会比较 | 0.406 | 0.051 | 0.460 | 8.007 | 0.003 |
| 2 | （常量） | 1.188 | 0.133 | | 8.929 | 0.000 |
| | 上行社会比较 | 0.552 | 0.051 | 0.576 | 10.898 | 0.000 |
| 3 | （常量） | 0.832 | 0.139 | | 5.995 | 0.000 |
| | 上行社会比较 | 0.167 | 0.056 | 0.189 | 2.983 | 0.015 |
| | 倦怠 | 0.432 | 0.058 | 0.469 | 7.392 | 0.000 |

上文假设 H6，社交媒体倦怠在上行社会比较和社交媒体不持续使用意向之间发挥着中介作用，因此假设成立。

3. 社交媒体倦怠感在平行社会比较对不持续使用意图关系中的中介作用检验

通过表 18 可知，模型 1 整体达到 $p<0.05$ 的显著性水平，平行社会比较的回归系数为 0.413，$p<0.05$，说明平行社会比较对不持续使用意向评分有正向的影响。模型 2 研究平行社会比较对社交媒体倦怠感的影响，平行社会比较的回归系数为 0.547，$p<0.05$，说明平行社会比较对社交媒体倦怠感评分有正向的影响。模型 3 将平行社会比较和社交媒体倦怠感作为自变量，不持续使用意向作为因变量放进方程，平行社会比较的回归系数由 0.413 下降至 0.168，所以本研究中社交媒体倦怠感在平行社会比较对不持续使用意图的关系中起到中介作用。

表 18　社交媒体倦怠感在平行社会比较对不持续使用意图关系中的中介作用检验

| 模型 | | 非标准化系数 | | 标准化系数 | $t$ | 显著性 |
|---|---|---|---|---|---|---|
| | | B | 标准错误 | Beta | | |
| 1 | （常量） | 0.358 | 0.142 | | 0.598 | 0.000 |
| | 平行社会比较 | 0.413 | 0.056 | 0.431 | 0.379 | 0.000 |
| 2 | （常量） | 0.241 | 0.145 | | 0.560 | 0.000 |
| | 平行社会比较 | 0.547 | 0.057 | 0.525 | 0.536 | 0.000 |
| 3 | （常量） | 0.802 | 0.144 | | 0.571 | 0.000 |
| | 平行社会比较 | 0.168 | 0.059 | 0.175 | 0.871 | 0.004 |
| | 倦怠 | 0.448 | 0.056 | 0.487 | 0.967 | 0.000 |

上文假设 H7，社交媒体倦怠在平行社会比较和社交媒体不持续使用意向之间发挥着中介作用，因此假设成立。

4. 社交媒体倦怠感在下行社会比较对不持续使用意图关系中的中介作用检验

表 19　社交媒体倦怠感在下行社会比较对不持续使用意图关系中的中介作用检验

| 模型 | | 非标准化系数 | | 标准化系数 | $t$ | 显著性 |
|---|---|---|---|---|---|---|
| | | B | 标准错误 | Beta | | |
| 1 | （常量） | 0.591 | 0.134 | | 11.860 | 0.000 |
| | 下行社会比较 | 0.262 | 0.044 | 0.362 | 6.009 | 0.000 |
| 2 | （常量） | 1.395 | 0.134 | | 10.375 | 0.000 |
| | 下行社会比较 | 0.402 | 0.044 | 0.511 | 9.191 | 0.000 |
| 3 | （常量） | 0.907 | 0.141 | | 6.434 | 0.000 |
| | 倦怠 | 0.490 | 0.056 | 0.533 | 8.697 | 0.000 |
| | 下行社会比较 | 0.065 | 0.044 | 0.090 | 1.473 | 0.142 |

通过上表可知,模型 1 整体达到 $p<0.05$ 的显著性水平,下行社会比较的回归系数为 0.262,$p<0.05$,说明下行社会比较对不持续使用意向评分有正向的影响。模型 2 研究下行社会比较对社交媒体倦怠感的影响,下行社会比较的回归系数为 0.402,$p<0.05$,说明下行社会比较对社交媒体倦怠感评分有正向的影响。模型 3 将下行社会比较和社交媒体倦怠感作为自变量,不持续使用意向作为因变量放进方程,下行社会比较的回归系数由 0.262 上升至 0.490,所以本研究中社交媒体倦怠感在下行社会比较对不持续使用意图的关系中不起到中介作用。

上文假设 H8,社交媒体倦怠在下行社会比较和社交媒体不持续使用意向之间发挥着中介作用,因此假设不成立。

## 四、结　论

研究发现,人口学特征,如性别、受教育程度和所学专业等在社交媒体倦怠、不持续使用意向上没有显著差异。社交媒体使用强度与社交媒体倦怠呈显著正相关,微信使用年限和微信依赖程度与社交媒体倦怠的产生呈显著正相关。在社会比较与社交媒体倦怠方面,上行社会比较行为和用户社交媒体倦怠感之间有着显著的正相关,中行社会比较行为和用户社交媒体倦怠感之间有着显著的正相关,下行社会比较行为和用户社交媒体倦怠感之间有着显著的正相关,用户社交媒体倦怠感和不持续使用意向之间有着显著的正相关。在社交媒体倦怠的中介作用检验上,社交媒体倦怠在社交媒体使用强度和社交媒体不持续使用意向之间发挥着中介作用,社交媒体倦怠在上行社会比较、平行社会比较和社交媒体不持续使用意向之间都发挥着中介作用,而在下行社会比较上起到不起到中介作用。

由于研究时间和人际圈子等原因的限制,样本层次的多样性方面存在不足,并未覆盖所有用户群体,仍存在样本群体单一的问题。不同年龄段和社会分工的人群,比如中年人群体、老年人群体,从事不同职业的人群可能会在社交媒体使用程度、不同方式的社会比较方面、所受到的心理影响因素方面,都与大学生群体存在一定程度的差异,表现出的社交媒体倦怠程度及不持续使用意向也可能会存在不同。建议未来的研究可以扩大样本范围,涵盖更多的年龄层次,以及将不同社会分工、不同地域的人群并进行对比。此外,本研究选取微信只能代表一种类型的社交网络。除微信之外，目前较为流行的社交媒体还有以文字和图片为主的微博、知乎、豆瓣、绿洲，以日常交流为主的QQ，和以视频为主的抖音、快手等新型平台，这些平台的用户是否也存在社会比较、社交媒体倦怠或不持续使用意向，以微信为研究对象的本研究结果是否适用于其他类型的社交媒体，都有待进一步研究和探讨。

# 注意力在场：人本主义视角下数字技术时代的在场论探讨

张　华　姚雯青*

**摘要**：随着媒介技术的发展，人在传播活动中的在场方式也在不断改变。本文在分析不同阶段在场方式的特征方面，试图描述传播中在场概念的流变，并探求不同在场形式的存在价值。研究发现，从身体在场到符号在场再到数字在场，是一个具身逐渐抽离的过程，符号在场的价值在于实现传者身体的抽离，数字在场的价值在于实现受传双方具身的抽离。但数字在场强调的是技术主导下的在场方式，人在其中已然缺位，同时这一概念也模糊了人与人工智能的差异。在此基础上，本文对数字时代在场方式进行了深入探讨，提出了"注意力"在场的观点，重新回归"人本主义"的价值立场。

**关键词**：在场；身体在场；数字在场；注意力

互联网、虚拟现实和人工智能等新兴技术重塑了我们与世界交流的方式，改变了人们感知世界的方式，也塑造了人类在传播活动中在场的新方式。约翰·杜翰姆·彼得斯曾发问："在人类的交流中，身体能够在多大程度上保持缺席？"面对如今物质身体被数字技术解构从而逐渐退出传播活动的情况，他的发问在今天将转化为对人类在场方式如何进一步改变的追问[1]。20 世纪末到 21 世纪初，传播学对身体的讨论有过一段寂静。当技术的发展带来了不同的感知方式和在场方式

---

*　张华，上海师范大学影视传媒学院教授、副院长；姚雯青，上海杉达学院教师。

[1]　谭雪芳：《图形化身、数字孪生与具身性在场：身体-技术关系模式下的传播新视野》，《现代传播（中国传媒大学学报）》2019 年第 41 卷第 8 期，第 64－70，79 页。

后，身体在传播活动中的地位也产生了新的变化，由此，在场问题开始重回传播学研究视野。

对在场问题的讨论，也是关于传播活动中身体发挥多大价值的讨论。有学者认为，信息的生产与传递普遍依赖人，因此大众媒介时代，传播依旧与人的身体实践密切相关[1]。这样的看法是将身体的定义扩大到了人的实际活动范畴。另外一些学者认为，物质性身体是媒介实践活动的基础[2]，需要明确一点，当谈到实际的实践活动时，已经涉及了社会劳动的范畴，劳动的主体是人，因此活动必然离不开物质性的身体。这一观点中的人或身体往往是生物性上的身体，这也成为本文展开讨论的基础。在此基础上，人作为主体所开展的传播活动是对基于各种媒介形式的传播时间的抽象概括，尤其是在互联网时代人类所采取的各种形式的传播活动。

随着媒介技术的发展，人生物性的身体可以在传播环节中逐渐缺席，产生新的在场方式——数字在场。此时的在场是在同一的时空范畴内，数字化的手段对人思想意识的外化表达，并由此产生交互作用。这一概念的提出对于在场理论有着重要作用，是数字技术造就人类交流的现实图景，也是作为主体的人被异化的必然表达。在这一概念中，数字技术手段成为人存在的符号标记，成为人这一主体的“代言者”，似乎在一定的时空内完成了人的生物主体与意识思维的二元切割。但技术所带来的数字在场仅仅是在场的一种外在表象，其背后的人的主体性依然值得进一步探讨和深究。

## 一、“在场”概念之辩

“在场”(anwesen)即显现的存在，或存在意义的显现，是西方哲学体系中的一个重要概念。在柏拉图和亚里斯多德那里，在场被用以标注“存在”的状态或特质，是一种潜藏于存在背后的本质。因此西方传统哲学的一些哲学家将哲学的最高任

---

[1] 杜丹、陈霖：《与“物”交融：技术具身理论之于传播学研究》，《现代传播(中国传媒大学报)》2021 年第 43 卷第 3 期，第 82 - 86 页。

[2] Carolyn M：“Communication as embodiment. in：communication as ... perspectives on theory”，*SAGE Publications*，2006，pp. 67.

务归结为追求“永恒在场”。海德格尔则将柏拉图的哲学统称为“在场形而上学”。“海德格尔从其现象学的视角出发，把人的意识中显现出来的、现成存在着的东西或‘外观’理解为‘在场’(anwesenheit/presence)，并把在场及在场现实作为自己研究对象的哲学理论视为在场形而上学。”[1]而德里达则是将他之前的西方哲学均视为“在场形而上学”。

后来的哲学家们对“在场”有了新的理解。康德将“在场”理解为“物自体”，黑格尔将“在场”理解为“绝对理念”，尼采将其理解为“强力意志”，在海德格尔哲学中，“在场”指的是“存在”。而“在场”一词被笛卡尔的法语翻译为“对象的客观性”，一切人类行为皆由使用符号表示，但符号其实是一种幻象，因为符号是具有象征性的。象征是对真实的本体、实相、纯真的遮蔽，破除这种象征性的幻象得到被象征的本真，就是“去遮蔽”。换言之，笛卡尔等哲学家主要在强调主体意志和存在的统一。从哲学角度来说，“在场”是一种获得客观的、真实的信息的方式，是强调主观认识和客观存在之间的同一性的一个概念。虽然目前哲学家将这种传统哲学概括为“在场的形而上学”，即片面强调在场而忽略不在场，但从这些追求中，我们能看出“在场”一词的重要性。

现代研究中的“在场”原始概念与哲学上的“在场”概念相去甚远，现代意义上的“在场”和语言学的“在场”更贴近。解构主义的“在场”是基于语言学提出的，它概念强调语言的意义，强调语音特权。解构主义中“在场”的重要特征是贬斥文字，这种“在场”构筑了“被听见—说话”的结构[2]。解构主义的代表人物德里达是反对这种在场结构的，他认为，言语是一种让人“自我感动”“自我影响”的表音符号，因为当一个人对另一个人讲话时，前者的体验无法亲自对后者在场，就会产生一种被言说者随意支配、绝对接近自我的纯粹自我影响的效果。他认为这种在场是一种“形而上学”的“在场”。在他的认知中，“在场的形而上学”的消解需要遵循逻各斯的运转逻辑。从解构主义角度上看，“在场”十分重视信息的客观性。

在语言学和历史学的范畴内，与“在场”相关联的词汇还有“叙事”和“再现”。

---

[1] 俞吾金.《形而上学发展史上的三次翻转——海德格尔形而上学之思的启迪》,《中国社会科学》2009 年第 6 期,第 4－19,204 页。

[2] 刘阳:《解构的在场与文学的在场——兼论德里达在场理论对中国文学的反照》,《文艺理论研究》2011 年第 1 期,第 124－129 页。

"再现"的字面意思是"让(原来在场)当下不在场的东西重新出场"[1],表示的是一种对原有场景的还原。而"叙事"则是带有对过去场景的加工甚至虚构意义的,它所讲述的场景可能从根本上是子虚乌有的。语言学和历史学围绕这三个词语的争论一直持续,其背后的意义在于探究语言应该如何组织或使用才能够最大程度地保留客观现实。从语言学和历史学的讨论中,可以看出"在场"是寻找客观现实的一种方式。

简言之,"在场"要强调的是,通过一些方式获得或重现真实。从这一角度来说,如果"身体"可以"缺席"传播活动,意味着具身在传播活动中,在还原真实方面相较于其他媒介,已起不到更好的作用。这就是"身体"能够"不在场"的原因。用一句话来概括,实现了"身体"的不在场、身体的缺席也就意味着使得具身的存在与否对传播效果的影响不大。约翰·杜翰姆·彼得斯在20世纪末发问:"在人类的交流中身体能够在多大程度上保持缺席?"[2]这一问题也从侧面反映了身体在场与否于传播活动似乎并无影响。影响力的下滑从媒介诞生便已存在,只是存在的形式不同,这一点已经无须反复讨论,我们需要讨论的问题是媒介是怎样一步步实现了"身体"的不在场。

## 二、打破在场：符号和媒介

从普遍意义来看,传播本就是人类活动,是最初的口语传播与身体直接联系的传播活动,因此与身体的关系不必赘述。随着人类对符号和工具的使用,传播活动和行为逐渐脱离了人的生物身体,尤其是到了大众传播时代,印刷术、电波等将信息传达到千里之远,传者逐渐不存在于受众接受的现场,具身的退场更加明显。

在漫长的媒介发展史中,符号交流慢慢接替身体成为传播中的重要环节,这一过程最初以运用带有象征意味的符号进行传播为开端。

符号中的象征符号分为语言符号和非语言符号,其中文字产生之前的语言符

[1] 董立河:《从"叙事"到"在场"——论安克施密特史学理论嬗变及其意义》,《江海学刊》2010年第3期,第164-173,239页。

[2] 约翰·杜翰姆·彼得斯:《对空言说:传播的观念史》,邓建国译,上海译文出版,2017年,第386,283,152,328页。

号以口语为主，囿于当时的技术手段，以声音和与之相伴的行为传递信息必须要传受双方在同一时空环境下，也就是传受双方的身体必须在场，这就使得利用声音符号进行的传播不能有身体的缺席。随着传播的发展，人类开始使用图像符号、数字符号等，这些早期的符号多用于占卜、记事。利用符号表达传者在场方式能够从政治活动中找到。皮埃尔·布迪厄曾说，符号塑造社会的现实功能是"一种真正的政治功能"[1]。政治符号包括三类：一是语言类，二是物质类，三是动作类。这些政治符号是政治制度、政治人物、政治观念、行为或态度等抽象政治存在的具体表达[2]。政治活动的重要特点是需要进行一对多的传播，而作为政治中心的核心人物无法到场时，便会选择一些象征符号来代替自己出席。所选择的符号既要能够有替代性，同时要能够保持政治的严肃性。我国古代执政者使用的虎符、尚方宝剑等就传达了"如朕亲临"的含义。在这一时期，人们选择使用象征符号，跨越空间的阻碍实现在场。符号以其替代性让身体在场的意义减小，而媒介的出现则是让符号所能触及的范围大大扩展。

在媒介发展初期，媒介以其延伸功能打破传输距离的局限，使具身不再成为信息传递的必要因素。自此，"身体在场"的重要性开始下降。媒介的延伸意义在于，将人类的语言信息甚至非语言信息传递到人的物理性身体所无法触及的地区。人类为适应这片越来越宽阔的世界版图，发明了能够打破地理限制、传递信息至远方的媒介。从最初只需要口语传播的部落，到后来跨越大洋的电话，到现在跨越地球的互联网，这就是媒介延伸其生物学的存在目的。

媒介不仅是简单地延伸了身体，还完成了物理性的身体无法做到的任务——通过符号来"分离"自我意识。像生物留下气味或体液来传递讯号给将来要来到此地的同类一样，人类借用符号分离出自己的一部分，为远方或后代的受众传递信息。媒介符号所具有的"分离"价值是人体目前无法在生物意义上实现的功能，因此，媒介目前在这一点上有着无可替代的价值。由身体在场到身体缺席的变化从符号和媒介的出现开始，并一直持续，身体在场的重要性大大下降。

---

[1] 皮埃尔·布迪厄：《论符号权力》，《学术思想评论（第五辑）》，吴飞、贺照田译，辽宁大学出版社，1999年。

[2] 章兴鸣：《符号生产与社会秩序再生产——布迪厄符号权力理论的政治传播意蕴》，《湖北社会科学》2008年第9期，第50-52页。

除了了解符号和媒介的替代与分离作用，在分析媒介的影响时，我们还要关注到这一时期技术发展的局限性。首先，在这一时期符号和媒介的诞生仅使得传者的身体缺席，而受者接受信息仍然需要达到身体指定地点来进行，受者仍需要通过身体在场来获取信息。此时受传者的身体缺席并未能处于同一阶段。其次，此阶段的符号和媒介还停留在以传播效果为重点的层面，更注重信息的单向传播效率，而非受传双方的信息和感受交流。从这点上来看，此时的技术还没有出现人性化的发展需求。

不过要深入讨论为何身体在场在传播学研究中不被重视，还要从学科的角度去解释。传播学界有两种研究视角，分别是微观视角和宏观视角：微观视角强调直接的和显性的思想，宏观视角强调间接的和潜在的思想。从传播视角来看，微观和宏观都很少讨论具体的在场议题。从传播的起源流派和理论来看，欧洲源流以物种进化、精神分析和马克思理论为理论原点，美国源流以实用主义为中心，这两个主要起源中心也不曾将身体视为研究重点。从传播学研究方式来看，传播学起初都以实际问题为导向，试图解决国家、社会、商业等宏观层面出现的问题，实用主义特征和功能主义特征十分明显。身体在场在这些问题中发挥的作用不大，因此鲜少提及。有学者曾概括："传播研究中的身体论者之所以稀少，其中一个重要原因在于大多数研究者有一个共识，传播是精神交往及互动，基本和身体无关。"[1]

从思维惯性来说，从古至今，人们都有一种思维习惯，即精神性的讨论是高贵的，而生物性的讨论是低级的。因此会有"存天理，去人欲"的理学思想，会有宗教推崇现世苦来世报。生物性的身体被天然地放在一个低于精神的位置，重视身体与追求现世享乐画上等号。这样一种思想的惯性使得早期研究多少产生忽略人的自我和身体的问题。

除了思维惯性，身体在场问题在传播学研究中的"缺席"还受到一些其他学科的影响。其中，哲学上的"身心二元论"对此产生了较大影响。"身心二元论"由17世纪的主观唯心主义代表人物笛卡尔提出，他最为著名的论述"我思故我在"开启了西方"二元论"的理论先河。笛卡尔的"身心二元论"认为，"我思"是绝对确定的第一存在，确立了自我意识的至高地位。由此，与自我意识相对应的"身体"概念

[1] 刘海龙：《传播中的身体问题与传播研究的未来》，《国际新闻界》2018年第40卷第2期，第37-46页。

没落,成为次要考虑的部分。莫里斯·梅洛-庞蒂(Maurice Merleau-Ponty)是法国现象学运动的代表人物,他沿袭了笛卡尔思想的传统。“具身性”的概念便是源于梅洛-庞蒂的知觉现象学,他的著作中曾提到“身体进入世界,才能实现其自我性”。他认为“身体”是“我们观看世界的立足点”[1],但“一个人自己的身体最初不是一个对象,而是一个存在……应该把它当作身体理解的表达和对情境的把握。”[2]梅洛-庞蒂观点里的身体是自我意识的存在点,是自我意识进行表达的出发点,却没有赋予身体以必要性。

虽然身体在场是一众哲学家思想存在的前提,但传播学的学科特点和一些其他思想因素的共同影响使得“身体”在过往研究中不占主体位置。现如今,“身体”借技术的东风,又夺得一席之地,然而从某些现实层面来讲,其在传播中发挥的实际效用却在不断下降。詹姆斯·凯瑞(James W. Carey)曾划定传播学研究的目的和意义在于“考察各种意义的符号形态被创造理解和使用这实实在在的社会过程”。刘海龙曾总结人类行为与世界的关系是传播符号的历史文化过程[3]。

## 三、解构在场:数字技术

符号化传播解放了生物概念上的身体,那么在数字化浪潮前,生物体又再次被数字化浪潮消解,并在互联网以数字的形式再次到场。这一阶段,媒介不再与身体呈此消彼长的关系。媒介技术正在以数字化的形态为身体创造新的在场方式。至少目前来看,互联网上的身体在场被数字在场取代,但并非彻底消失。因此,数字在场意味着通过4G和5G通信技术,将所在物理空间和另一个空间进行编码和传播,从而实现人在另一个空间的在场[4]。

在身体和技术的关系上,梅洛-庞蒂对此的解释是,身体的知觉分为源生知觉

---

[1] 孙玮:《交流者的身体:传播与在场——意识主体、身体-主体、智能主体的演变》,《国际新闻界》2018年第40卷第12期,第83-103页。

[2] Kříž Petr:“Merleau-Ponty's Discovery of the pre-objective body and its consequences for body-oriented disciplines”, *Sport, Ethics and Philosophy*, 2021, 15(1), pp. 122-138.

[3] 刘海龙、束开荣:《具身性与传播研究的身体观念——知觉现象学与认知科学的视角》,《兰州大学学报(社会科学版)》2019年第47期第2卷,第80-89页。

[4] 蓝江:《5G、数字在场与万物互联——通信技术变革的哲学效应》,《探索与争鸣》2019年第9期,第37-40页。

和技术建构的知觉，技术建构的知觉又分为当前情境的具象技术建构的知觉和其他技术建构的知觉。由此可以看出，梅洛-庞蒂不仅将媒介看作身体的延伸，还将其分为有意识和无意识的两部分。在这一点上，建筑师巴克敏斯特·富勒和哲学界的梅洛-庞蒂有着类似的想法，他认为眼睛之所以与眼镜不同，除了因为眼睛是心灵的延伸外，还因为眼睛作为人体这个"伟大机器"的自有部分，其最大优势在于具有自我意识。在这类观点中，作为媒介的技术手段，即使被看作是身体的延伸部分，但依然不属于人生物身体的范畴，是身体外化延伸的物理表达。站在身体和媒介的关系上，能将后者视为前者的延伸，但讨论这一关系的前提依然是：二者不是同一主体，二者不能混为一谈。因此，对于在场的讨论，使用数字技术手段所达成的数字在场，可以视为具身的数字化表达，但它只是生物性身体的延伸外化，对描述人的主体性依然存在不足。

在进一步的讨论中，有学者认为，具象的新技术为身体已有知觉定制"符号"，新技术根据身体已有知觉的形式和内容特征进行思考、设计，创造出无限贴合身体知觉的科学语言，然后又在瞬间转化为与身体契合的符号，身体接受这些符号后又给予反应，从而建立身体与技术的交流通道[1]。观点中所总结的技术特征和"定制"一词从侧面说明，现在的数字技术已经不再仅仅是延伸功能，而是创造了新的传播模式。且在这一模式里，技术在与身体寻找适应新情况的方式方法，或者说，技术在适应身体。由此，这一阶段里，媒介技术的发展带来了二者关系的突破，也为过去传播活动中的"身体在场"带来了新的形式，即"数字在场"。事实上，技术所带来的这些物化的产品可以实现了受者和传者的身体同时缺席，受传双方既可以不在人身体所感知的同一个空间内完成接受和持续交互，也可以造成时间上分离，造成传受双方在时间上的接受和持续交互。在互联网数字技术出现之前，印刷媒介的传播可以实现时空上割裂的传播与接收，电波媒介的传播则可以带来空间上的跨越，但受限于交通的限制和技术的垄断，打破时空的互动，尤其是受众都能参与的互动非常困难。而数字技术彻底打破了这一局限，只要传受双方生命不消逝，理论上传受双方只要有数字技术"加持"，交互都有可能

[1] 苏昕、汤书昆：《论身体对于 VR 技术使用的特殊作用》，《科学与社会》2020 年第 10 卷第 4 期，第 60－74 页。

一直继续。

这一观点对于技术与人本体关系的探讨看似推进了一步，强调了技术对于人的适应，但现实中技术的"适人性"或者"宜人性"，依然是人在基于自身需求基础上所开发和延伸出来的技术设备、代码等，这些产品无论从哪个角度都无法代替人本身，更不具备人的思考和主观判断，它所造成的在场是作为本体的人借助数字化工具所实现的人主观意识在场的延伸，依然是基于人与技术延伸关系的进一步讨论，这并没有回答作为主观能动性的人具身在场的具体形式。如果一定要将数字在场视为人本身的在场，其实质是对人生物性身体的剥夺和消解，是在人这一古老概念中填充进了数字化的素材，将人与人工智能、机器人之间的界限进行模糊。因此数字在场不能也不应该是在场理论讨论的终点，即使在未来需要赋予机器人和人工智能以人权，在今天立足"人本主义"所探讨的在场，也有必要回归到人的生物性和具身表现来探讨在场。

## 四、衡量在场：注意力

智媒时代来临，数字在场成为参与网络生活基本的在场方式，但它不能替代人本身，在场的主体必须也只能是可以代替人主观意识的部分。回归传播活动本身，在信息得以流动、传播得以发生并实现的这一过程中，受众对信息产生关注成为推动传播活动展开的原动力。没有被任何人关注到的传播活动只是传播者的单向的信息输出，它无法构成自我传播之外的传播行为，无法成为社会化的传播活动，最终也只能局限在单独个体具身内部进行，人在这类传播活动中的具身价值也就仅仅局限在了存在价值上，缺乏了传播活动中最有价值的人与人之间的探讨。因此讨论传播活动中人的在场就必须关注脱离传者的注意，它是成为真正社会意义传播活动产生的初始动力，是所有社会化传播活动开始的标志。

同时，注意是人的主观意识与客观世界产生联系的第一步，随之而来的兴趣、记忆，甚至抽象思维无不是由此开始。在没有人对外在的世界注意的第一步，人就无法感知世界、了解世界，无法形成对世界的基本感知，更妄论产生情感和思辨等高阶的主观意识。同时，注意又是人类最普遍的主观意识活动。现实中，在信息流动过程中，参与其中的人有的并不会产生高阶的思维，不对信息产生兴趣或记忆，也不形成情感和价值判断，但注意的产生却是都存在的。只要有信息的接受行为，人的注意就一定存在，这也是人最常见的意识活动。因此，将其作为描述人在场方式具有较强的普适意义，能够很好概括传播活动中人在场的状况。

在数字化时代，信息发生了爆炸性的生产，其数量呈几何级增长。这些信息涌入互联网之后，代表人主观意识的注意力逐渐稀缺。早在20世纪70年代，赫伯特·西蒙就曾提出："信息的丰富性会导致注意力的贫乏。"[1]这一相对稀缺的概念并不能削弱其作为人主观能动性的代表，也不能将它与人具身之间进行剥离。它作为人所特有的意识活动，在数字化时代就成为人在传播活动中在场的具体表达。它弥补了数字在场对人具身的剥离，并由此清晰了数字在场带来人与人工智能之间界限的模糊，再次回归人本主义的基本立场，又对数字化时代人具身在场的具体形式进行了细化。

不过，强调注意力的价值并不是本文的首创。"注意力经济"这一概念是由美国学者迈克尔·高尔德哈伯正式提出。他认为在信息社会中信息不是稀缺的，稀缺的是注意力。他在《注意力购买者》一文中指出，目前有关信息经济的提法是不妥当的，因为按经济学理论，其研究主要课题应该是如何利用稀缺资源，而在信息社会中信息非但不是稀缺资源，相反是过剩的。相对于过剩的信息，只有记忆中资源是稀缺的，那就是人的注意力。注意力经济在国内也十分受关注，并在原有的基础上进行了发展。例如喻国明教授在注意力经济基础上关注到注意力背后个体的不平等性，提出了影响力经济学说，他认为传媒真正的市场价值在于"它能够在多大程度上保持它对于其目标受众的影响，并且这种对于受众的影响力能够在多大程度上进一步影响社会进程、影响社会决策、影响市场消费和人们的行为"。也就是说，注意力的存在是广泛的，但这些注意力的价值传播效果的产生却是不平等的，其背后的影响力将是影响效果产生的关键。

由此可见，注意力在场是数字在场背后人本价值的体现，也是未来在场方式所要奔赴的发展方向。信息技术飞速进步，信息量爆炸增长，人口的注意力有限。当注意力成为宝贵的资源和财富时，吸引更多注意力势必成为衡量传播成功与否的

---

[1] Herbert A S: "*Designing Organizations for an Information Rich World, in Computers, Communications, and the Public Interest*", Baltimore: The Johns Hopkins Univ. Press, 1971, pp. 40 - 41.

第一步。互联网虚拟空间中的各种“在场感”或“在场”,很多时候也是社会资本相关的一种投资策略[1]。既然是投资,就不得不考虑如何将其转换为回报。要将人的自我意识转化为经济价值就不得不去衡量数字在场背后的经济价值高低,即注意力在场与否,毕竟注意力的背后往往就是人的购买力。

## 五、结语:技术的人本价值

技术需顺应人的需求存在。数字在场顺应了超越时空传播的需求从而得到发展空间。当人的基本需求得到满足,人便会进而产生和追求更高层次的自我价值实现需求。此时数字技术如何改变以顺应需求,将决定人和技术两方的走向。这是一种有关人的价值的辨析。

在媒介长期发展历程中,身体在传播活动中的影响力和重要性的下降趋势早已是不可逆转的,这一点从传播学、社会学、生物学都能够找到论据。使用工具是人进步的标志,是将人从体力活动中解放并进入脑力活动的重要因素。媒介技术作为工具,也同样如此。起初,人将身体作为工具使用,通过发声器官输出信息,通过视听器官接受信息。但当媒介出现后,身体作为初级工具,其作用力慢慢下降,这就是媒介技术造成身体缺席传播的过程。随着媒介技术的进一步发展,从最初的延伸作用和分离作用,到后来通过信息技术产生新的数字在场方式,似乎逐步削弱身体在传播活动中的地位。但肉体在场的消退并不是其被数字在场所替代。用数字在场替代人的在场无疑是对人作为本体的抹杀,是模糊了人作为主体与人工智能之间的界限,因此从人本主义角度考察在场理论,注意力在场就更能体现人作为主体的价值和意义。事实上,资本裹挟技术汹汹而来的当下,人的需求、人的购买行为依然是最为关键的动力,而购买行为之所以产生的起点正是人的注意力,对自身需求的注意、对外界信息的注意。

---

[1] 彭兰:《移动互联网时代的“现场”与“在场”》,《湖南师范大学社会科学学报》2017 年第 46 卷第 3 期,第 142 - 149 页。

# 后　记

同济大学艺术与传媒学院推出的"计算、智能与传播"系列书籍，在当前新的媒介技术环境与学术发展背景下，从计算和智能等角度，深入探讨新闻传播学问题。同济大学艺术与传媒学院密切追踪学科发展与前沿，将"智能传播"列为学院发展中与城市传播、政治传播并重的三大战略方向之一，并先后成立了"新媒体传播与大数据"重点研究团队、全媒体研究院大数据与计算传播研究中心，凸显对本领域的重视。学院的高度重视和决策支持，是本书得以面世的重要动力。本书的出版得到上海市"科技创新行动计划"软科学研究项目(23692110600)、上海市哲学社会科学规划课题"中国城市国际社交媒体传播效果优化研究"(2014FXW001)和中央高校基本科研业务费专项资金的支持。

本书重点讨论以下方面：一是从新闻传播学的理论与视野，切入与新媒体、大数据、智能传播、数据新闻、虚拟现实、算法社会等新型媒介技术有关的社会文化现象与问题；二是以实证研究与量化分析、计算传播学、智能技术等为方法和手段，展开新闻传播学研究与实践分析；三是对计算社会科学、智能传播、媒介技术哲学等理论、方法论的探讨与创新；四是其他与本刊主题相关的研究。

我们注重理论观点的创新、问题意识的鲜明和研究过程的严谨。诚邀学界、业界同仁赐稿，稿件篇幅在1万～2万字以内。一经采用，略有薄酬。收到稿件的一个月之内会尽快给出录用回复。欢迎学界、业界同仁支持。投稿邮箱：comintcom@163.com。

"计算、智能与传播"编辑部